SNT

SCIENCES NUMÉRIQUES ET TECHNOLOGIE

NOUVEAU :
un accès simplifié à toutes vos ressources !

- Les **vidéos Python**
- Les **fiches de prise en main des logiciels**

› sur e-didier.fr : **saisir le code** signalé par le picto e SNT0000

ou

› avec onprint : **flasher la page** où apparaît le picto e SNT0000

Conception graphique intérieure et couverture : Massimo Miola

Illustration de couverture : Tino

Illustrations : Lionel Buchet

Maquette intérieure, mise en pages : MarseAgency - Hélène Ostrowski

Iconographie : Aurélia Galicher

RÉFORME 2019

SNT

SCIENCES NUMÉRIQUES ET TECHNOLOGIE

2de

COORDINATION

Grégory QUENET
Université de Versailles-Saint-Quentin-en-Yvelines

AUTEURS

Boris BEAUDE
Université de Lausanne

Michel BEAUDOUIN-LAFON
Université Paris-Saclay

Youness BOUSRAF
ECST, Ozoir-la-Ferrière

Benoît GROZ
Université Paris-Saclay

Jean-Noël LAFARGUE
Université Paris-VIII et École supérieure d'Art et Design Le Havre-Rouen

Bertrand MAIGNÉ
Direction du Système d'Information du Réseau, La Banque Postale, Nantes

Olivier MARCÉ
Nokia Bell Labs France, Nozay

Grégory QUENET
Université de Versailles-Saint-Quentin-en-Yvelines

Emmanuel WALLER
Université Paris-Saclay

didier

SOMMAIRE

1 INTERNET

2 LE WEB

3 LES RÉSEAUX SOCIAUX

4 LES DONNÉES STRUCTURÉES ET LEUR TRAITEMENT

5 LOCALISATION, CARTOGRAPHIE ET MOBILITÉ

6 INFORMATIQUE EMBARQUÉE ET OBJETS CONNECTÉS

7 LA PHOTOGRAPHIE NUMÉRIQUE

DÉCOUVREZ VOTRE MANUEL

L'ENTRÉE DANS LE CHAPITRE

Une **bande dessinée** proposant une problématique liée au chapitre, et le **sommaire** du chapitre.

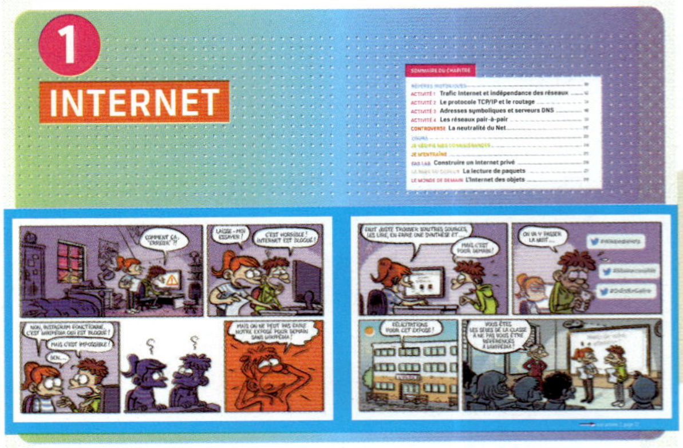

Les **repères historiques** présentent les dates clés qui ont marqué la construction des notions abordées dans le chapitre.

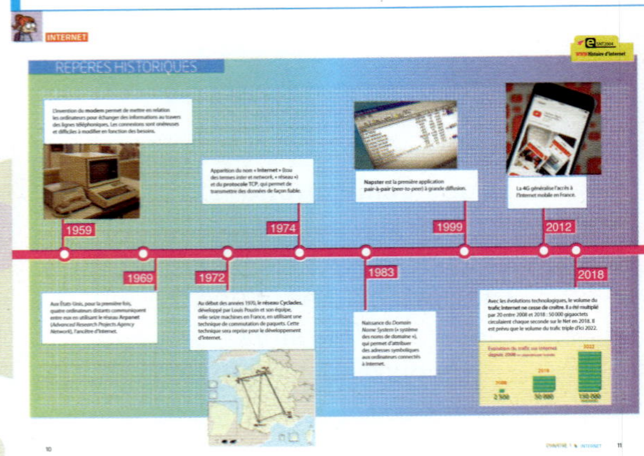

LES ACTIVITÉS

Des **documents** variés et accessibles à étudier pour travailler tous les contenus et capacités du programme. Des **questions** progressives pour guider le travail.

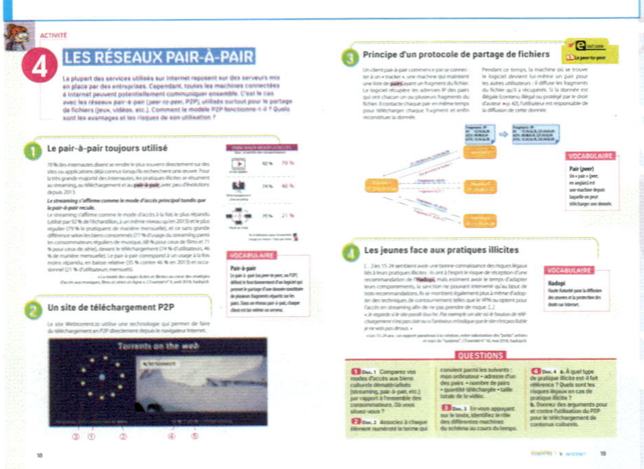

Une rubrique « **Controverse** » pour s'interroger et débattre sur des questions liées au thème du chapitre.

Les pictos du manuel

- activité branchée
- vidéo
- article
- www site

LE BILAN DU CHAPITRE

Une synthèse des concepts du chapitre à maîtriser, avec un rappel des définitions clés.
La liste des **capacités** attendues du programme.

Les **exercices** :
– pour tester ses connaissances ;
– pour mettre en œuvre les savoir-faire.

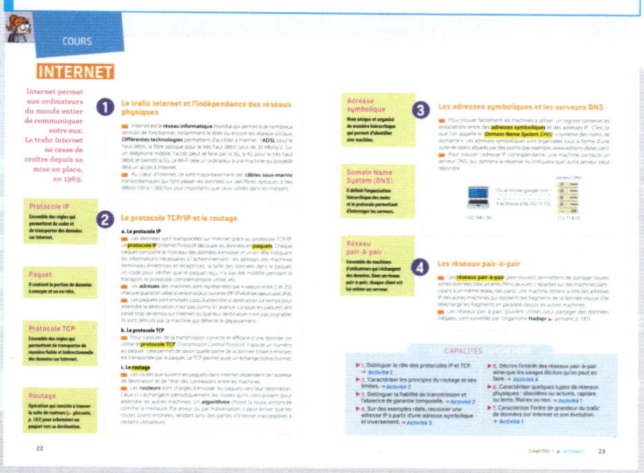

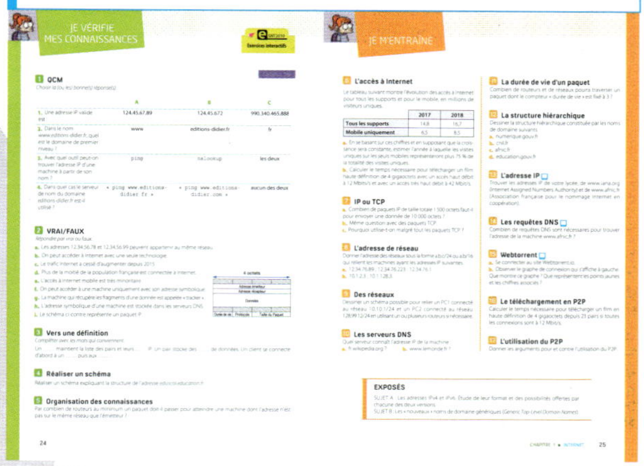

POUR ALLER PLUS LOIN

Fab Lab pour aider à la mise en œuvre de projets.
La **page du codeur** pour lire, comprendre et utiliser le langage Python.

Le monde de demain : des documents, des ressources complémentaires et une question de réflexion pour se projeter dans l'avenir.

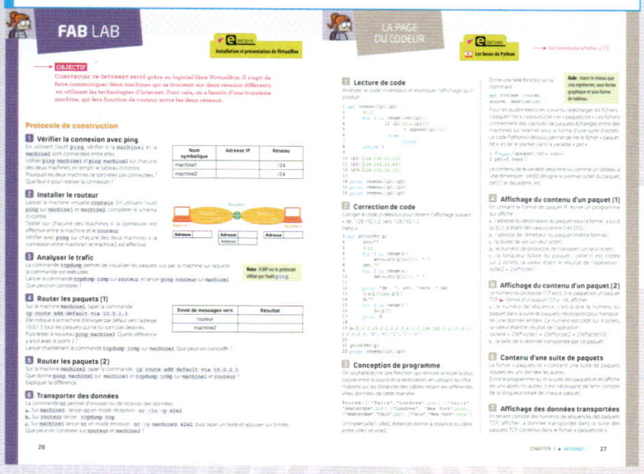

HYGIÈNE NUMÉRIQUE Renvoie aux pages **Éducation à l'hygiène numérique** en fin de manuel.

e SNT 2013 Signale des ressources complémentaires disponibles sur le site e-didier.fr.

1 INTERNET

COMMENT ÇA : "ERREUR" ?!
LAISSE-MOI ESSAYER !
C'EST HORRIBLE ! INTERNET EST BLOQUÉ !
NON, INSTAGRAM FONCTIONNE. C'EST WIKIPÉDIA QUI EST BLOQUÉ !
MAIS C'EST IMPOSSIBLE !
BEN...
MAIS ON NE PEUT PAS FAIRE NOTRE EXPOSÉ POUR DEMAIN SANS WIKIPÉDIA !

SOMMAIRE DU CHAPITRE

voir Activité 2, page 12

REPÈRES HISTORIQUES

1959

L'invention du **modem** permet de mettre en relation les ordinateurs pour échanger des informations au travers des lignes téléphoniques. Les connexions sont onéreuses et difficiles à modifier en fonction des besoins.

1969

Aux États-Unis, pour la première fois, quatre ordinateurs distants communiquent entre eux en utilisant le réseau **Arpanet** (*Advanced Research Projects Agency Network*), l'ancêtre d'Internet.

1972

Au début des années 1970, le **réseau Cyclades**, développé par Louis Pouzin et son équipe, relie seize machines en France, en utilisant une technique de commutation de paquets. Cette technique sera reprise pour le développement d'Internet.

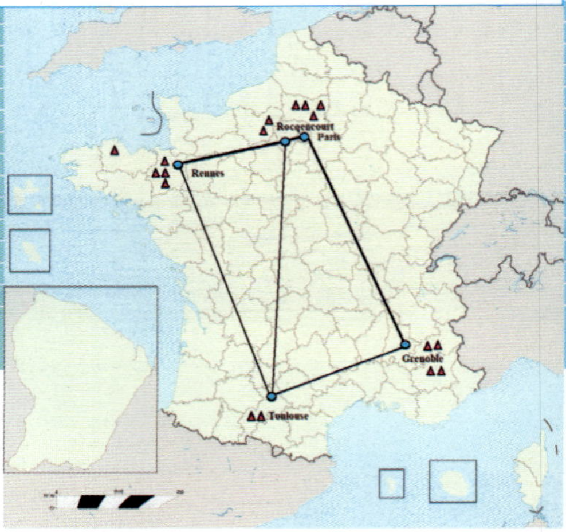

1974

Apparition du nom « **Internet** » (issu des termes *inter* et *network*, « réseau ») et du **protocole TCP**, qui permet de transmettre des données de façon fiable.

SNT2004
WWW Histoire d'Internet

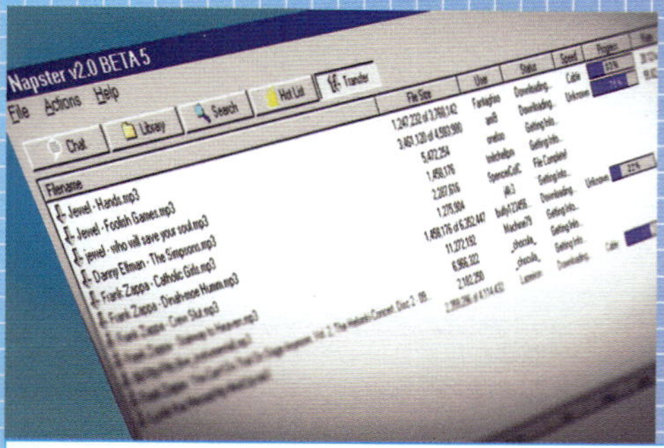

Napster est la première application **pair-à-pair** (*peer-to-peer*) à grande diffusion.

1999

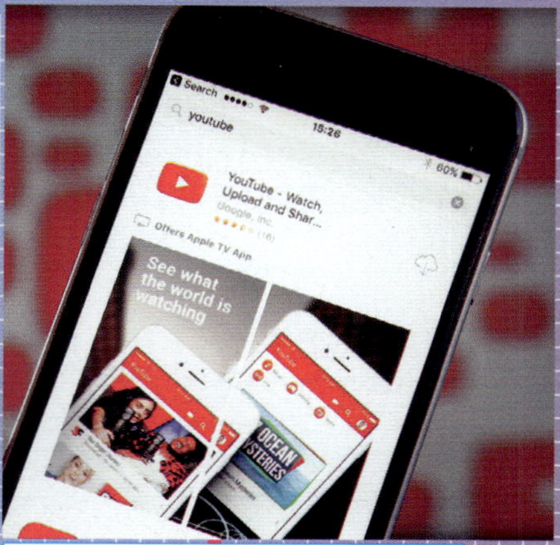

La **4G** généralise l'accès à l'Internet mobile en France.

2012

1983

Naissance du *Domain Name System* (« système des noms de domaine »), qui permet d'attribuer des adresses symboliques aux ordinateurs connectés à Internet.

2018

Avec les évolutions technologiques, le volume du **trafic Internet ne cesse de croître**. Il a été multiplié par 20 entre 2008 et 2018 : 50 000 gigaoctets circulaient chaque seconde sur le Net en 2018. Il est prévu que le volume du trafic triple d'ici 2022.

Évolution du trafic sur Internet depuis 2008 (en gigaoctets par seconde)

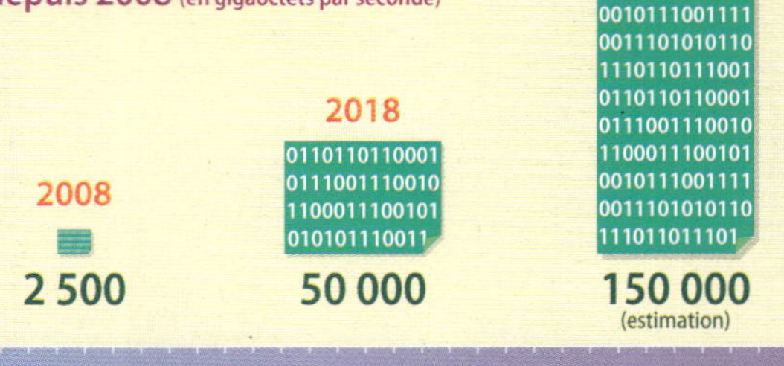

ACTIVITÉ

1 TRAFIC INTERNET ET INDÉPENDANCE DES RÉSEAUX

Le trafic sur Internet croît de manière exponentielle depuis la mise en place du réseau, en 1969. Le volume du trafic actuel représente l'équivalent de plusieurs dizaines de milliers de films en haute définition par seconde. L'accès peut se faire selon différentes technologies. Le cœur d'Internet repose majoritairement sur l'utilisation de câbles sous-marins.

1 Par où passe le trafic Internet ?

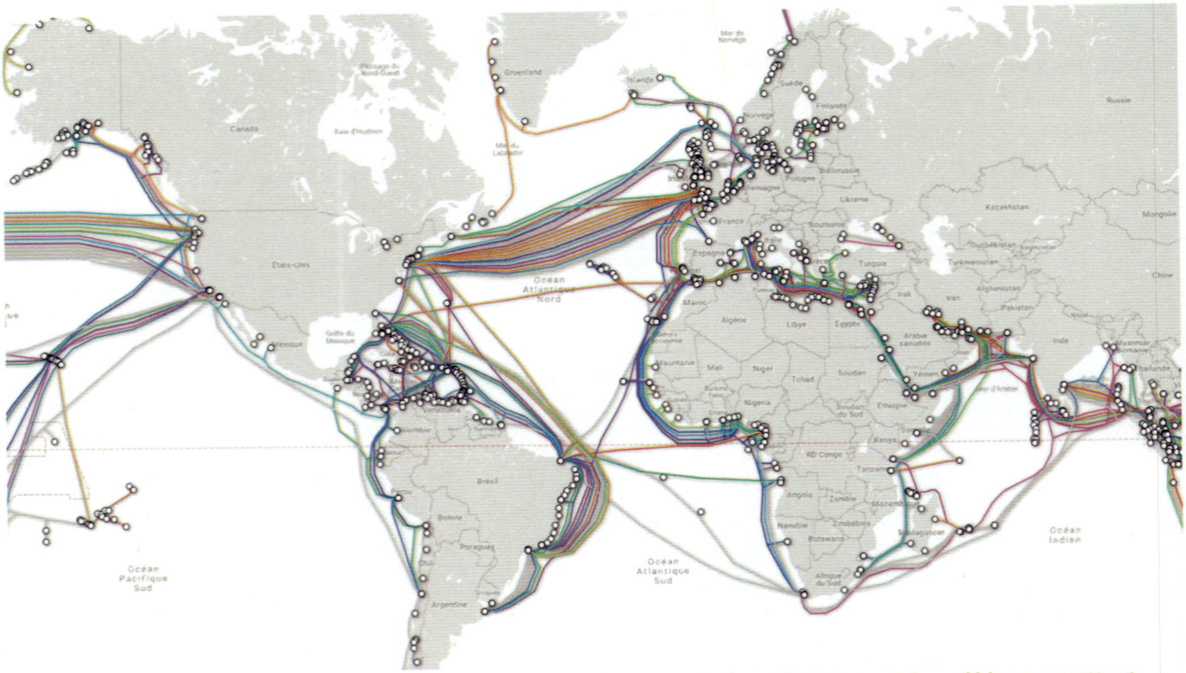

http://submarinecablemap.com

▲ Carte des câbles sous-marins par lesquels passe la majeure partie du trafic Internet. Ces câbles permettent d'échanger des données à l'échelle mondiale. Ils appartiennent aux opérateurs de taille mondiale : Orange, Level3, mais aussi Facebook, Google, etc.

2 De plus en plus de trafic Internet ?

COMPLÉMENTS MATHS p. 178

a. Le volume mensuel de trafic sur Internet

En exaoctets (10^{18} octets, ou milliards de gigaoctets).

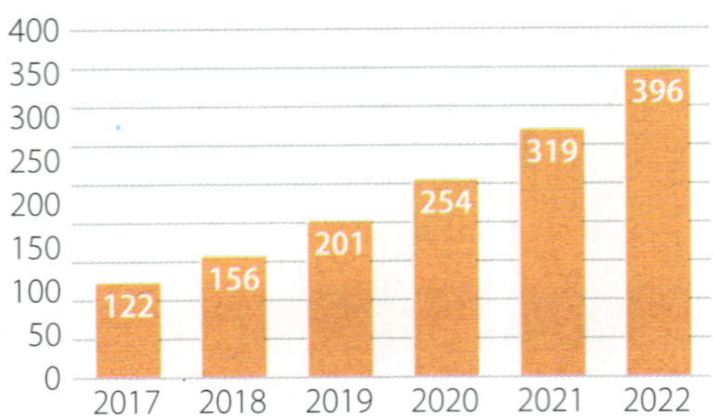

Source : Cisco VNI Global IP : *Traffic Forecast*, 2017-2022.

b. Le trafic Internet global

Années	Trafic Internet global
1992	100 gigaoctets/jour
1997	100 gigaoctets/heure
2002	100 gigaoctets/seconde
2007	2 000 gigaoctets/seconde
2017	46 600 gigaoctets/seconde
2022 (estimation)	150 700 gigaoctets/seconde

Source : VNI, 2018.

3 Des accès en évolution

a. Les accès depuis les mobiles

La manière d'accéder à Internet évolue rapidement. Selon Médiamétrie, en France, en 2017, sur 14,8 millions de visiteurs uniques sur les sites d'actualité, 6,5 millions avaient accès à Internet exclusivement depuis un téléphone portable. En 2018, ils étaient plus de 8,9 millions pour 16,7 millions de visiteurs uniques.

b. Le trafic Internet mensuel par type de technologie mobile dans le monde (en exaoctets)

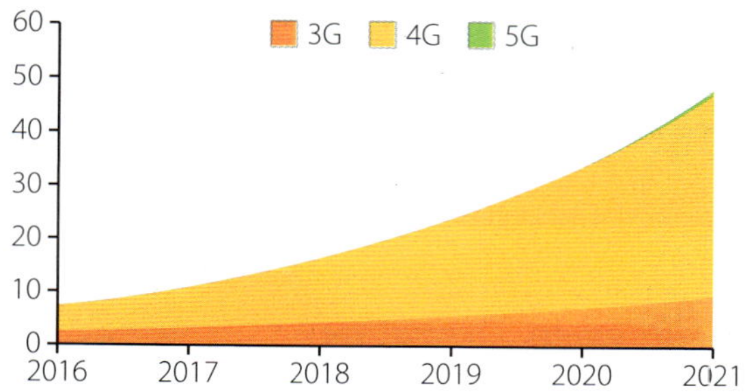

D'après Cisco VNI : Forecast and Trends, 2017–2022.

e SNT2005

La 5G, c'est quoi ?

ZOOM SUR...

La 4G

La 4G désigne la quatrième génération de réseaux mobiles qui propose un accès mobile à Internet à haut débit.
La précédente génération, 3G ou 3G+, ne permettait pas le même débit. La 5G sera mise en place dans les prochaines années et permettra un accès très haut débit.

4 Haut et très haut débits

Un accès à Internet est haut débit lorsqu'il permet d'offrir un débit inférieur à 30 mégabits par seconde. Aujourd'hui, la quasi-intégralité de la France est couverte en haut débit grâce à l'ADSL, qui utilise les câbles de réseaux téléphoniques. On parle de « très haut débit » lorsque le débit dépasse 30 Mbits/s. C'est le plus souvent par la fibre optique (fil de verre ou de plastique conduisant la lumière) que l'on peut atteindre ces débits. L'ensemble de la France devrait être couverte par le très haut débit en 2022. Grâce à la 4G, et plus encore à la 5G, on pourra avoir des accès très haut débit par radio. Le Wi-Fi est une autre technologie radio qui permet de relier localement les ordinateurs et les tablettes à un point d'accès déjà connecté à Internet à haut ou très haut débit. Les câbles sous-marins (par lesquels transitent la plupart des communications) ont des vitesses de plusieurs dizaines de gigabits par secondes.

QUESTIONS

1 **Doc. 1** **a.** Analysez la carte. Déduisez-en les principaux flux de données sur Internet entre les régions du monde.

b. Sur le site *Submarine Cable Map* :
– identifiez le câble sous-marin dont l'une des extrémités est la plus proche de chez vous ;
– trouvez sa longueur et l'autre extrémité.

2 **Doc. 2** En considérant qu'un film en haute définition peut être stocké dans 4 gigaoctets (4×10^9), évaluez l'équivalent en nombre de films par mois du trafic Internet mensuel. Tracez le graphique de l'évolution du trafic global depuis 1992, en choisissant l'unité de mesure.

3 **Doc. 3** **a.** À quelle valeur le trafic en 3G reste-t-il inférieur jusqu'en 2021 ?

b. Comment évolue la part de la 4G dans le trafic mensuel ? (Comparez avec la part de la 3G.)

c. Quelles raisons peuvent expliquer la faible part de la 5G à partir de 2020 ?

4 **Doc. 3, 4** Identifiez les technologies que vous utilisez quotidiennement pour avoir accès à Internet. Classez-les dans deux colonnes :
Haut débit • Très haut débit.

ACTIVITÉ

2 LE PROTOCOLE TCP/IP ET LE ROUTAGE

Échanges de courriels, mises en ligne d'articles, partages d'images ou encore téléchargements de vidéos : tous les jours, des milliards de données circulent sur Internet. Comment toutes ces données sont-elles acheminées ? Internet repose sur deux éléments essentiels : le protocole TCP/IP et le routage.

1 Internet, le réseau des réseaux

Internet est un réseau informatique mondial qui relie des milliards d'ordinateurs. Il y avait quatre machines connectées à Internet en 1969 ; il y en a plusieurs milliards en 2019. Chaque mois, ce serait l'équivalent de 50 milliards de films en haute définition qui circulerait sur Internet.

e SNT2006

Comment ça marche, Internet ?

2 Coder pour empaqueter : le protocole TCP/IP

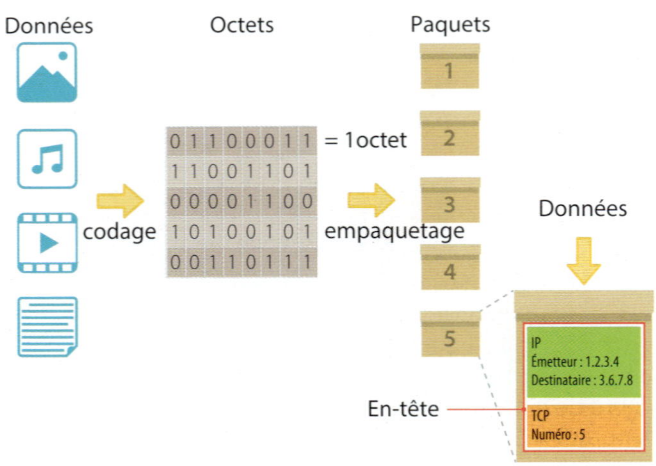

Le protocole TCP/IP organise les données à transporter. Quelles que soient les données, elles sont codées en octets (► *glossaire, p. 180*) et transportées dans des **paquets** de même format. Le protocole IP (*Internet Protocol*) découpe les données en paquets. Le TCP (*Transmission Control Protocol*) fiabilise la transmission des données.

ZOOM SUR...

Le protocole TCP/IP

Un protocole permet à deux machines de communiquer entre elles. On entend par « machine » tout système informatique connecté à Internet (le plus souvent, un ordinateur ou un smartphone).
Le protocole TCP/IP définit les formats de paquets IP et TCP.
L'adresse IP est le numéro d'identification d'une machine.

VOCABULAIRE

Paquet
Il contient une portion de données d'un fichier et les informations permettant son envoi au récepteur.

3 Identifier les machines avec les adresses IP

Les machines dont les adresses débutent par la même valeur peuvent être regroupées en **réseau**. Par exemple, le réseau regroupant les machines dont l'adresse IP commence par les 3 premiers octets (24 bits), 172.16.254, est représentée ainsi : 172.16.254/24.

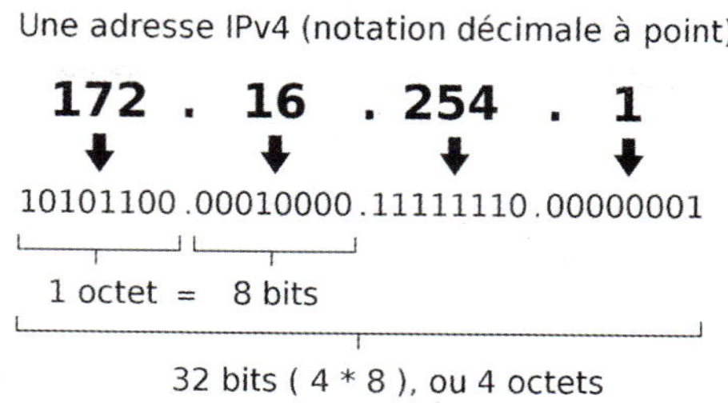

VOCABULAIRE

Réseau
Ensemble de machines connectées entre elles ayant le même début d'adresse IP.

4 Utiliser le bon paquet

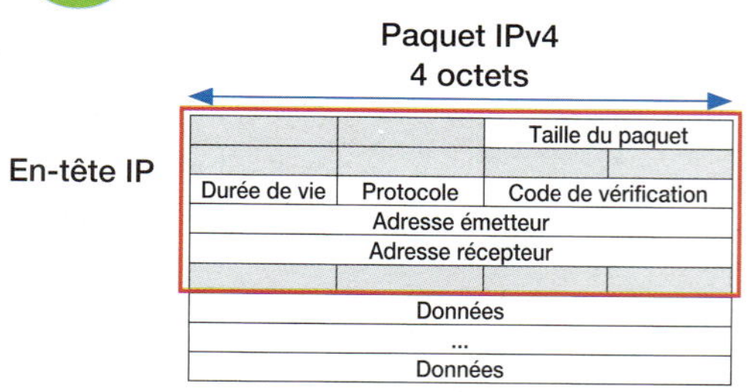

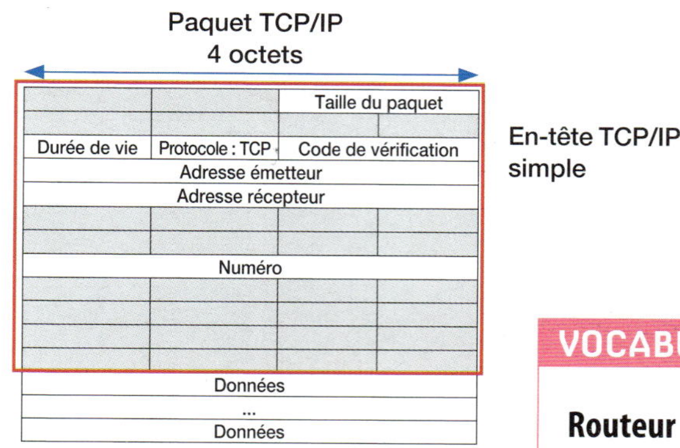

VOCABULAIRE

Routeur
Machine connectée entre deux réseaux IP et qui envoie les paquets en direction du réseau auquel appartient l'adresse de destination.

5 Trouver le meilleur chemin

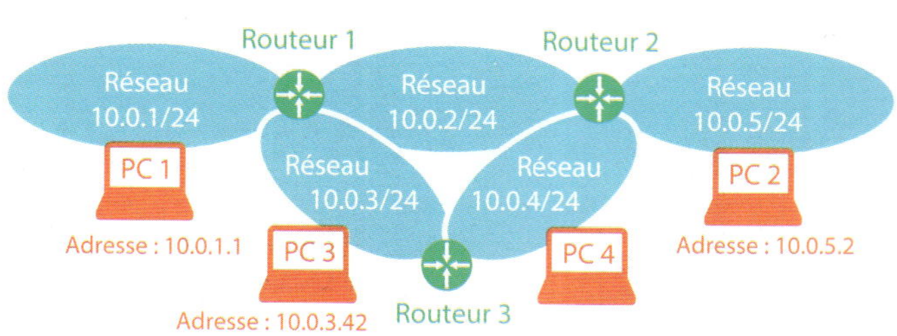

Le chemin suivi par le paquet n'est pas connu à l'avance et dépend des choix des routeurs. Le temps de transmission n'est donc pas garanti. Le compteur « durée de vie » des paquets est diminué de un à chaque fois qu'il passe par un **routeur**. Si le compteur tombe à 0, le paquet est détruit.

QUESTIONS

1 **Doc. 1** Regardez la vidéo de 1:15 à 2:15. Décrivez trois éléments essentiels permettant le fonctionnement d'Internet.

2 **Doc. 2** Deux paquets envoyés à la même destination mettent-ils le même temps pour arriver ? Justifiez votre réponse.

3 **Doc. 3** Décrivez la structure d'une adresse IPv4.

4 **Doc. 4** Quels sont les points communs et les différences entre un paquet IP et un paquet TCP ? Quel type de paquet doit-on utiliser pour vérifier que l'on a bien reçu tous les paquets contenant une donnée ?

5 **Doc. 3, 5** Voici une route possible entre le PC1 et le PC2 :

PC1	Réseau 10.0.1/24	Routeur 1	Réseau 10.0.2/24	Routeur 2	Réseau 10.0.5/24	PC2

a. Proposez une autre route possible. Laquelle choisira-t-on, de préférence ? Pourquoi ?

b. Par quelle route devra passer un paquet allant du PC2 au PC1 si le réseau 10.0.2/24 est en panne ? Donnez une adresse possible pour le PC4.

6 **Doc. 5** Que se passe-t-il si un routeur R1 envoie un paquet au routeur R2 et que celui-ci renvoie le paquet à R1 ?

ACTIVITÉ

3 ADRESSES SYMBOLIQUES ET SERVEURS DNS

Lorsqu'on lance une recherche sur Internet, on utilise le nom du site (www.bnf.fr, www.youtube.com, etc.). Mais pour répondre à la demande, le navigateur a besoin de l'adresse IP du serveur qui héberge le site. Comment obtient-il cette information ?

1 Différentes manières d'identifier une machine

L'outil *ping* permet, par l'envoi de paquets, de tester l'accessibilité d'une machine sur un réseau. Lorsqu'on exécute une commande *ping*, l'adresse de la machine qui répond s'affiche. Ci-dessous, le résultat de deux commandes *ping*.

```
C:\>ping afnic.fr

Pinging afnic.fr [192.134.5.25] with 32 bytes of data:
Reply from 192.134.5.25: bytes=32 time=10ms TTL=127
Reply from 192.134.5.25: bytes=32 time=11ms TTL=127
Reply from 192.134.5.25: bytes=32 time=9ms TTL=127

C:\>ping lb01-2.nic.fr

Pinging lb01-2.nic.fr [192.134.5.25] with 32 bytes of data:
Reply from 192.134.5.25: bytes=32 time=9ms TTL=127
Reply from 192.134.5.25: bytes=32 time=11ms TTL=127
Reply from 192.134.5.25: bytes=32 time=11ms TTL=127
```

e SNT2007

Présentation de l'outil *Ping*

2 Comment sont organisées les adresses symboliques ?

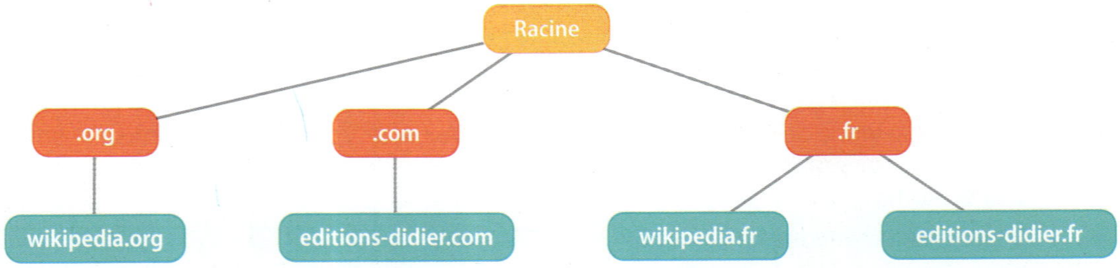

Les **adresses symboliques** (ou noms de machines) sont organisées de manière hiérarchique. Au sommet, on trouve la racine. Elle contient les informations pour les domaines de premier niveau, c'est-à-dire les domaines génériques (*.org*, *.com*, *.net*, etc.) et les domaines géographiques (le code à deux lettres du pays : *.fr*, *.uk*, etc.). Ces domaines de premier niveau contiennent les informations pour les seconds niveaux, et ainsi de suite. Le suffixe *.com* est généralement réservé aux entreprises commerciales, *.org* aux organisations non gouvernementales, *.net* aux organismes en lien avec Internet, etc.

VOCABULAIRE

Adresse symbolique
Elle identifie une machine sous une forme textuelle. Le dernier élément est le domaine de premier niveau. Par exemple : www.bnf.fr.

3 Qui connaît le nom et l'adresse ?

Lorsque l'on recherche l'adresse IP d'une machine, on la demande d'abord à l'un des « serveurs racine ». Celui-ci renvoie le nom du serveur du sous-domaine de premier niveau. Le serveur du sous-domaine renverra au serveur du domaine, et ainsi de suite jusqu'à trouver un serveur qui connaît l'adresse IP.

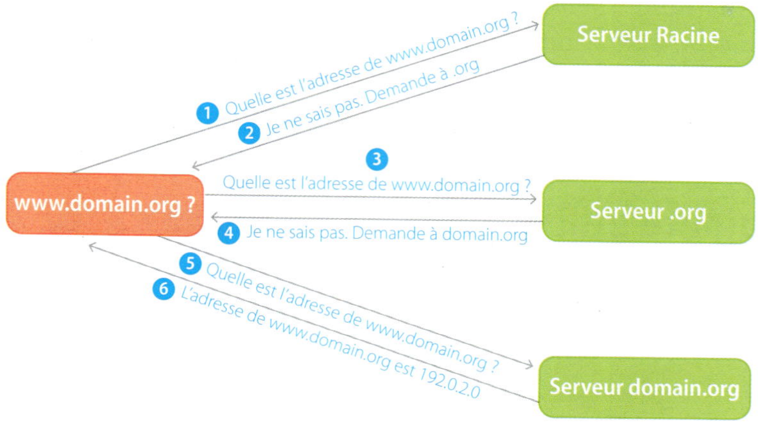

VOCABULAIRE

Domain Name System
Il définit l'organisation hiérarchique des adresses symboliques et le protocole permettant d'interroger les serveurs qui connaissent la hiérarchie des noms et les adresses IP associées.

VOCABULAIRE

Serveur DNS
Il contient les informations pour un domaine ou un sous-domaine.

4 Comment sont enregistrés les noms ?

Voici le résultat d'une recherche sur **Whois** pour *education.gouv.fr* :

Résultat de votre recherche
- Nom de domaine : education.gouv.fr
- Bureau d'enregistrement : AVENIR TELEMATIQUE
- Date de création : 31 janvier 1997 00:00
- Date d'expiration : 10 août 2019 16:10
- Serveurs de noms (DNS)
  - *Serveur n° 1: ns1.ate.tm.fr*
  - *Serveur n° 2: ns2.ate.tm.fr*
  - *Serveur n° 3: ns3.ate.tm.fr*

☑ Titulaire : MINSTERE EDUC NAT ENSEIGNEMENT SUP RECH

Whois permet de rechercher des informations sur le propriétaire d'un nom de domaine.

QUESTIONS

1 **Doc. 1** Comparez les résultats de la commande *ping*.
a. Combien de machines ont répondu aux deux commandes ?
b. Quelles sont les deux manières d'identifier une machine ?
c. Utilisez la commande *ping* suivi d'un nom de site Internet. Retrouvez son adresse IP.

2 **Doc. 2** Complétez l'arbre de l'espace des sous-domaines pour y positionner le nom *education.gouv.fr*.

3 **Doc. 3, 4** **a.** Quels sont le ou les serveurs DNS associés au domaine *education.gouv.fr* ?
b. Quand sont-ils utilisés ?
c. Combien de requêtes DNS sont faites pour obtenir l'adresse de *www.education.gouv.fr* ?

4 L'outil en ligne *nslookup* permet de trouver l'adresse IP à partir d'une adresse symbolique, ou l'adresse symbolique à partir d'une adresse IP. Utilisez-le pour remplir ce tableau :

Adresse symbolique	Adresse IP
education.gouv.fr	
www.editions-didier.fr	
	194.199.8.10

ACTIVITÉ

4 LES RÉSEAUX PAIR-À-PAIR

La plupart des services utilisés sur Internet reposent sur des serveurs mis en place par des entreprises. Cependant, toutes les machines connectées à Internet peuvent potentiellement communiquer ensemble. C'est le cas avec les réseaux pair-à-pair (*peer-to-peer*, P2P), utilisés surtout pour le partage de fichiers (jeux, vidéos, etc.). Comment le modèle P2P fonctionne-t-il ? Quels sont les avantages et les risques de son utilisation ?

1 Le pair-à-pair toujours utilisé

70 % des internautes disent se rendre le plus souvent directement sur des sites ou applications déjà connus lorsqu'ils recherchent une œuvre. Pour la très grande majorité des internautes, les pratiques illicites se résument au streaming, au téléchargement et au **pair-à-pair**, avec peu d'évolutions depuis 2013.

Le streaming s'affirme comme le mode d'accès principal tandis que le pair-à-pair recule.

Le streaming s'affirme comme le mode d'accès à la fois le plus répandu (utilisé par 92 % de l'échantillon, à un même niveau qu'en 2013) et le plus régulier (79 % le pratiquent de manière mensuelle), et ce sans grande différence selon les biens consommés (77 % d'usage du streaming parmi les consommateurs réguliers de musique, 68 % pour ceux de films et 71 % pour ceux de série), devant le téléchargement (74 % d'utilisateurs, 46 % de manière mensuelle). Le pair-à-pair correspond à un usage à la fois moins répandu, en baisse relative (35 % contre 46 % en 2013) et occasionnel (21 % d'utilisateurs mensuels).

« La mixité des usages licites et illicites au cœur des stratégies d'accès aux musiques, films et séries en ligne », *L'Essentiel* n° 9, avril 2018, hadopi.fr.

PRINCIPAUX MODES D'ACCÈS

Base : ensemble des consommateurs

	% d'utilisation pour l'ensemble	Usage au moins 1 fois par mois
STREAMING	92 %	79 %
Téléchargement (*tous modes*)	74 %	46 %
PAIR-A-PAIR	35 %	21 %

VOCABULAIRE

Pair-à-pair
Le pair-à -pair (ou *peer-to-peer*, ou P2P) définit le fonctionnement d'un logiciel qui permet le partage d'une donnée constituée de plusieurs fragments répartis sur les pairs. Dans un réseau pair-à-pair, chaque client est lui-même un serveur.

2 Un site de téléchargement P2P

Le site Webtorrent.io utilise une technologie qui permet de faire du téléchargement en P2P directement depuis le navigateur Internet.

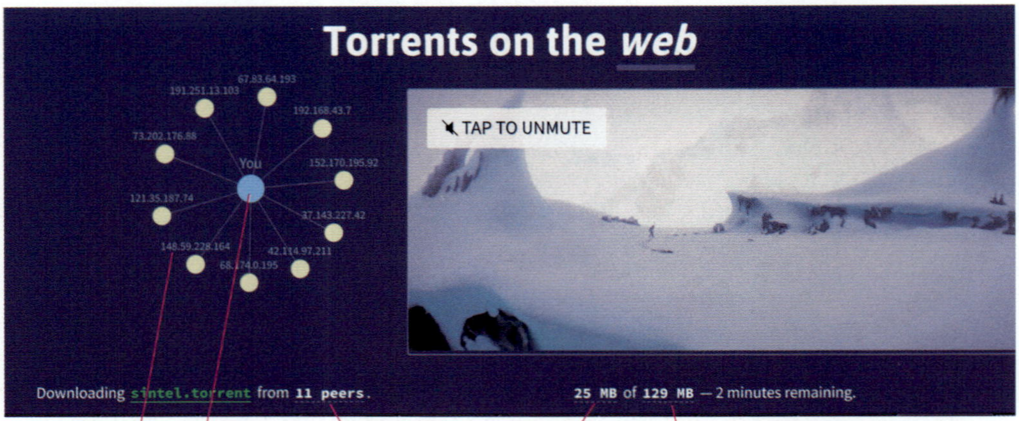

③ ① ② ④ ⑤

3 Principe d'un protocole de partage de fichiers

SNT2008 Le peer-to-peer

Un client pair-à-pair commence par se connecter à un « tracker », une machine qui maintient une liste de **pairs** ayant un fragment du fichier. Le logiciel récupère les adresses IP des pairs qui ont chacun un ou plusieurs fragments du fichier. Il contacte chaque pair en même temps pour télécharger chaque fragment et enfin reconstituer la donnée.

Pendant ce temps, la machine où se trouve le logiciel devient lui-même un pair pour les autres utilisateurs : il diffuse les fragments du fichier qu'il a récupérés. Si la donnée est illégale (contenu illégal ou protégé par le droit d'auteur ► *p. 42*), l'utilisateur est responsable de la diffusion de cette donnée.

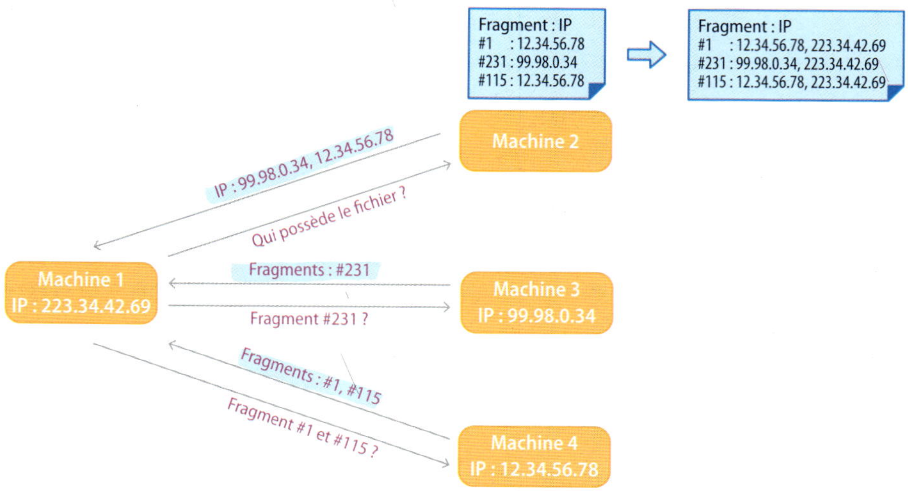

VOCABULAIRE

Pair (*peer*)
Un « pair » (*peer*, en anglais) est une machine depuis laquelle on peut télécharger une donnée.

4 Les jeunes face aux pratiques illicites

[…] les 15-24 semblent avoir une bonne connaissance des risques légaux liés à leurs pratiques illicites : ils ont à l'esprit le risque de réception d'une recommandation de l'**Hadopi**, mais estiment avoir le temps d'adapter leurs comportements, la sanction ne pouvant intervenir qu'au bout de trois recommandations. Ils se montrent également plus à même d'adopter des techniques de contournement telles que le VPN ou optent pour l'accès en streaming afin de ne pas prendre de risque. […]

« Je regarde si le site paraît louche. Par exemple un site où le bouton de téléchargement n'est pas clair ou si l'antivirus m'indique que le site n'est pas fiable je ne vais pas dessus. »

« Les 15-24 ans : un rapport paradoxal à la création, entre valorisation des "petits" artistes et rejet du "système", *L'Essentiel* n° 10, mai 2018, hadopi.fr.

VOCABULAIRE

Hadopi
Haute Autorité pour la diffusion des œuvres et la protection des droits sur Internet.

QUESTIONS

1 Doc. 1 Comparez vos modes d'accès aux biens culturels dématérialisés (streaming, pair-à-pair, etc.) par rapport à l'ensemble des consommateurs. Où vous situez-vous ?

2 Doc. 2 Associez à chaque élément numéroté le terme qui convient parmi les suivants : mon ordinateur • adresse d'un des pairs • nombre de pairs • quantité téléchargée • taille totale de la vidéo.

3 Doc. 3 En vous appuyant sur le texte, identifiez le rôle des différentes machines du schéma au cours du temps.

4 Doc. 4 **a.** À quel type de pratique illicite est-il fait référence ? Quels sont les risques légaux en cas de pratique illicite ?
b. Donnez des arguments pour et contre l'utilisation du P2P pour le téléchargement de contenus culturels.

CONTROVERSE

LA NEUTRALITÉ DU NET

La neutralité d'Internet est un principe défini en 2003 selon lequel tous les contenus, de tous les émetteurs et pour tous les destinataires, doivent être transportés sans discrimination de traitement : à la même vitesse et sans filtrage. Ce principe, reconnu par le plus grand nombre (opérateurs, fournisseurs d'accès, etc.) pendant plus de dix ans, a été remis en cause par les États-Unis en 2017.

1 D'où vient le concept ?

ANTI NN

Internet s'est développé de manière libre, sans qu'il n'y ait jamais eu besoin de protection particulière de la neutralité. La neutralité du Net est un concept inventé récemment par utilitarisme, par ceux qui veulent s'affranchir de rémunérer les fournisseurs d'accès en échange de l'utilisation de leurs réseaux.

PRO NN

La neutralité est inscrite dans le postulat de départ du Web : garantir l'égalité de traitement et d'acheminement de tous les flux d'information sur Internet, quel que soit leur émetteur ou leur destinataire. Popularisé par Tim Wu en 2003, ce concept est le reflet des valeurs d'ouverture qui ont conduit à l'émergence et au succès d'Internet. Aujourd'hui, la protection de la neutralité du Net répond à une ambition démocratique : Internet est devenu une « infrastructure essentielle » dans l'exercice des libertés, un bien commun sur lequel les États doivent veiller au profit de tous les utilisateurs.

Guide téléchargeable *Tout comprendre des débats autour de la neutralité du Net*, arcep.fr.

2 En quoi consiste la neutralité du Net ?

e SNT2009

Neutralité, j'écris ton nom

La neutralité du Net

Principe voulant que les fournisseurs d'accès à Internet (FAI) traitent toutes les données indifféremment

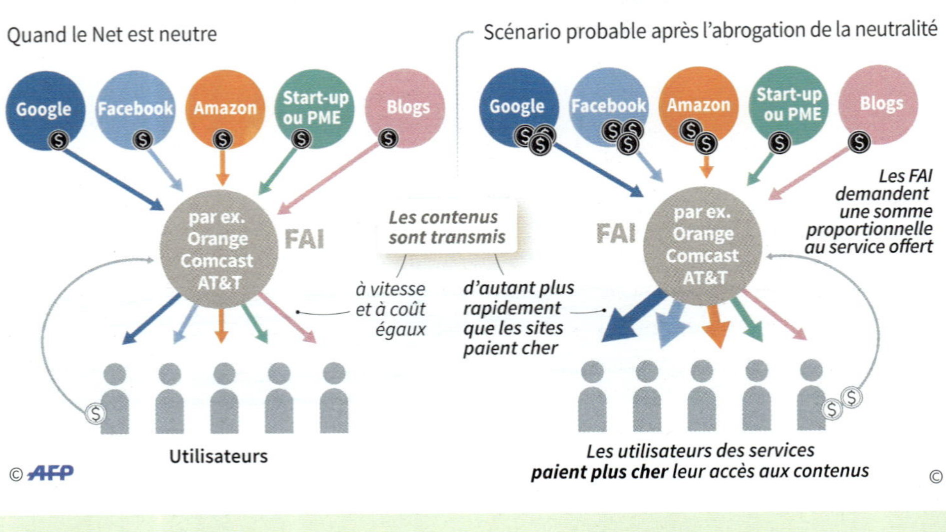

© AFP.

3 Le point de vue d'un dirigeant d'entreprise

[…] Un peu plus de deux ans après avoir déclaré qu'il était *« totalement pour la neutralité du Net »* car *« il faut être réaliste, nos clients prennent nos abonnements pour avoir accès à ces services »*, Stéphane Richard* a expliqué qu'il faut *« donner aux opérateurs les armes et les moyens d'innover »*, et que *« la neutralité du Net est l'ennemie de l'innovation des opérateurs »*. *« Moi aussi, j'aimerais bien qu'Internet soit gratuit dans le monde entier. Mais ça n'est possible que dans les rêves »*, a-t-il déclaré, feignant de ne pas savoir que la question de la neutralité du Net n'est pas celle de la gratuité, mais de la non-discrimination dans le traitement des communications. Le principe de la neutralité veut que les paquets soient transportés avec le même effort quel que soit le contenu, le destinataire ou l'expéditeur.

Stéphane Richard (Orange) : « la fin de la neutralité du Net est une obligation », par M. Castejon, 12 déc. 2017, frandroid.com.

* S. Richard est le P.-D.G. d'Orange.

4 Un retour en arrière ?

Il y a deux ans, les militants de la neutralité du Net aux États-Unis criaient victoire. La FCC* avait en effet annoncé son intention d'adopter un ensemble de règles plaçant ce principe au centre du cadre réglementaire s'imposant aux opérateurs télécom. Le principe de neutralité du Net prévoit que les opérateurs télécom doivent traiter tous les types de trafic de manière équitable et donc s'interdisent de proposer des « accès rapides » à certains types de contenus. Mais la nouvelle proposition de régulation de la FCC, le gendarme américain des télécoms, revient sur ce principe.
Le nouveau cadre réglementaire proposé par Ajit Pai ne surprend personne, on en connaît le cadre depuis avril dernier. Le président nommé par Donald Trump est un opposant de longue date à la neutralité du Net. Dans une tribune publiée sur le Wall Street Journal, il détaille sa vision : selon lui, les règles imposant la neutralité du Net ont découragé les investissements des opérateurs télécom en bloquant toute possibilité d'innover sur leurs offres. Ajit Pai aimerait « empêcher le gouvernement de micro-manager Internet » et lever les obligations instaurées par l'administration Obama sur les opérateurs télécom. En contrepartie, les opérateurs devront s'astreindre à plus de transparence sur leurs offres et dans leurs communications aux consommateurs.

« Neutralité du Net : la FCC veut revenir sur l'ère Obama », par L. Adam, 22 nov. 2017, zdnet.fr.

* Federal Communications Commission.

QUESTIONS

Pourquoi parle-t-on d'un Internet à deux vitesses ? *Organisez un débat autour de ce sujet en vous appuyant sur les documents de cette rubrique, sur vos réponses aux questions suivantes et sur une recherche documentaire.*

1 **Doc. 1, 2, 3, 4** Assurez-vous que vous maîtrisez la notion de « neutralité du Net » : en quoi consiste ce principe ?

2 **Doc. 3** Que signifie « non-discrimination dans le traitement des communications » ?

3 **Doc. 1, 3, 4** Quels sont les principaux arguments des « pro-neutralité » du Net et des « anti-neutralité » ?

4 **a.** Constituez trois groupes qui défendront chacun un point de vue : celui des utilisateurs, celui des opérateurs, celui des régulateurs (comme l'Arcep). Un modérateur, extérieur aux groupes, sera chargé de veiller au bon déroulement du débat.

b. Dans chaque groupe, discutez ensemble des points à soulever puis notez les arguments. Déterminez l'ordre des prises de parole et le temps imparti à chacune.

c. En classe entière, le modérateur lance le débat et il gérera les prises de parole.

INTERNET

Internet permet aux ordinateurs du monde entier de communiquer entre eux. Le trafic Internet ne cesse de croître depuis sa mise en place, en 1969.

1 Le trafic Internet et l'indépendance des réseaux physiques

- Internet est le **réseau informatique** mondial qui permet à de nombreux services de fonctionner, notamment le Web ou encore les réseaux sociaux. **Différentes technologies** permettent d'accéder à Internet : l'**ADSL** pour le haut débit, la fibre optique pour le très haut débit (plus de 30 Mbits/s). Sur un téléphone mobile, l'accès peut se faire par la 3G, la 4G pour le très haut débit, et bientôt la 5G. Le Wi-Fi relie un ordinateur à une machine qui possède déjà un accès à Internet.
- Au cœur d'Internet, ce sont majoritairement des **câbles sous-marins** transocéaniques qui font passer les données sur des fibres optiques, à des débits 100 à 1 000 fois plus importants que ceux utilisés dans les maisons.

2 Le protocole TCP/IP et le routage

a. Le protocole IP

- Les données sont transportées sur Internet grâce au protocole TCP/IP. Le **protocole IP** (*Internet Protocol*) découpe les données en **paquets**. Chaque paquet comporte le morceau des données à envoyer et un en-tête indiquant les informations nécessaires à l'acheminement : les adresses des machines terminales émettrices et réceptrices, la taille des données dans le paquet, un code pour vérifier que le paquet reçu n'a pas été modifié pendant le transport, le protocole complémentaire utilisé, etc.
- Les **adresses** des machines sont représentées par 4 valeurs entre 0 et 255 chacune quand on utilise la version la plus courante d'IP (IPv4) et 64 valeurs avec IPv6.
- Les paquets sont envoyés jusqu'à atteindre la destination. Le temps pour atteindre la destination n'est pas connu à l'avance. Lorsque les paquets ont passé trop de temps sur Internet ou que leur destination n'est pas joignable, ils sont détruits par la machine qui détecte le dépassement.

b. Le protocole TCP

- Pour s'assurer de la transmission correcte et efficace d'une donnée, on utilise le **protocole TCP** (*Transmission Control Protocol*). Il ajoute un numéro au paquet ; cela permet de savoir quelle partie de la donnée totale à envoyer est transportée par le paquet. Le TCP permet aussi un échange bidirectionnel.

c. Le routage

- Les routes que suivent les paquets dans Internet dépendent de l'adresse de destination et de l'état des connexions entre les machines.
- Les **routeurs** sont chargés d'envoyer les paquets vers leurs destinations. Ceux-ci s'échangent périodiquement les routes qu'ils connaissent pour atteindre les autres machines. Un **algorithme** choisit la route annoncée comme la meilleure. Par erreur ou par malversation, il peut arriver que les routes soient erronées, rendant ainsi des parties d'Internet inaccessibles à certains utilisateurs.

Protocole IP
Ensemble des règles qui permettent de coder et de transporter des données sur Internet.

Paquet
Il contient la portion de données à envoyer et un en-tête.

Protocole TCP
Ensemble des règles qui permettent de transporter de manière fiable et bidirectionnelle des données sur Internet.

Routage
Opération qui consiste à trouver la suite de routeurs (► *glossaire, p. 183*) pour acheminer un paquet vers sa destination.

Adresse symbolique

Nom unique et organisé de manière hiérarchique qui permet d'identifier une machine.

Domain Name System (DNS)

Il définit l'organisation hiérarchique des noms et le protocole permettant d'interroger les serveurs.

Réseau pair-à-pair

Ensemble de machines d'utilisateurs qui s'échangent des données. Dans un réseau pair-à-pair, chaque client est lui-même un serveur.

3 Les adresses symboliques et les serveurs DNS

Pour trouver facilement les machines à utiliser, un registre conserve les associations entre des **adresses symboliques** et des adresses IP. C'est ce que l'on appelle le ***Domain Name System (DNS)***, « système des noms de domaine ». Les adresses symboliques sont organisées sous la forme d'une suite de labels séparés par des points (par exemple, *www.editions-didier.com*).

Pour trouver l'adresse IP correspondante, une machine contacte un serveur DNS, qui donnera la réponse ou indiquera quel autre serveur peut répondre.

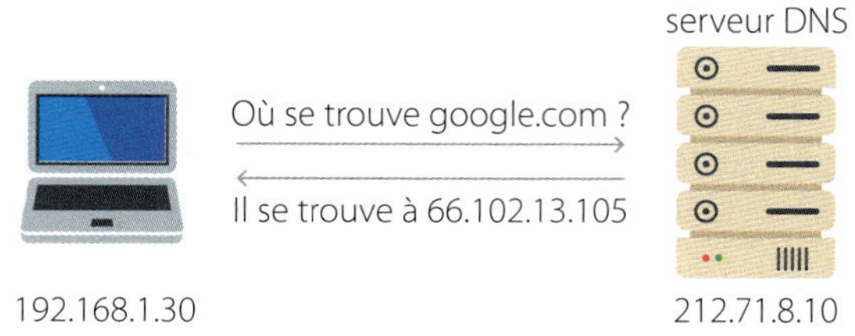

4 Les réseaux pair-à-pair

Les **réseaux pair-à-pair** (*peer-to-peer*) permettent de partager toutes sortes données (documents, films, jeux, etc.) réparties sur des machines participant à un même réseau (les pairs). Une machine obtient la liste des adresses IP des autres machines qui stockent des fragments de la donnée voulue. Elle télécharge les fragments en parallèle depuis les autres machines.

Les réseaux pair-à-pair, souvent utilisés pour partager des données illégales, sont surveillés par l'organisme **Hadopi** (► *glossaire, p. 181*).

LES CAPACITÉS DU CHAPITRE

- ► 1. Distinguer le rôle des protocoles IP et TCP. → **Activité 2**
- ► 2. Caractériser les principes du routage et ses limites. → **Activité 2**
- ► 3. Distinguer la fiabilité de transmission et l'absence de garantie temporelle. → **Activité 2**
- ► 4. Sur des exemples réels, retrouver une adresse IP à partir d'une adresse symbolique et inversement. → **Activité 3**
- ► 5. Décrire l'intérêt des réseaux pair-à-pair ainsi que les usages illicites qu'on peut en faire. → **Activité 4**
- ► 6. Caractériser quelques types de réseaux physiques : obsolètes ou actuels, rapides ou lents, filaires ou non. → **Activité 1**
- ► 7. Caractériser l'ordre de grandeur du trafic de données sur Internet et son évolution. → **Activité 1**

JE VÉRIFIE MES CONNAISSANCES

SNT2010
Exercices interactifs

Corrigés p. 184

1 QCM

Choisir la (ou les) bonne(s) réponse(s).

	A	B	C
1. Une adresse IP valide est :	124.45.67.89	124.45.672	990.340.465.888
2. Dans le nom *www.editions-didier.fr*, quel est le domaine de premier niveau ?	www	editions-didier.fr	fr
3. Avec quel outil peut-on trouver l'adresse IP d'une machine à partir de son nom ?	`ping`	`nslookup`	les deux
4. Dans quel cas le serveur de nom du domaine *editions-didier.fr* est-il utilisé ?	« `ping www.editions-didier.fr` »	« `ping www.editions-didier.com` »	aucun des deux

2 VRAI/FAUX

Répondre par vrai ou faux.

a. Les adresses 12.34.56.78 et 12.34.56.99 peuvent appartenir au même réseau.
b. On peut accéder à Internet avec une seule technologie.
c. Le trafic Internet a cessé d'augmenter depuis 2015.
d. Plus de la moitié de la population française est connectée à Internet.
e. L'accès à Internet mobile est très minoritaire.
f. On peut accéder à une machine uniquement avec son adresse symbolique.
g. La machine qui récupère les fragments d'une donnée est appelée « tracker ».
h. L'adresse symbolique d'une machine est stockée dans les serveurs DNS.
i. Le schéma ci-contre représente un paquet IP.

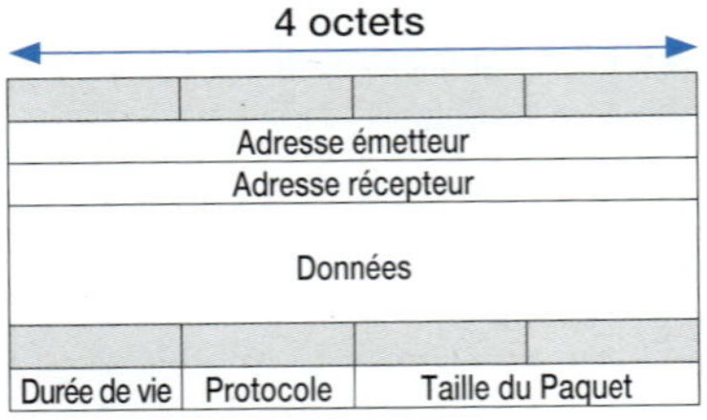

3 Vers une définition

Compléter avec les mots qui conviennent.

Un …… maintient la liste des pairs et leurs …… IP. Un pair stocke des …… de données. Un client se connecte d'abord à un …… puis aux …… .

4 Réaliser un schéma

Réaliser un schéma expliquant la structure de l'adresse *eduscol.education.fr*.

5 Organisation des connaissances

Par combien de routeurs au minimum un paquet doit-il passer pour atteindre une machine dont l'adresse n'est pas sur le même réseau que l'émetteur ?

JE M'ENTRAÎNE

6 L'accès à Internet

Le tableau suivant montre l'évolution des accès à Internet pour tous les supports et pour le mobile, en millions de visiteurs uniques.

	2017	2018
Tous les supports	14,8	16,7
Mobile uniquement	6,5	8,5

a. En se basant sur ces chiffres et en supposant que la croissance sera constante, estimer l'année à laquelle les visites uniques sur les seuls mobiles représenteront plus 75 % de la totalité des visites uniques.
b. Calculer le temps nécessaire pour télécharger un film haute définition de 4 gigaoctets avec un accès haut débit à 12 Mbits/s et avec un accès très haut débit à 42 Mbit/s.

7 IP ou TCP

a. Combien de paquets IP de taille totale 1 500 octets faut-il pour envoyer une donnée de 10 000 octets ?
b. Même question avec des paquets TCP.
c. Pourquoi utilise-t-on malgré tout les paquets TCP ?

8 L'adresse de réseau

Donner l'adresse des réseaux sous la forme a.b.c/24 ou a.b/16 qui relient les machines ayant les adresses IP suivantes.
a. 12.34.76.89 ; 12.34.76.223 ; 12.34.76.1.
b. 10.1.2.3 ; 10.1.128.3.

9 Des réseaux

Dessiner un schéma possible pour relier un PC1 connecté au réseau 10.10.1/24 et un PC2 connecté au réseau 128.99.12/24 en utilisant un ou plusieurs routeurs si nécessaire.

10 Les serveurs DNS

Quel serveur connaît l'adresse IP de la machine :
a. fr.wikipedia.org ? **b.** www.lemonde.fr ?

11 La durée de vie d'un paquet

Combien de routeurs et de réseaux pourra traverser un paquet dont le compteur « durée de vie » est fixé à 3 ?

12 La structure hiérarchique

Dessiner la structure hiérarchique constituée par les noms de domaine suivants.
a. numerique.gouv.fr
b. cnil.fr
c. afnic.fr
d. education.gouv.fr

13 L'adresse IP

Trouver les adresses IP de votre lycée, de www.iana.org (Internet Assigned Numbers Authority) et de www.afnic.fr (Association française pour le nommage Internet en coopération).

14 Les requêtes DNS

Combien de requêtes DNS sont nécessaires pour trouver l'adresse de la machine www.afnic.fr ?

15 Webtorrent

a. Se connecter au site Webtorrent.io.
b. Observer le graphe de connexion qui s'affiche à gauche. Que montre ce graphe ? Que représentent les points jaunes et les chiffres associés ?

16 Le téléchargement en P2P

Calculer le temps nécessaire pour télécharger un film en haute définition de 4 gigaoctets depuis 23 pairs si toutes les connexions sont à 12 Mbit/s.

17 L'utilisation du P2P

Donner les arguments pour et contre l'utilisation du P2P.

EXPOSÉS

SUJET A : Les adresses IPv4 et IPv6. Étude de leur format et des possibilités offertes par chacune des deux versions.
SUJET B : Les « nouveaux » noms de domaine génériques (*Generic Top-Level Domain Names*).

FAB LAB

SNT2010
Installation et présentation de VirtualBox

OBJECTIF

CONSTRUIRE UN INTERNET PRIVÉ grâce au logiciel libre VirtualBox. Il s'agit de faire communiquer deux machines qui se trouvent sur deux réseaux différents en utilisant les technologies d'Internet. Pour cela, on a besoin d'une troisième machine, qui fera fonction de routeur entre les deux réseaux.

Protocole de construction

1 Vérifier la connexion avec ping

En utilisant l'outil `ping`, vérifier si la `machine1` et la `machine2` sont connectées entre elles.
Utiliser `ping machine1` et `ping machine2` sur chacune des deux machines, et remplir le tableau ci-contre :
Pourquoi les deux machines ne sont-elles pas connectées ?
Que faut-il pour réaliser la connexion ?

Nom symbolique	Adresse IP	Réseau
machine1		/24
machine2		/24

2 Installer le routeur

Lancer la machine virtuelle `routeur`. En utilisant l'outil `ping` sur `machine1` et `machine2`, compléter le schéma ci-contre.
Tester sur chacune des machines si la connexion est effective entre la machine et le `routeur`.
Vérifier avec `ping` sur chacune des deux machines si la connexion entre machine1 et machine2 est effective.

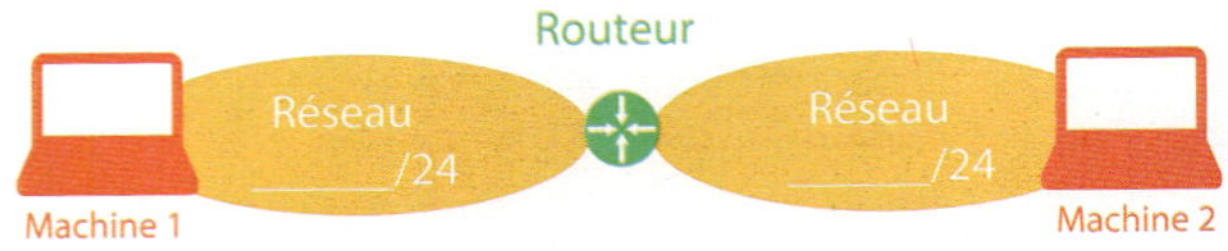

Adresse	

Adresse	
Adresse	

Adresse	

3 Analyser le trafic

La commande `tcpdump` permet de visualiser les paquets vus par la machine sur laquelle la commande est exécutée.
Lancer la commande `tcpdump icmp` sur `routeur`, et lancer `ping routeur` sur `machine1`.
Que peut-on constater ?

Note : ICMP est le protocole utilisé par l'outil `ping`.

4 Router les paquets (1)

Sur la machine `machine1`, taper la commande :
`ip route add default via 10.0.1.3`.
Elle indique à la machine d'envoyer par défaut vers l'adresse 10.0.1.3 tous les paquets qui ne lui sont pas destinés.
Puis tester à nouveau `ping machine2`. Quelle différence y a-t-il avec le point 2 ?
Lancer maintenant la commande `tcpdump icmp` sur `machine2`. Que peut-on constater ?

Envoi de messages vers	Résultat
routeur	
machine2	

5 Router les paquets (2)

Sur la machine `machine2`, taper la commande : `ip route add default via 10.0.2.3`.
Que donne `ping machine2` sur `machine1` et `tcpdump icmp` sur `machine2` et `routeur` ?
Expliquer la différence.

6 Transporter des données

La commande `nc` permet d'envoyer ou de recevoir des données.
a. Sur `machine2`, lancer `nc` en mode réception : `nc -lu -p 4242`.
b. Sur `routeur`, lancer : `tcpdump tcp`.
c. Sur `machine1`, lancer `nc` en mode émission : `nc -u machine2 4242`, puis taper un texte et appuyer sur Entrée.
Que peut-on constater sur `routeur` et `machine2` ?

LA PAGE DU CODEUR

SNT2085

Les bases de Python

Voir l'introduction à Python, p.172

1 Lecture de code

Analyser le code ci-dessous et expliquer l'affichage qu'il produit.

```
def reseau(ip1,ip2) :
    r=[]
    for i in range(len(ip1)) :
            if ip1[i]==ip2[i] :
                    r.append(ip1[i])
                else :
                    break
    return r

ip1=[128,192,23,12]
ip2=[128,192,23,89]
ip3=[128,192,32,12]

print reseau(ip1,ip2)
print reseau(ip1,ip3)
print reseau(ip2,ip3)
```

2 Correction de code

Corriger le code ci-dessous pour obtenir l'affichage suivant :
« de : 128.192.1.2. vers :128.192.1.2.
Hello »

```
def printPkt(p) :
    src=""
    i=12
    for j in range(6)
        src+=str(p[i+j])+ "."
    dst=""
    for j in range(4)
        dst+=str(p[i])+ "."

    print "de : ", src, "vers :",dst
    l=p[2]*256+p[3]
    d=""
    for j in range(l)
        d+=p[j]
    print d

p=[0,0,0,29,0,0,0,0,3,6,1,2,128,192,1,2,10,0,1,
3,0,0,0,0,'h','e','l','l','o']

printPkt(p)
print reseau(ip1,ip3)
```

3 Conception de programme

On souhaite écrire une fonction qui renvoie la route la plus courte entre la source et la destination, en utilisant les informations sur les distances des câbles reliant les différentes villes données de cette manière :

```
Routes=[("Paris","Londres",200),("Paris",
"Amsterdam",300),("Londres", "New York",6000),
("Amsterdam","Oslo",300),("Oslo","New York",5000)]
```

Un triplet (ville1, ville2, distance) donne la distance du câble entre ville1 et ville2.

Écrire une telle fonction en la nommant :

```
def routage (routes,
source, destination) :
```

Aide : tracer le réseau que cela représente, sous forme graphique et sous forme de tableau.

Pour les quatre exercices suivants, télécharger les fichiers : « paquet1.txt », « paquet2.txt » et « paquets.txt ». Les fichiers contiennent des captures de paquets échangés entre des machines sur Internet sous la forme d'une suite d'octets. Le code Python ci-dessous permet de lire le fichier « paquet.txt » et de le stocker dans la variable « pkt » :

```
f=open(«paquet.txt»,»rb»)
pkt=f.read()
```

Le contenu de la variable peut être vu comme un tableau à une dimension : pkt[0] désigne le premier octet du paquet, pkt[1] le deuxième, etc.

4 Affichage du contenu d'un paquet (1)

En utilisant le format de paquet IP, écrire un programme qui affiche :

a. l'adresse du destinataire du paquet sous la forme : a.b.c.d (a, b, c, d étant des valeurs entre 0 et 255) ;
b. l'adresse de l'émetteur du paquet (même format) ;
c. la durée de vie (un seul octet) ;
d. le numéro de protocole de transport (un seul octet) ;
e. la longueur totale du paquet : celle-ci est codée sur 2 octets, sa valeur étant le résultat de l'opération : octet2 + 256*octet1.

5 Affichage du contenu d'un paquet (2)

Le numéro du protocole TCP est 6. Si le paquet est un paquet TCP (► *format d'un paquet TCP p. 14*), afficher :

a. le numéro de séquence, c'est-à-dire le numéro du paquet dans la suite de paquets nécessaires pour transporter une donnée entière. Ce numéro est codé sur 4 octets, sa valeur étant le résultat de l'opération :
(octet4 + 256*(octet3 + 256*(octet2 + 256*octet1))) ;
b. la taille de la donnée transportée par ce paquet.

6 Contenu d'une suite de paquets

Le fichier « paquets.txt » contient une suite de paquets stockés les uns derrière les autres.
Écrire le programme qui lit la suite des paquets et les affiche les uns après les autres. Il est nécessaire de tenir compte de la longueur totale de chaque paquet.

7 Affichage des données transportées

En tenant compte des numéros de séquences des paquets TCP, afficher la donnée transportée dans la suite des paquets TCP contenus dans le fichier « paquets.txt ».

LE MONDE DE DEMAIN

L'INTERNET DES OBJETS

La prochaine grande étape d'Internet sera la connexion de dizaines de milliards d'objets entre eux qui pourront communiquer avec toutes les autres machines et objets. Cela ouvre des perspectives sur de nouvelles manières de vivre mais pose aussi des questions sur la sécurité des informations transmises.

1 Quand la réalité dépasse la fiction

Le Media Lab est un laboratoire du Massachusetts Institute of Technology (MIT). Il se consacre aux projets de recherche associant technologie, multimédia et design.

Le MIT Media Lab a imaginé un tatouage connecté à faire soi-même. Grâce à une puce et à des capteurs miniatures intégrés, la peau devient à la fois un pavé tactile, miroir de nos émotions, ou un disque dur. Une étape de plus vers la robotisation ?

e SNT2012

Le tatouage connecté

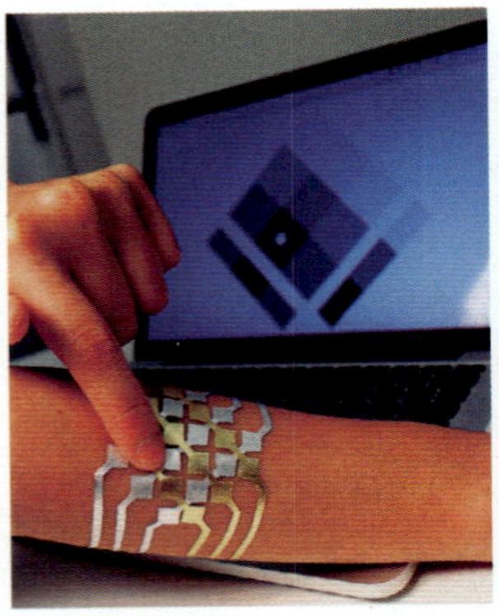

▲ Arte Ceative, Fashion geek, Tatouage connecté, 2017.

2 Demain, des objets connectés partout

Dans quelques années, toutes les pièces de votre intérieur intégreront des objets connectés. Dans la cuisine, le frigo vous proposera des recettes adaptées à son contenu, la balance de la salle de bains ne se contentera plus de vous peser mais analysera votre rythme cardiaque et compilera ces données sur votre smartphone, les enceintes iront chercher la musique en Wi-Fi sur le Net et, dans la chambre de bébé, le babyphone intégrera une caméra et surveillera en plus la température et l'humidité de la pièce.

[…] Jusqu'ici, se servir d'Internet imposait d'utiliser un appareil avec écran. L'Internet des objets est une révolution car, pour la première fois, des objets du quotidien peuvent être reliés à d'autres et même directement au réseau.

« C'est quoi au juste, l'Internet des objets ? », par F. Haffner, publié le 19 août 2014, capital.fr.

◀ La montre de demain pourra réaliser des électrocardiogrammes, prévenir les crises cardiaques ou encore détecter les chutes d'une personne.

? En vous appuyant sur les documents de cette rubrique, décrivez les avantages et les inconvénients des objets connectés.

e SNT2013

Pour aller plus loin

- Les objets connectés, toujours plus nombreux, *franceinfo.fr*.
- C'est quoi un objet connecté ? *arte.tv*.
- Comprendre l'Internet des objets, *lesechos.fr*.
- Les objets connectés seront le nouveau paradis des *malwares*, *01net.com*.

3 Bientôt, un monde ultraconnecté

La 5G, une révolution

Bientôt, se connecter sans fil ne sera plus l'apanage des seuls téléphones mobiles. Les montres connectées sont déjà sur le marché, les lunettes connectées sont développées et testées.
Avec l'apparition de la 5G, toutes sortes d'objets intelligents seront connectées en permanence : voitures autonomes, usines automatisées, robots, drones, mais aussi capteurs dans les immeubles, sur les ponts, les routes, les conteneurs, les colis, etc.

4 Tous connectés, tous en danger ?

Souvent moqués hier, les scénarios d'attaques menées par des réfrigérateurs connectés, des babyphones zombies ou des thermostats intelligents rendus fous ne font plus sourire aujourd'hui. La menace se précise d'autant que les rangs de ces légions dormantes ne cessent de croître. […] Leur nombre devrait dépasser 20 milliards d'ici à 2020 […].
Pour prendre le contrôle de ces objets connectés, les assaillants scannent Internet afin de les repérer, puis exploitent leurs vulnérabilités en y implantant un logiciel malveillant (« *malware* »). Le moteur de recherche Shodan permet justement de les géolocaliser sur une carte mondiale. En France, plus de 14 000 caméras sont ainsi référencées selon leurs villes […] et leurs fournisseurs d'accès […]. Bien souvent, leurs mots de passe par défaut n'ont pas été modifiés par les utilisateurs et il suffit alors d'entrer « Admin », « 1234 », « *root* », ou « *password* » pour infecter ces appareils et les transformer en une armée docile de zombies dans l'attente d'une instruction. Le grand soir des objets connectés est pour demain...

« Cybercriminalité : l'attaque des objets connectés », E. Paquette, 4 nov. 2016, lexpansion.lexpress.fr.

Les données de santé, cible du piratage

Les objets de santé connectés sont souvent peu ou pas protégés. Il est facile d'y avoir accès et de récupérer des données, ou même de les commander à distance. Par exemple, les montres connectées ont déjà été utilisées pour trouver la base d'entraînement de soldats. Des chercheurs ont également montré que l'on peut programmer à distance des pacemakers, allant jusqu'à menacer la vie de son porteur.

e SNT2014

L'armée américaine manque-t-elle de discrétion ?

2 LE WEB

Quand tu navigues sur internet...
Les moteurs de recherche te suggèrent des sites ou des publicités...
VISITEZ LE JAPON !
SUSHIBOX.FR
COMMANDEZ !
MANGA-FAN-COM
PROMO !
...en fonction de ton "profil", créé grâce à ton historique de navigation.
MANGA
MAKI
SHOJO
SHONEN
JAPANIME
TOKYO
Quoi ? Tu reçois des pubs pour des shôjo manga ?
Mais non ! Rends-moi mon téléphone !

SOMMAIRE DU CHAPITRE

voir Activité 4, page 40

ACTIVITÉ

1 LES INGRÉDIENTS D'UNE PAGE WEB : HTML ET CSS

À l'origine, le Web était constitué de documents contenant uniquement du texte, des images et des liens vers d'autres documents. Avec le temps, le besoin est apparu de gérer des ressources multimédias (vidéos, animations, etc.) et des mises en pages complexes. Comment crée-t-on des pages Web ?

1 Anatomie d'une page Web : le langage HTML

HTML (*HyperText Markup Language*) est le langage de description des pages Web. La structure de la page est indiquée par des *balises* qui délimitent ses *éléments*. Cette structure peut être représentée par un arbre, où chaque balise correspond à un nœud.

Une page est un *élément* **<html>**. Elle contient toujours un élément **<head>** pour les métadonnées (► *glossaire, p. 43*) du document et un élément **<body>** pour le contenu lui-même.

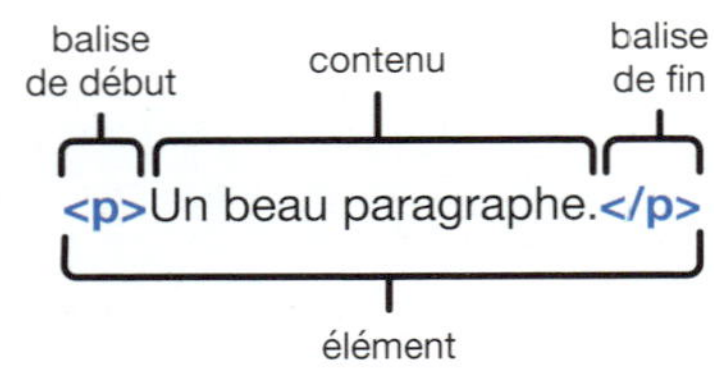

Code HTML

```
<html>
  <head>
    <meta charset="utf-8">
    <title>Ma première page</title>
  </head>
  <body>
    <h1>HTML en quelques mots</h1>
    <p>
      Une page contient des <b>balises</b> qui définissent
      sa structure et son contenu.
    </p>
    <ul>
      <li>Un <a href="page2.html">lien</a> vers la page 2.</li>
      <li>Le logo HTML5 : <img src="html5.png"></li>
    </ul>
  </body>
</html>
```

Arbre

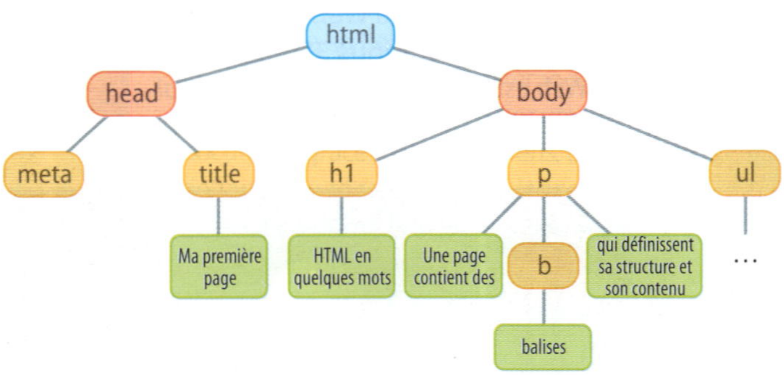

Affichage dans le navigateur

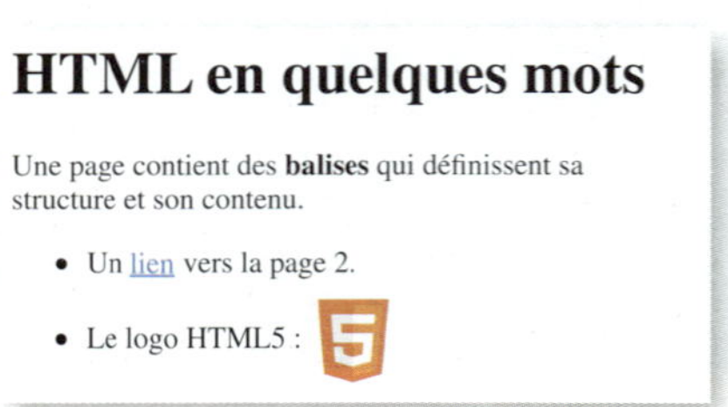

ZOOM SUR…

Les principales balises

Les balises permettent de structurer les contenus. Voici les principales :

<h1>, … **<h6>** niveaux de titres et de sous-titres
<p> paragraphe
<b> texte en gras
<i> texte en italique
<ul> liste à puces
<li> élément d'une liste
<a href="*dest*"**>** lien hypertexte vers la page d'adresse URL *dest* (► *URL, p. 36*)
<img src="*photo.jpg*"**>** image stockée à l'adresse URL *photo.jpg*

VOCABULAIRE

Attribut
Complément d'information d'une balise. Par exemple, l'attribut *href* indique la destination du lien pour la balise **<a>**.

2 Donner du style : le langage CSS

On contrôle l'apparence des éléments d'une page HTML par une feuille de style grâce au langage CSS (*Cascading Style Sheets*). Chaque règle d'une feuille de style contient un *sélecteur* et des *propriétés*. Le sélecteur détermine quels éléments sont concernés par la règle, et les propriétés contrôlent l'apparence de ces éléments.

Code CSS

```
b {
    color : red ;
}

.important {
    border : 2px solid red ;
    background-color : yellow ;
}

#logo {
    width : 20px ;
}
```

ZOOM SUR...

Sélecteur	Éléments concernés
b	Tous les éléments qui ont la balise **<b>**
.important	Tous les éléments qui ont un attribut class="*important*"
#logo	L'élément qui a un attribut id="*logo*"
li b	Les éléments **<b>** à l'intérieur des éléments **<li>**
li.important	Les éléments **<li>** qui ont un attribut class="*important*"

Code HTML

```
<p>
  Une page contient des <b>balises</b>
  qui définissent sa structure et son contenu.
</p>
<ul class="important">
  <li>Un <a href="page2.html">lien</a> vers la page 2.</li>
  <li>Le logo HTML5 : <img id="logo" src="html5.png"></li>
</ul>
```

Affichage dans le navigateur

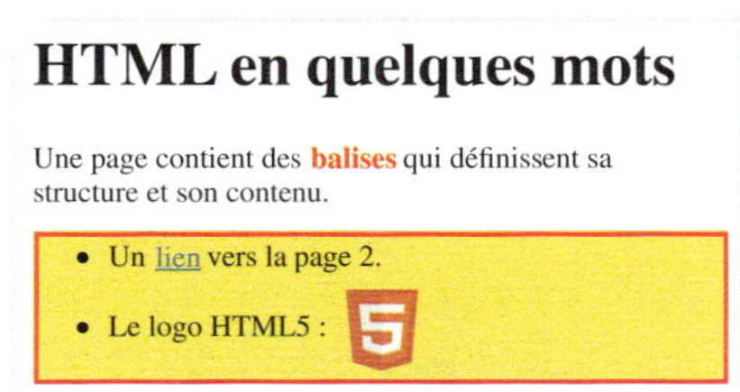

3 Inspecter les pages Web

Les navigateurs Web contiennent un inspecteur permettant d'examiner le code HTML et les règles CSS de n'importe quelle page. Cela facilite la mise au point de ses propres pages Web et permet de voir comment sont élaborées celles des autres.

Pour ouvrir l'inspecteur :

- Sur PC : *F12* ou *Ctrl+Shift+I* (lettre i).
- Sur Mac : *Cmd+Opt+I* (lettre i).

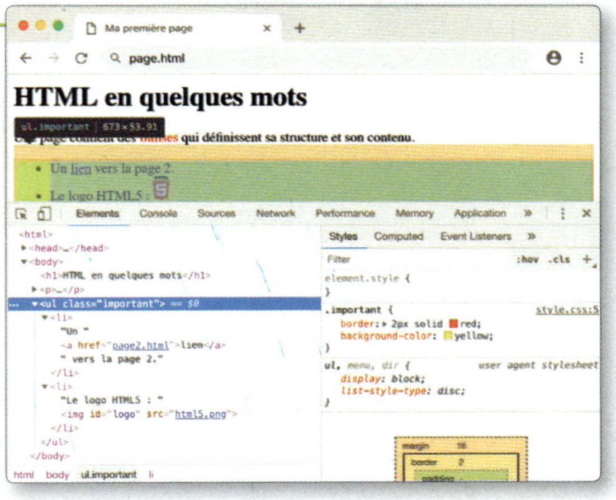

QUESTIONS

1 **Doc. 1** Complétez la partie de l'arbre marquée en pointillés, en dessous de la balise **<ul>**.

2 **Doc. 1** Créez une page Web contenant une liste de pays, et pour chaque pays une liste de villes.

3 **Doc. 2** Repérez dans le code HTML les éléments affectés par chaque règle CSS.

4 **Doc. 2** Modifiez la feuille de style pour que le premier paragraphe ait un fond bleu. Que se passe-t-il si l'on ajoute d'autres paragraphes dans la page ?

5 **Doc. 2** Créez une feuille de style pour la page de la question **2** afin que les pays soient en rouge et les villes en bleu.

6 **Doc. 3** Ouvrez la page **http://fr.wikipedia.org** dans un navigateur, puis activez l'inspecteur. Cliquez sur des éléments du code HTML (onglet « Elements ») pour voir l'affichage correspondant. Inversement, faites un clic droit dans l'affichage de la page et sélectionnez « Inspecter » pour voir l'élément dans le code HTML. Ajoutez ou modifiez des propriétés CSS pour voir leur effet.

ACTIVITÉ

2 HTTP : LES CLIENTS PARLENT AUX SERVEURS

Le Web (World Wide Web) utilise le réseau Internet pour créer un système d'information mondial permettant à tout utilisateur de consulter des documents stockés sur n'importe quel nœud du réseau. Comment ces documents sont-ils repérés ? Comment ce réseau fonctionne-t-il ?

1 L'architecture du Web

Le Web est constitué de serveurs qui hébergent des pages Web ou qui les produisent en réponse aux demandes des clients. Chaque page Web possède une adresse qui permet de l'identifier : son **URL**.
Les clients et les serveurs communiquent grâce au protocole **HTTP**.
Les clients les plus connus sont les navigateurs, mais il y a aussi les indexeurs des moteurs de recherche (► *p. 38*).

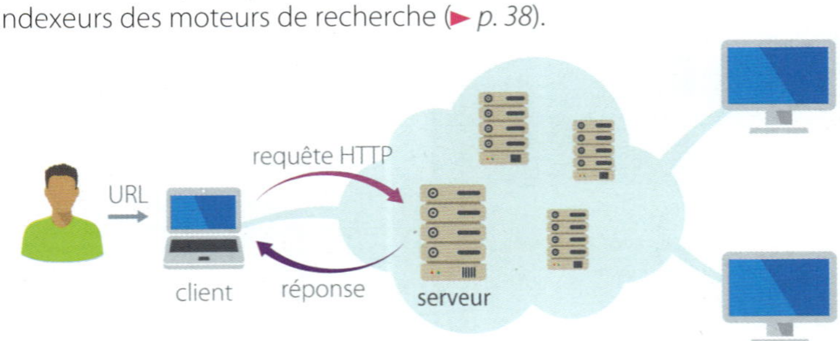

VOCABULAIRE

URL
L'URL (*Uniform Resource Locator*, « localisateur uniforme de ressource ») est un format universel de nommage permettant de désigner tout type de ressource sur Internet. L'URL est communément appelée « adresse Web ».

2 Anatomie d'une adresse Web : l'URL

Les documents du Web sont repérés par des adresses **URL**, qui ont la forme suivante :

https://fr.wikipedia.org/wiki/World_Wide_Web#Architecture

protocole | nom du serveur | chemin | ancre

Le protocole indique le type de connexion : **HTTPS** assure que la connexion avec le serveur est sécurisée et, donc, que la communication ne peut pas être espionnée ; **HTTP** utilise une connexion non sécurisée. Une connexion sécurisée est affichée avec un cadenas dans le navigateur :

🔒 https://www.

Le nom du serveur est son adresse dans le système DNS (► *Domain Name System p. 17 et glossaire p. 181*). Le chemin indique l'adresse du document dans le serveur. Si elle est présente, l'ancre montre une position dans le document. Dans une page HTML, cette ancre correspond à l'élément qui a un attribut *id* du même nom.

paramètres

https://www.google.fr/search?q=Numérique

Pour les **sites dynamiques**, comme les moteurs de recherche, le document recherché est caractérisé par un ensemble de paramètres. Ceux-ci sont indiqués à la fin de l'URL, après le point d'interrogaton.

VOCABULAIRE

HTTP et HTTPS
Le protocole HTTP (*hypertext transfer protocol*, « protocole de transfert hypertexte ») permet aux clients et aux serveurs de communiquer entre eux.
HTTPS est la version sécurisée du protocole HTTP.

VOCABULAIRE

Site dynamique
Serveur Web qui utilise une base de données pour calculer, rechercher ou créer un document en réponse à une requête.

3 Ce que se disent clients et serveurs : le protocole HTTP

• Pour obtenir une page Web, le client envoie au serveur une requête HTTP qui contient le chemin de l'URL de la page :

```
GET /index.html HTTP/1.1
Host: www.example.com
```

• En cas d'erreur, le serveur retourne un code d'erreur. Le plus connu est le code *404* lorsque la page n'existe pas :

```
HTTP/1.1 404 Not Found
```

• S'il détient la page correspondante, le serveur retourne une réponse HTTP avec les métadonnées du document (date, taille, etc.), ainsi que son contenu :

```
HTTP/1.1 200 OK
Date: Mon, 4 Mar 2019 22:38:34 GMT
Content-Type: text/html; charset=UTF-8
Content-Length: 983
Last-Modified: Wed, 08 Jan 2003 23:11:55 GMT

<html>
<head><title>Une page de test</title></head>
<body>Un document très simple.</body>
</html>
```

4 Les requêtes vers les sites dynamiques

Dans les sites dynamiques, comme les moteurs de recherche ou les sites de e-commerce, l'utilisateur doit communiquer au serveur ses critères de recherche en utilisant les paramètres de l'URL.

• La balise <form> permet de créer un formulaire de saisie :

```
<body>
  <h3>Rechercher sur Wikipedia :</h3>
  <form action="https://fr.wikipedia.org/w/index.php">
    <input type="input" name="search">
    <input type="submit">
  </form>
</body>
```

▲ Code HTML d'un formulaire de saisie.

▲ Son affichage dans le navigateur.

• Lorsque l'on clique sur le bouton « Valider », le navigateur envoie une requête au serveur en collectant les paramètres spécifiés par l'utilisateur. Ici, l'utilisateur a tapé « Web » dans le champ de saisie de nom « search » :

```
GET /w/index.php?search=Web HTTP/1.1
Host: fr.wikipedia.org
```

• Le serveur retourne l'adresse du document recherché :

```
HTTP/1.1 302 Found
Date: Sun, 03 Feb 2019 22:38:34 GMT
Location: https://fr.wikipedia.org/wiki/Web
```

• Le navigateur demande ensuite ce document :

```
GET /wiki/Web HTTP/1.1
Host: fr.wikipedia.org
```

QUESTIONS

1 **Doc. 1** **a.** Où sont stockées les pages Web ?
b. Observez le schéma : quelle est l'action du navigateur ?

2 **Doc. 2** Identifiez les composants des URL suivantes et indiquez celles qui sont sécurisées :
• https://www.larousse.fr/dictionnaires/anglais-francais/request
• http://www.youtube.com/watch?v=7z_hEZABUs4
• https://developer.mozilla.org/fr/docs/Web/HTML/Element/Form#Exemples

3 **Doc. 3** Si une page contient trois images, combien de requêtes le navigateur fera-t-il pour la charger complètement ?

4 **Doc. 4** Créez une page Web complète avec le code du formulaire et vérifiez qu'elle fonctionne.

SNT2101
Code du formulaire

5 **Doc. 4** Modifiez le formulaire de saisie pour effectuer une recherche sur le site de Google, sachant que l'URL d'une requête sur ce site est de la forme suivante : https://google.fr/search?q=....

6 **Doc. 4** Pourquoi le serveur retourne-t-il l'adresse de la page recherchée, et non directement son contenu (que se passe-t-il si la page recherchée n'est pas hébergée sur ce serveur) ?

ACTIVITÉ

3 SOUS LE CAPOT DES MOTEURS DE RECHERCHE

Lorsqu'on lance une requête dans la barre du navigateur pour rechercher un article, une vidéo, etc., le navigateur interroge un moteur de recherche, qui doit nous proposer les résultats les plus pertinents possibles par rapport à notre demande. Comment fonctionne un moteur de recherche ? Ses réponses sont-elles toujours fiables ?

1 Parcourir l'immense graphe du Web

Le Web est un immense **graphe** : chaque page du Web est un nœud relié à d'autres nœuds par les liens hypertextes contenus dans la page. Les **moteurs de recherche** parcourent constamment ce graphe (c'est-à-dire toutes les pages Web) afin de collecter un maximum de contenus, qu'ils indexent. Grâce à cette indexation, un moteur de recherche pourra fournir rapidement à un internaute des réponses adaptées à sa requête. Il existe plusieurs moteurs de recherche, notamment Google (le plus utilisé), Bing de Microsoft, ou encore DuckDuckGo (qui ne collecte pas de données personnelles).

Principe du parcours du Web par le moteur de recherche

On utilise deux listes : les pages *déjà visitées* (aucune au départ) et les pages *à visiter* (par exemple, la page **E** au départ).

1. On prend une page parmi les pages à visiter, par exemple **E**.

2. On la transfère dans la liste des pages visitées, et on ajoute à la liste des pages à visiter les pages accessibles depuis **E** (ici, **A** et **H**) qui ne sont pas déjà visitées.

3. On continue jusqu'à ce qu'il n'y ait plus de pages à visiter.

VOCABULAIRE

Graphe du Web
Graphe orienté dont les nœuds sont les pages Web, et les arcs les liens hypertextes entre les pages.
(► *Théorie des graphes, p. 62*)

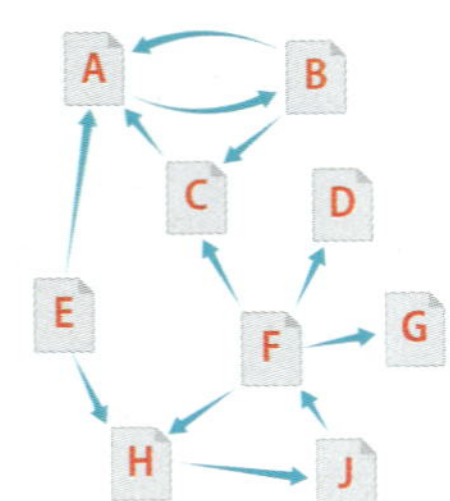

▲ Principe du graphe du Web.

2 Indexer pour pouvoir retrouver

Au fur et à mesure qu'il parcourt le Web, le moteur de recherche indexe les contenus : il crée un **index** qui associe à chaque mot l'ensemble des pages qui contiennent ce mot, avec l'importance du mot pour cette page. Exemples de critères d'importance d'un mot :

– un mot qui apparaît dans un titre est plus important (5 points) pour cette page que s'il apparaît dans un paragraphe (1 point) ;

– un mot qui apparaît souvent dans la page est plus important pour cette page que s'il n'apparaît qu'une fois (1 point par occurrence).

VOCABULAIRE

Moteur de recherche
Outil qui permet de trouver des ressources à partir d'une requête d'un utilisateur comportant des mots-clés.

Index
Dictionnaire associant à chaque mot les pages dans lesquelles ce mot apparaît.

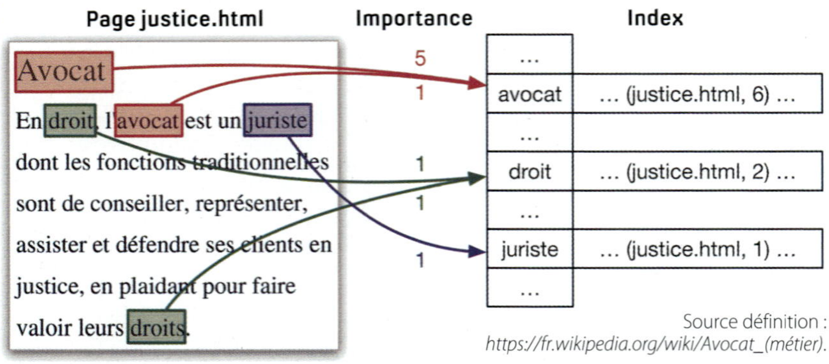

Source définition : *https://fr.wikipedia.org/wiki/Avocat_(métier).*

▲ Indexation de quelques mots de la page Web.

Principe de l'indexation

Pour chaque mot **M** qui apparaît dans une page d'adresse **A** :

1. calculer son importance **I** ;

2. ajouter **(A, I)** à la liste des pages associées au mot **M**.

3 Répondre à une requête de recherche

Lorsque le moteur de recherche reçoit une requête, il utilise l'index pour trouver toutes les pages qui contiennent les mots-clés de la requête.
Ensuite, il classe les pages par ordre de pertinence, en combinant plusieurs facteurs :
– l'importance des mots (► *doc. 2*) ;
– la popularité (► *doc. 4*) ;
– le profil de l'utilisateur (► *p. 40*).

Ci-dessous, une recherche à partir des mots-clés « avocat » et « droit ».
Afin de simplifier l'exemple, le classement des réponses est effectué seulement en fonction de l'importance des mots.

Requête

Index

avocat	(p1, 20) **(p2, 5)** **(p3, 15)**
…	
droit	**(p2, 25)** **(p3, 10)** (p4, 5)
…	
fruit	(p1, 10), (p5, 20)
…	

Résultat

1	**(p2, 5+25 = 30)**
2	**(p3, 15+10 = 25)**

Note : **(p2, 5)** = (page, importance).

4 Les résultats sont-ils fiables ?

• La popularité d'une page dépend de plusieurs facteurs :
– le nombre de pages qui ont des liens vers cette page (► *algorithme PageRank, p. 51*) ;
– le nombre de fois que les utilisateurs choisissent cette page en réponse à une requête de recherche ;
– l'achat de mots-clés au moteur de recherche par un site afin que ses pages soient mieux classées.
• Les moteurs de recherche combinent ces facteurs selon des formules qui sont gardées secrètes et qui changent régulièrement. C'est pourquoi les réponses à une même requête varient d'un moteur à l'autre.

Les premiers résultats de la requête « avocat » avec deux moteurs de recherche différents :

Moteur 1	Moteur 2
Cabinet d'Avocats – Paris (pub)	Conseil Juridique (pub)
Avocat (fruit) – Wikipédia	avocat / avocate - Onisep
Avocat (métier) – Wikipédia	Avocat (métier) - Wikipédia

ZOOM SUR…

L'optimisation d'un site

Elle consiste à choisir des mots-clés et à les placer de manière stratégique dans la page afin d'améliorer son classement.
Par exemple, pour la page d'un groupe de musique pop, on pourrait placer les mots « musique », « pop », « groupe » dans les titres.
Certains sites tentent de tromper les moteurs de recherche en utilisant des textes cachés ou en achetant des liens pour augmenter la popularité de leurs pages.

QUESTIONS

1 **Doc. 1** Continuez le parcours du graphe à partir du nœud **E** en listant les pages visitées et les pages à visiter à chaque étape. Combien d'étapes sont nécessaires pour visiter tout le graphe ?

2 **Doc. 1** Que se passe-t-il si l'on commence le parcours par le nœud **A** ?

3 **Doc. 2** Complétez l'index avec les mots « avocat » et « fruit » des pages HTML suivantes en appliquant les critères d'importance :
• avocat.html **Avocat**
L'avocat est le fruit de l'avocatier, un arbre originaire du Mexique.
• fruit.html **Fruit**
Un fruit est un aliment végétal, à la saveur sucrée, généralement consommé cru.

4 **Doc. 3** Calculez le classement des résultats pour la requête « avocat droit » en supposant que l'importance du premier mot-clé compte double. Qu'observez-vous ?

5 **Doc. 3** Calculez et comparez les résultats des requêtes de recherche avec les mots-clés : « avocat fruit » ; « avocat droit » ; « avocat ».

6 **Doc. 4** Effectuez la même requête sur différents moteurs de recherche (Google, Bing, DuckDuckGo, etc.) et comparez les résultats.

ACTIVITÉ

4 PASSER INAPERÇU SUR LE WEB

Lorsque l'on surfe sur le Web, on laisse des traces numériques : des informations sur notre identité, nos activités, etc. Ces données sont collectées par les sites, le plus souvent à l'insu des internautes. Quels types d'informations sont interceptés et dans quel objectif ? Comment limiter l'utilisation des données personnelles ?

1 Des cookies nous observent

Qu'est-ce qu'un cookie ?

Souvent, lorsque l'on visite un site Web, on reçoit un message qui nous indique que ce site utilise des **cookies** pour pouvoir fonctionner et qui nous demande si l'on accepte ces cookies.

Les cookies permettent de mémoriser des informations utiles (les pages visitées sur un site Web, le contenu d'un panier sur un site de e-commerce, etc.), mais aussi des informations personnelles (nom, adresse, numéro de carte de crédit, etc.). Ces données sont utilisées à des fins marketing, notamment pour mieux cibler les publicités affichées dans les pages Web.

Comment fonctionne le cookie ?

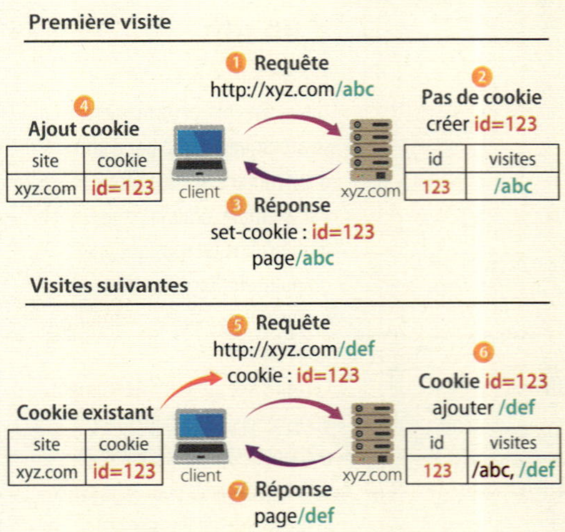

1 L'internaute navigue pour la première fois vers le site **xyz.com** pour visiter la page **abc**.
2 Le serveur **xyz.com** détecte qu'il n'y a pas de cookie associé à cette requête. Il en crée un avec un numéro d'utilisateur (**id=123**) et mémorise que cet utilisateur a visité la page **abc**.
3 Le serveur envoie le cookie au navigateur avec le contenu de la page **abc**.
4 Le navigateur enregistre le cookie **id=123** pour le site **xyz.com**
5 L'utilisateur navigue vers la page **def** du site **xyz.com**. Cette fois, le navigateur doit envoyer le cookie **id=123** associé à ce site.
6 Le serveur retrouve l'utilisateur **123** et enregistre qu'il a visité la page **def**.
7 Le serveur envoie la page **def** au navigateur.

VOCABULAIRE

Cookie
Information stockée dans le navigateur et utilisée par un serveur Web pour identifier les requêtes provenant de la même session de navigation.

2 D'autres moyens de nous suivre à la trace

• Les **liens trompeurs** : les liens hypertextes ne pointent pas toujours où l'on croit ! Par exemple, un lien vacances.com semble renvoyer à un site de vacances, mais son code HTML montre qu'il renvoie en réalité au site espion.com :

```
<a href="http://espion.com?site=vacances.com">vacances.com</a>
```

Le paramètre *site=vacances.com* (► « paramètre », *glossaire p. 182*) permet à espion.com de savoir que l'utilisateur veut aller sur vacances.com et de renvoyer à ce site. L'utilisateur ne se rend pas compte que sa navigation a été espionnée.

• Les **images traîtres** tracent aussi l'internaute… Par exemple, un site commerce.com contient l'image d'une publicité. Cette image est hébergée sur le site annonceur.com dans le fichier pub.jpg :

```
<img src="http://annonceur.com/pub.jpg?site=commerce.com">
```

Lorsque l'internaute visite la page du site commerce.com contenant cette publicité, l'image est chargée depuis le serveur de annonceur.com, qui sait alors que son annonce a été affichée sur une page de commerce.com même si l'internaute n'a pas cliqué dessus.

3 Comment se protéger ?

HYGIÈNE NUMÉRIQUE

SNT2018

CookieViz, le logiciel de visualisation des cookies

Il est très difficile d'éviter tous les traçages, mais on peut les maîtriser (► *Hygiène numérique, p. 166*). Les navigateurs permettent d'effacer les cookies et de les bloquer tous ou sélectivement. Pour se protéger des liens trompeurs, il faut avoir le réflexe de vérifier le vrai lien dans la prévisualisation que le navigateur affiche généralement en bas de la page lorsque l'on passe le curseur au-dessus d'un lien. Pour éviter les images traîtres, il existe des logiciels, à installer dans le navigateur, qui bloquent les publicités.

4 Le RGPD et la CNIL à la rescousse

SNT2019

WWW CNIL : comment effacer les cookies ?

Le Règlement général sur la protection des données (RGPD) impose à tout site Web qui collecte des données personnelles d'obtenir l'accord de l'utilisateur. C'est pourquoi beaucoup de sites affichent un message d'alerte demandant cet accord la première fois qu'un internaute les visite. Les options de gestion des cookies varient selon les sites. La CNIL (comission nationale de l'Informatique et des Libertés ► *glossaire, p. 180*) met à disposition sur son site une rubrique « Maîtriser mes données ».

Deux exemples d'options de gestion de cookies

sur le site *education.gouv.fr*

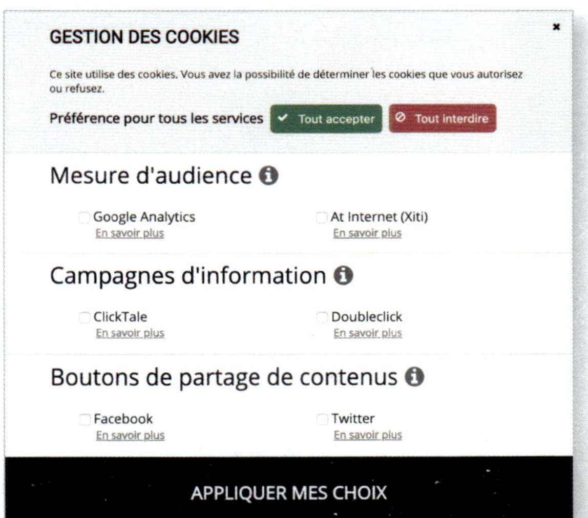

sur le site *Voici.fr*

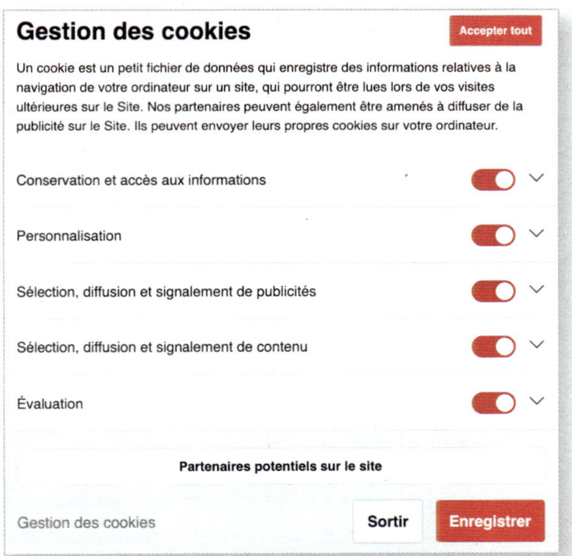

QUESTIONS

1 **Doc. 1** **a.** Donnez des exemples de traces numériques qu'un internaute peut laisser. Rappelez ce qu'est un cookie.
b. À quelle étape le cookie est-il effectivement créé (précisez pourquoi) ? Que se passe-t-il si l'on efface le cookie et que l'on visite à nouveau le site **xyz.com** ?

2 **Doc. 2** Lequel des deux liens suivants est trompeur ? À quoi peut-on le savoir ?
A. <a href="https://tracker.com?s=fr.wikipedia.org/wiki/Cookie"> Cookie (wikipedia)</a>
B. <a href="https://fr.wikipedia.org/search?s=Cookie"> Cookie (wikipedia)</a>

3 **Doc. 3** Le moteur de recherche **trouve.com** affiche, en réponse à une requête, des liens sous la forme : <a href="http://trouve.com?r= pageA.html"> Page A</a>. Pourquoi ?

4 **Doc. 3** Installez le logiciel CookieViz, puis naviguez sur des sites commerciaux. Repérez dans l'affichage de CookieViz les cookies qui sont communs à plusieurs sites.

5 **Doc. 4** Laquelle de ces deux pages vous paraît la plus claire pour gérer les cookies ? Pourquoi ?

ACTIVITÉ

5 PUBLIER DANS LES RÈGLES

HYGIÈNE NUMÉRIQUE

Le Web est un espace public qui permet à chacun de publier toutes sortes de contenus. Tout internaute devient auteur dès lors qu'il met en ligne des textes, des photographies ou encore des vidéos qu'il a créés. Il est alors tentant pour d'autres internautes d'utiliser des contenus existants. Quels sont les droits et les responsabilités des auteurs sur le Web ?

1 Publier, c'est engager sa responsabilité

Lorsque l'on met un contenu en ligne (commentaire, blog, tweet, photographie, vidéo, logo, etc.), on en est responsable même s'il est publié de façon anonyme ou sous pseudonyme. Tout individu a le droit d'exprimer une opinion, des idées, mais cette liberté d'expression est encadrée par la loi, qui en fixe les limites. Par exemple, l'atteinte à la vie privée, la diffamation, l'incitation à la haine, la discrimination ou encore le harcèlement sont sanctionnés par la loi.

Par ailleurs, lorsqu'un internaute utilise un contenu créé par une autre personne que lui (reprise d'une photographie, adaptation d'un article, utilisation d'une vidéo, etc.), il doit respecter, notamment, le droit d'auteur et le droit à l'image des personnes reconnaissables dans les photographies et les vidéos.

2 Le droit d'auteur

Droit moral, droits patrimoniaux

L'auteur d'un contenu est protégé par le droit d'auteur. Celui-ci regroupe différents droits dont dispose l'auteur (ou les ayants droit) d'une œuvre originale de l'esprit.

- Le **droit moral** reconnaît à l'auteur la paternité de son œuvre. En France, il est perpétuel, inaliénable et imprescriptible. Reproduire un texte ou une image sans citer son auteur constitue un plagiat.
- Les **droits patrimoniaux** donnent à l'auteur le monopole d'exploitation économique de son œuvre. Les contenus numériques sont des biens immatériels et ils ont une valeur. Réutiliser un contenu sans l'autorisation de son auteur (ou l'ayant droit) constitue un vol. L'auteur peut céder tout ou partie de ses droits patrimoniaux par une licence. C'est souvent le cas sur les plateformes de publications (blogs, réseaux sociaux, etc.).

Droits d'usage

Ils permettent de réutiliser certains contenus sans autorisation, par exemple la citation, la revue de presse (à condition de citer les sources), ou encore certaines créations (dessins, photographies, etc.) dans le cadre d'une caricature ou d'une parodie.

Extrait des conditions d'utilisation du réseau social Facebook

En particulier, lorsque vous partagez, publiez ou téléchargez du contenu couvert par des droits de propriété intellectuelle (comme des photos ou des vidéos) sur ou en rapport avec nos Produits, vous nous accordez une licence non exclusive, transférable, sous-licenciable, gratuite et mondiale pour héberger, utiliser, distribuer, modifier, exécuter, copier, réaliser publiquement ou afficher publiquement, traduire et créer des œuvres dérivées de votre contenu (conformément à vos paramètres de confidentialité et d'application).

Extrait des conditions d'utilisation du réseau social Facebook. Facebook © 2019.

3 Le droit à l'image

Le droit à l'image protège la publication d'images d'une personne lorsque celle-ci y est reconnaissable, quel que soit le contexte : vidéo de vacances, réunion de travail, participation à un événement public, etc. Il s'agit d'un droit exclusif sur sa propre image et l'utilisation qui en est faite. Parfois, la publication d'images ne nécessite pas d'autorisation de la personne représentée, sous réserve de ne pas porter atteinte à sa dignité. C'est le cas, par exemple, d'images d'actualité (au nom du droit à l'information ou de création artistique), de personnalités publiques dans l'exercice de leur fonction (si ces images sont utilisées dans un but informatif) ou encore d'images illustrant un sujet historique.

D'après *« Droit à l'image », « De quoi s'agit-il ? »*, service-public.fr.

4 La licence gratuite

Un contenu publié sous licence gratuite peut être réutilisé sans autorisation, sous certaines conditions. Ce procédé simplifie le partage de contenus car il n'est pas nécessaire de demander une autorisation à l'auteur ou à ses ayants droit pour réutiliser ses créations. Les licences les plus connues sont les licences Creative Commons, qui définissent quatre conditions pouvant être combinées de six façons différentes. Par exemple, la plupart des images de Wikipédia sont publiées avec une licence Creative Commons.

Les quatre conditions de Creative Commons

- **Attribution :** toute utilisation doit mentionner le nom de l'auteur.
- **Pas d'utilisation commerciale** sans autorisation de l'auteur.
- **Partage dans les mêmes conditions :** toute adaptation ou modification doit être publiée avec les mêmes conditions d'utilisation que l'original.
- **Pas de modification** sans autorisation de l'auteur.

Les six combinaisons possibles

Licence Creative Commons.

5 Le droit à l'oubli

SNT2020
Le droit à l'oubli

La loi Informatique et libertés autorise les particuliers à demander à un site Web le retrait d'informations les concernant. Ce droit à l'oubli (ou droit à l'effacement) est notamment utilisé pour faire retirer des informations personnelles devenues inutiles ou embarrassantes (anciens blogs, photographies personnelles, etc.) ou pour supprimer des fake news. Le droit au déréférencement est un cas particulier du droit à l'oubli : sous certaines conditions, une personne peut demander à l'opérateur d'un moteur de recherche que certains résultats la concernant n'apparaissent pas dans les réponses à une requête. Par exemple, un internaute peut empêcher que des accusations dont il a été lavé se retrouvent dans les résultats de recherche lorsque l'on saisit son nom.

QUESTIONS

1 **Doc. 1** Citez trois règles à respecter lorsque l'on publie sur le Web.

2 **Doc. 2** **a.** Que signifie « perpétuel, inaliénable et imprescriptible » (l. 6-7).
b. Donnez un exemple de violation du droit moral et un exemple de violation du droit patrimonial.
c. Avec les conditions d'utilisation de Facebook, un internaute conserve-t-il les droits patrimoniaux sur ses contenus ?

3 **Doc. 3** **a.** Dans quels cas peut-on publier des images d'une manifestation de rue sans autorisation des participants ?
b. Donnez des exemples de publications portant atteinte à une personne.

4 **Doc. 4** Pourquoi la combinaison « Partage dans les mêmes conditions » et « Pas de modification » n'est-elle pas possible ?

5 **Doc. 5** Donnez des exemples d'informations qu'une personne pourrait souhaiter faire retirer ou déréférencer.

COURS

LE WEB

Le Web est un système hypertexte donnant accès à tout type de document. C'est le service Internet le plus utilisé dans le monde.

1 L'architecture du Web

Le Web (World Wide Web, « toile d'araignée ») est un réseau mondial de **serveurs de documents divers** (textes, images, vidéos, sons, etc.) accessibles par des **clients**, en particulier les **navigateurs** Web. Les documents sont repérés par des adresses appelées **URL**. Ils peuvent contenir des liens vers d'autres documents. C'est pour cela que le Web est un système **hypertexte** : un ensemble de documents interconnectés par des liens que l'utilisateur peut parcourir.

Le Web **s'appuie sur le réseau Internet**. Clients et serveurs communiquent par le protocole **HTTP** ou sa version sécurisée **HTTPS** : le client envoie une **requête HTTP** au serveur avec l'adresse URL souhaitée ; le serveur lui envoie une réponse avec le document demandé ou un message d'erreur. Lorsque le client est un navigateur Web, l'utilisateur déclenche l'envoi d'une requête en cliquant sur un lien, et le navigateur affiche le document reçu du serveur. On appelle « **modèle client-serveur** » cette architecture de service Internet utilisée par le Web.

Une **page Web** est un type de document qui décrit à la fois le **contenu** d'un document et sa **mise en pages**. Les pages Web utilisent le langage de balises **HTML** (*Hypertext Markup Language*) et le langage **CSS** (*Cascading Style Sheet*). Elles peuvent aussi contenir du code exécutable dans le langage Javascript pour rendre le contenu **interactif**.

URL

Adresse permettant d'identifier un document. Elle est constituée du protocole (HTTP ou HTTPS), du nom du serveur et du chemin d'accès au document dans le serveur.

Requête HTTP

Message envoyé par un client à un serveur Web pour obtenir un document et contenant son URL.

2 Les moteurs de recherche

Le Web contient des milliards de pages et il est constitué de millions de sites. Pour pouvoir **trouver de l'information** dans cette masse de données, les **moteurs de recherche** parcourent le Web pour créer un **index** à partir des contenus.

L'index permet de **répondre aux requêtes** des utilisateurs. Par exemple, si l'internaute recherche des informations sur « Informatique au lycée », le moteur recherchera dans son index toutes les pages qui contiennent ces mots.

Le moteur de recherche classera ensuite les réponses par ordre de **pertinence**, en combinant des critères tels que l'importance des mots dans chaque page, la popularité des pages, le profil de l'utilisateur.

Le moteur de recherche le plus connu est Google. Son **algorithme de classement** PageRank attribue une importance à chaque page en fonction de l'importance des pages qui lui sont liées.

HTML

Langage de description du contenu des pages Web. Il utilise des balises, comme <p> pour un paragraphe ou <a> pour un lien hypertexte.

CSS

Langage de description de l'apparence des pages Web, comme la couleur des textes ou la taille des images.

Moteurs de recherche

Services Internet qui parcourent le Web afin de créer un index qui associera à chaque mot les pages Web contenant ce mot.

Paramètres de sécurité

Ensemble des réglages du navigateur permettant d'améliorer la sécurité de la navigation.

3 Le Web et les données personnelles

L'accès à la plupart des sites Web est gratuit. Pour financer les coûts d'hébergement, mais aussi de production des contenus, beaucoup de sites font appel à la **publicité**. Afin que les annonceurs puissent cibler ces publicités en fonction du profil de l'utilisateur, les sites Web sont amenés à **collecter des données personnelles**.

Certaines données personnelles sont fournies volontairement par l'utilisateur (par exemple, lorsqu'il crée un compte sur un site Web), mais la plupart sont **collectées à son insu**, lorsqu'il navigue d'une page Web à l'autre en choisissant de cliquer sur un lien plutôt qu'un autre.

La collecte de ces données utilise plusieurs mécanismes. Le plus courant est le **cookie**, qui permet de repérer les pages visitées par un même utilisateur, d'une page à l'autre et d'un site à l'autre. Grâce au **RGPD** et aux options des navigateurs, il est possible de réduire ce traçage en réglant les **paramètres de sécurité**, mais il reste très difficile de l'empêcher complètement.

4 Le Web et le droit d'auteur

Tout le monde peut mettre des contenus sur le Web, soit en créant son propre site, soit en les téléchargeant sur des sites existants (comme YouTube ou DailyMotion pour les vidéos).

Si l'on souhaite utiliser un contenu dont on n'est pas l'auteur, il faut respecter les **droits de celui qui l'a créé**. En général, cela nécessite son autorisation, à moins que le contenu ne soit dans le **domaine public** (► *glossaire, p. 180*). Si l'on veut autoriser la republication d'un contenu dont on est l'auteur, on peut utiliser une **licence**. La licence Creative Commons est souvent utilisée sur le Web. Elle permet de spécifier, par exemple, que toute republication doit inclure la mention explicite de l'auteur.

LES CAPACITÉS DU CHAPITRE

- ► 1. Connaître les étapes du développement du Web. → **Repères historiques**
- ► 2. Connaître certaines notions juridiques (licence, droit d'auteur, droit d'usage, valeur d'un bien). → **Activité 5**
- ► 3. Maîtriser les renvois d'un texte à différents contenus. → **Activité 1**
- ► 4. Distinguer ce qui relève du contenu d'une page et de son style de présentation. → **Activité 1**
- ► 5. Étudier et modifier une page HTML simple. → **Activité 1**
- ► 6. Décomposer l'URL d'une page. → **Activité 2**
- ► 7. Reconnaître les pages sécurisées. → **Activité 2**
- ► 8. Décomposer le contenu d'une requête HTTP et identifier les paramètres passés. → **Activité 2**
- ► 9. Inspecter le code d'une page hébergée par un serveur et distinguer ce qui est exécuté par le client et par le serveur. → **Activité 2**
- ► 10. Mener une analyse critique des résultats fournis par un moteur de recherche. → **Activité 3**
- ► 11. Comprendre les enjeux de la publication d'informations. → **Activité 5**
- ► 12. Maîtriser les réglages les plus importants concernant la gestion des cookies, la sécurité et la confidentialité d'un navigateur. → **Activité 4**

JE VÉRIFIE MES CONNAISSANCES

SNT2022
Exercices interactifs

Corrigés p. 184

1 QCM

Choisir la (ou les) bonne(s) réponse(s).

	A	B	C
1. Le langage des pages Web est :	HTTP	HTML	anglais
2. Quelle URL est correcte ?	http:canope.fr/page	http://canope/page	http://canope.fr/page
3. Les cookies sont enregistrés dans …	le navigateur	le serveur	les deux
4. Les moteurs de recherche classent les réponses en fonction de …	l'importance des mots	la longueur des pages	la popularité des pages
5. Le droit à l'image protège …	le photographe	les personnes sur la photographie	l'internaute qui poste la photographie sur le Web

2 VRAI/FAUX

Répondre par vrai ou faux.

a. Tim Berners-Lee est l'inventeur de l'hypertexte.

b. Les connexions entre le navigateur et le serveur Web sont toujours sécurisées.

c. Le langage CSS permet de modifier l'apparence des pages Web.

d. Les métadonnées font partie du contenu de la page Web.

e. Les moteurs de recherche parcourent sans cesse toutes les pages du Web.

f. Les réponses d'un moteur de recherche dépendent de l'internaute qui fait la requête.

g. Si l'on refuse les cookies, les sites Web ne peuvent pas suivre nos activités à la trace.

h. Le droit moral sur un contenu ne peut pas être cédé.

3 Organisation des connaissances

a. Quelles sont les informations dont a besoin un moteur de recherche pour répondre à une requête ? Comment les obtient-il ?

b. Les cookies servent-ils seulement à collecter des données personnelles ? Quelle protection le RGPD apporte-t-il ?

4 Vers une définition

Compléter avec les mots qui conviennent.

a. Les …… d'une page HTML définissent sa ……, qui peut être représentée par un …… .

b. Dans le protocole HTTP, le …… envoie des requêtes au …… et celui-ci retourne des contenus Web.

c. Un …… enregistre des informations qui seront transmises au serveur lors d'une prochaine requête.

d. Certains droits …… sont cédés par les internautes lorsqu'ils postent des contenus sur un réseau social.

5 Trouver l'intrus

Attribuer à chaque balise sa définition et trouver l'intrus.

<head> <b> <ul> <p> <li>

titre • paragraphe • gras • élément de liste • liste

JE M'ENTRAÎNE

6 Le code HTML

Le code HTML ci-dessous contient des erreurs. Identifier et corriger les erreurs.

```
<title>Cherchez l'erreur</title>
<meta charset="utf-8">
<h2>Ouvrez l'oeil</h3>
<p>Ce paragraphe contient <b>du texte <i>très</b>
important</i>.
<p>Courses à faire : /p>
  <li>Acheter du pain
  <li>Passer au pressing
</body>
```

7 De la page au code

a. Donner le code HTML de la page ci-dessous, sachant que la balise **<hr>** trace une ligne horizontale.
b. Dessiner l'arbre correspondant.

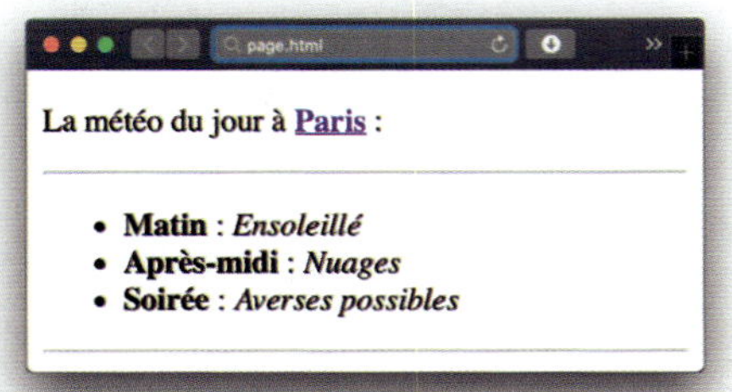

8 Les feuilles de style

a. Créer une feuille de style pour la page de l'exercice 7 afin que le texte soit sur fond jaune si le temps est ensoleillé, et sur fond gris s'il est nuageux ou pluvieux.
b. Modifier le code HTML pour utiliser cette feuille de style.

9 Les moteurs de recherche

a. Faire une recherche sur un moteur de recherche pour trouver des moteurs de recherche. En tester quelques-uns.
b. En analysant l'URL d'un des moteurs de recherche trouvés dans la question **a.**, créer un formulaire Web qui permette de faire une requête sur ce moteur.

10 L'algorithme

Appliquer l'algorithme de parcours du Web au graphe suivant :
a. en partant de A ;
b. en partant de D.

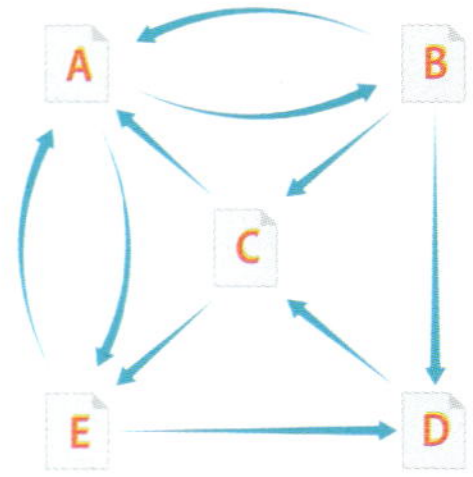

11 Les cookies

a. Aller sur le site www.education.gouv.fr. Si c'est votre première visite, accepter ou personnaliser les cookies.
b. Consulter la liste des cookies de votre navigateur ; trouver le cookie « CONSENT_RGPD » pour ce site ; regarder son contenu.
c. Effacer ce cookie, puis visiter à nouveau le site Web pour vérifier qu'il demande à nouveau d'accepter les cookies.

12 Les licences

Aller sur le site wikipedia.fr et trouver plusieurs pages avec des images (par exemple, en cliquant sur le lien « Article au hasard »). Cliquer sur chaque image, puis sur le bouton « Plus de détails », en bas de la page, pour consulter et comparer les licences d'utilisation.

13 Les données personnelles

a. Consulter les conditions d'utilisation d'un réseau social et déterminer les droits patrimoniaux cédés par les internautes sur les contenus qu'ils créent.
b. Chercher comment obtenir du réseau social l'ensemble des données personnelles qu'il détient sur un utilisateur.

EXPOSÉS

SUJET A : L'accessibilité des pages Web pour les personnes avec un handicap (par exemple, les aveugles ou les personnes ayant un handicap moteur).
SUJET B : Le vieillissement du Web : la disparition des pages, l'archivage du Web et la *Wayback machine*.

FAB LAB

OBJECTIF

Construire un serveur Web qui réponde à des requêtes pour des pages statiques, c'est-à-dire stockées dans des fichiers, mais aussi à des requêtes dynamiques, dont la réponse est calculée par le serveur au moment où il reçoit la requête.

Protocole de construction

1 Créer un serveur Web de pages statiques

Créer un dossier nommé `www`. Dans ce dossier, créer un fichier nommé `index.html` avec le code d'une page HTML contenant des liens vers `page1.html` et `page2.html`.
Lancer la commande suivante pour créer un serveur Web :

```
python -m SimpleHTTPServer 8000
```

Dans un navigateur Web, entrer l'URL suivante : http://localhost:8000/index.html et vérifier que la page créée est bien affichée.
Que se passe-t-il si l'on clique sur les liens ?

NOTE

La mention *:8000* dans l'URL est un numéro de port. Il doit correspondre à celui indiqué dans la commande python. Par défaut, le port d'un serveur Web est le port *80*, mais le serveur doit être lancé par un administrateur pour pouvoir utiliser ce port.

2 Ajouter du contenu au serveur

Créer les fichiers `page1.html` et `page2.html` de l'activité 1 (► *p. 34*) et essayer à nouveau de naviguer à partir de la page http://localhost:8000/index.html. Que se passe-t-il ?
Chercher sur le Web un logo HTML5 et mettre le fichier dans le dossier `www`.
La page 1 doit afficher le logo.
Ajouter maintenant la feuille de style CSS de l'activité 1 (► *p. 35*) dans le fichier `style.css`.
Pour référencer cette feuille de style depuis la page `page1.html`, il faut ajouter dans l'élément **<head>** la ligne suivante :

```
<link rel="stylesheet" type="text/css" href="style.css">
```

Vérifier que la page s'affiche maintenant avec le style défini dans `style.css`.

3 Créer un serveur avec une page dynamique qui donne l'heure

Télécharger les fichiers `serveur.py` et `fablab.py` puis les copier dans le dossier `www`.
Lancer la commande `python fablab.py` et vérifier que le serveur fonctionne comme celui de la question 1.
Entrer l'URL http://localhost:8000/date dans un navigateur. Que se passe-t-il ?
Consulter le code de `fablab.py`.
L'instruction

```
pageDynamique('/date', date)
```

définit une **page dynamique** qui est calculée par la fonction `date` lorsque le chemin de l'URL est « /date ». La fonction `date` utilise la fonction `pageHTML` qui prend un titre et un contenu HTML en paramètres et retourne une réponse HTTP avec ce contenu.

e SNT2023
Fichiers à télécharger

NOTE

On peut utiliser le site https://jsfiddle.net pour tester l'apparence d'une page Web : copier le contenu HTML et CSS dans les deux cases du haut, cliquer sur le bouton « Run » et voir le résultat dans la case en bas à droite.

4 Ajouter une page dynamique qui liste les fichiers

Sur le même principe que la page dynamique de la date, créer une page dynamique associée à l'URL « / » qui retourne la liste des fichiers du dossier courant, où chaque élément de la liste est un lien vers le fichier de même nom.
Tester en chargeant l'URL http://localhost:8000/ dans le navigateur.
Le module Python `os` contient la fonction `listdir` qui retourne la liste des noms de fichiers du dossier dont le nom est passé en argument.

LA PAGE DU CODEUR

SNT2024
Fichiers à télécharger

Voir l'introduction à Python, p.172

L'objectif de cet exercice est de coder un moteur de recherche simplifié qui utilise l'algorithme PageRank pour calculer l'importance de chaque page.
Voir l'activité 3 (► p. 38) pour le fonctionnement général d'un moteur de recherche.
Télécharger le fichier `moteur.zip` et extraire son contenu.
Installer le module BeautifulSoup (utilisé pour la lecture de pages HTML) avec la commande :

```
pip install beautifulsoup4.
```

1 Construire l'index

Pour **indexer les pages Web**, nous allons fabriquer un dictionnaire Python qui associe à chaque mot de chaque page la liste des pages où il est présent.

a. Consulter le fichier `moteur1.py`. La fonction `lirePage` lit un fichier contenant une page HTML et retourne son contenu, et la fonction `listeMots` prend le contenu d'une page et retourne la liste des mots qu'elle contient.

b. Compléter le corps de la fonction `indexerPage` : elle doit lire une page, extraire ses mots et les ajouter un par un à l'index.

2 Parcourir les pages par leurs liens

Afin de parcourir toutes les pages qui nous intéressent, nous allons implémenter l'algorithme de parcours décrit dans l'activité 3 (► p. 38). Cet algorithme utilise deux listes : les pages déjà visitées et les pages qui restent à visiter.

a. Consulter le fichier `moteur2.py`. Il contient la fonction `lirePage` de l'étape 1 et la fonction `listeLiens` qui prend le contenu d'une page et retourne la liste des liens qu'elle contient. La fonction `prochainePage` retourne la prochaine page à visiter.

b. Compléter le corps de la fonction `visiterLiens` selon les indications en commentaire. La fonction `parcourir` appelle `prochainePage` et `visiterLiens` dans une boucle, jusqu'à ce que toutes les pages aient été visitées.

3 Construire le graphe du Web

Nous allons maintenant construire le graphe du Web qui sera utilisé par l'algorithme PageRank. Le graphe est un dictionnaire Python qui associe à chaque nom de page la liste des noms des pages vers lesquelles elle a des liens. Consulter le fichier `moteur3.py`. Il complète celui de l'étape 2 avec la fonction `ajouterLiens`. Coder cette fonction afin d'ajouter les liens d'une page au graphe. Cette fonction est appelée dans la fonction `parcourir` à chaque fois que l'on visite une nouvelle page.

SNT2085
Les bases de Python

4 Calculer l'importance de chaque page avec PageRank

L'algorithme PageRank commence par donner la même valeur à l'importance de toutes les pages. Puis il calcule une nouvelle valeur pour chaque page en distribuant l'importance d'une page aux pages auxquelles elle est liée. Ce processus continue, en principe, jusqu'à ce que les valeurs soient stabilisées.

a. Consulter le fichier `moteur4.py`. Il complète celui de l'étape 3 avec le calcul du PageRank.

b. Compléter la fonction `itererPageRank` qui calcule les nouvelles valeurs du PageRank de chaque page à partir des valeurs actuelles. La fonction `calculerPageRank` appelle cette fonction dix fois après avoir initialisé le `PageRank` de chaque page.

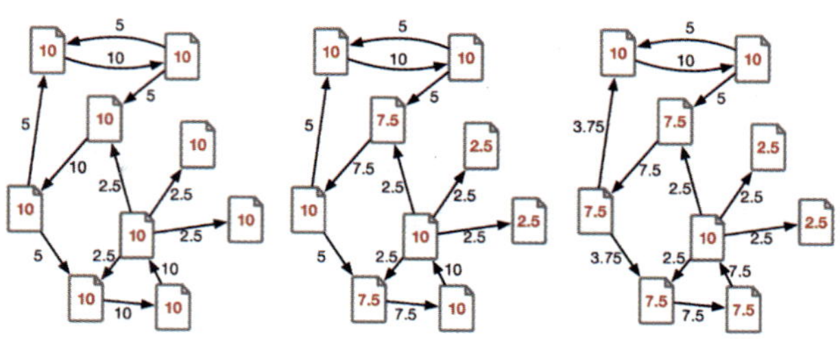

▲ **Les trois premières étapes de l'algorithme PageRank. Les nœuds contiennent l'importance de chaque page, et les flèches la part transmise à chaque page liée.**

5 Répondre à une requête de recherche

La version finale du moteur d'indexation est dans le fichier `moteur.py`. Cette version enregistre l'index, le graphe et le PageRank de chaque page dans le fichier `moteur.json`, afin qu'ils puissent être utilisés par le serveur Web `serveur.py`.

a. Lancer la commande

```
python moteur.py
```

pour créer le fichier `moteur.json`.

b. Consulter le fichier `codeur.py` et compléter la fonction `rechercher` pour calculer l'ensemble des pages qui contiennent tous les mots-clés de la requête de recherche, puis les trier par ordre de PageRank décroissant.

c. Lancer le serveur avec la commande

```
python codeur.py.
```

d. Entrer l'URL http://localhost:8000/search.html dans le navigateur et lancer une recherche, par exemple du mot-clé « page ».

LE MONDE DE DEMAIN

Depuis ses débuts, le Web a beaucoup évolué, du Web des documents au Web des applications, qui fournit des services de plus en plus variés. La prochaine évolution sera peut-être le Web sémantique, un Web « intelligent » qui permettra de mieux tirer parti des informations stockées dans les pages.

? En vous appuyant sur les documents de cette rubrique, récapitulez en quoi consiste le Web sémantique. Quelles possibilités offre-t-il ? Quels sont ses inconvénients ?

SNT2026

Pour aller plus loin

- « Comprendre le Web sémantique », commentcamarche.net
- « Qu'est-ce que le Web sémantique », anthedesign.fr

LE WEB SÉMANTIQUE

1 Une idée de Tim Berners-Lee

Tim Berners-Lee a imaginé le Web Sémantique dès 1999 dans son livre Weaving the Web (« Tisser la toile »).

Je rêve d'un Web [dans lequel les ordinateurs] deviennent capables d'analyser toutes les données du Web : le contenu, les liens, et les transactions entre personnes et ordinateurs. Un « Web Sémantique », qui devrait rendre cela possible, n'a pas encore émergé, mais quand il le fera, les mécanismes journaliers du commerce, de l'administration et de nos vies quotidiennes seront traités par des machines dialoguant avec d'autres machines. Les « agents intelligents » qu'on nous vante depuis longtemps se concrétiseront enfin.

Weaving the Web: The Original Design and Ultimate Destiny of the World Wide Web de Tim Berners-Lee, nov. 2000. © Harper Business.

SNT2025
La notion de Web sémantique

2 Ajouter du sens aux mots et aux images

Les ordinateurs peuvent traiter des masses considérables de données, mais ils ne comprennent pas le sens des textes ou des images, même s'il est évident pour nous. Par exemple, un moteur de recherche peut parcourir tout le Web, mais il ne connaît pas la différence entre un avocat (le fruit) et un avocat (le métier). Afin de créer des services qui permettent de mieux exploiter les masses d'informations qui sont stockées dans les pages Web, le principe du Web sémantique est le suivant : ajouter aux contenus des métadonnées qui décrivent leur sens. Par exemple, si les noms de personnes, les dates de naissance et les lieux sont identifiés dans les textes, il devient possible de rechercher toutes les personnes nées un même jour.

```
<div vocab="http://schema.org/" typeof="Person">
  <span property="name">Tim Berners-Lee</span> est
  né le <span property="birthDate">8 juin 1955</span>
  à <span property="birthPlace" typeof="Place"
    href="https://www.wikidata.org/wiki/Q84">
    <span property="name">Londres</span>.
  </span>
</div>
```

▲ **La phrase « Tim Berners-Lee est né le 8 juin 1955 à Londres » ici représentée avec les métadonnées du Web sémantique.**

3 Les promesses du Web sémantique

Le Web sémantique permettra de créer de nouveaux services, comme des moteurs de recherche qui pourront répondre à des requêtes sémantiques, c'est-à-dire qui tiendront compte du sens des mots et pas seulement de la présence des mots dans les documents. Par exemple : « Quels sont les chanteurs ou groupes de musique français qui ont vendu plus de 100 000 disques à l'étranger ? ».

Pour que le Web sémantique puisse fonctionner, il faut se mettre d'accord sur les référentiels de sens, appelés ontologies. Ces référentiels, qui contiennent des centaines de milliers de termes, définissent les relations entre ces termes. Par exemple, *« une personne a un nom, une date et un lieu de naissance »*, *« une personne peut avoir un métier »*, *« avocat est un métier »*, etc.

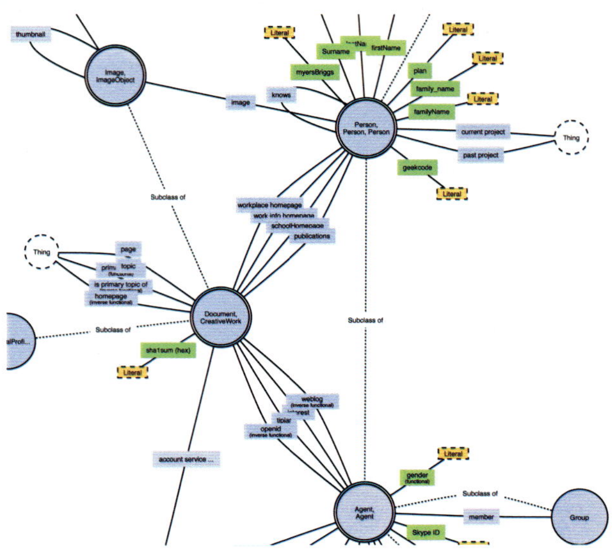

www.visualdataweb.de/webvowl/

▲ **Représentation d'une ontologie sous forme de graphe : les nœuds (« Personne », « Groupe », etc.) sont reliés par des relations (« être », « membre », etc.).**

4 Le Web sémantique deviendra-t-il réalité ?

Définir les ontologies est une tâche longue et complexe : il faut se mettre d'accord sur le sens des termes et sur leurs relations. On arrive rapidement à définir des centaines de milliers de termes et de relations. De plus, l'ajout de métadonnées à tous les contenus du Web est fastidieux et source d'erreurs. Les auteurs auront-ils la patience d'étiqueter leurs contenus avec les métadonnées sémantiques ? Autoriseront-ils d'autres à le faire ?

Par ailleurs, les métadonnées peuvent être utilisées pour faciliter la surveillance et la censure, car elles donnent des informations plus précises que le texte seul. Elles peuvent aussi être trafiquées pour créer des données fausses ou trompeuses, ce qui ouvre la voie à de nouvelles sortes d'attaques.

Le Web sémantique est utilisé dans certains domaines spécifiques, mais il est encore loin d'être utilisé sur la majorité des sites Web. Le projet LOD (*Linked Open Data*) recense l'ensemble des sites Web qui fournissent des contenus étiquetés pour le Web sémantique. Le Web sémantique tel qu'imaginé par Tim Berners-Lee reste encore un projet lointain…

ZOOM SUR…

Le domaine de l'information

Grâce au Web sémantique, un site d'information peut créer et tenir à jour automatiquement des pages qui rassemblent des éléments sur des sujets particuliers : événements, personnes publiques, faits d'actualité, etc. Le fonctionnement est le suivant : les agences de presse annotent leurs articles d'informations sémantiques sur différents sujets, ce qui permet au site de les associer, automatiquement et de manière fiable, aux sujets qu'il a répertoriés.

3

LES RÉSEAUX SOCIAUX

SOMMAIRE DU CHAPITRE

voir Activité 1, page 58

REPÈRES HISTORIQUES

1536

Mort d'Érasme, philosophe et humaniste, au réseau de correspondants longtemps inégalé : six cents personnes dans toute l'Europe. Érasme passait plusieurs heures quotidiennes à écrire de longues lettres, plus de vingt par jour, publiées aujourd'hui en douze volumes.
Il a inventé un nouveau genre de communication, fondé sur l'échange de nouvelles avec ses amis et de grands personnages.

1761

Publication de *Julie ou la Nouvelle Héloïse*, roman épistolaire de Jean-Jacques Rousseau. Le livre connaît un succès phénoménal, et l'auteur devient ainsi un « ami » pour les lecteurs, à qui ils écrivent passionnément pour prendre et donner des nouvelles.

→ Activité 1, p. 56

1995

Création de **Classmates**, un des premiers réseaux sociaux. Ce service payant permet de retrouver ses anciens camarades d'école. En France, ce type de réseau apparaît au début des années 2000, avec Trombi.com (2000), puis Copains d'avant (2001). Le modèle économique a depuis complètement changé et consiste à proposer des contenus multimédias à forte valeur nostalgique.

2003

Apparition de **Myspace**, qui offre la possibilité de mettre en ligne des créations personnelles (blogs, contenus artistiques, etc.) et qui a permis l'émergence de quelques artistes. **LinkedIn**, créé la même année, est un réseau social professionnel.

2004

Création par Mark Zuckerberg de **Facebook**, un réseau initialement réservé aux étudiants de Harvard, fonctionnant comme un club : on accepte ou on refuse des amis. Facebook déclare compter aujourd'hui plus de 2 milliards d'utilisateurs actifs dans le monde.

→ Activité 2, p. 60

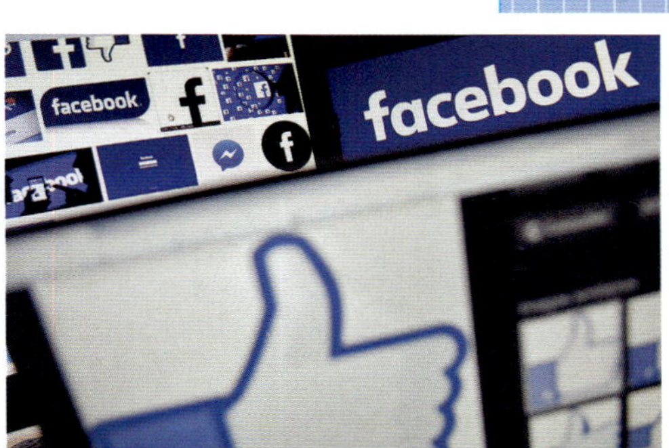

2009

Naissance de **Twitter**, qui permet de publier des messages courts (tweets), de 140 caractères. Twitter a depuis modifié cette contrainte en passant à 280 caractères.

2009-2011

À partir de 2009, tout s'accélère : création de la messagerie instantanée **WhatsApp**, qui remplace les SMS et les MMS, puis apparition d'**Instagram**, en 2010, qui permet le partage de photographies et de vidéos. Facebook a racheté les deux réseaux, aujourd'hui concurrencés par **Snapchat**, créé en 2011, et la messagerie **Telegram**, apparue en 2013.

→ Activité 2, p. 60

2018

En 2018, on estime à 3,2 milliards le nombre d'utilisateurs des réseaux sociaux. L'année 2018 marque le début des difficultés pour les géants du numérique, qui semblaient invincibles : les usagers doutent et prennent conscience des revenus que génèrent leur données.

→ Le monde de demain, p. 76

ACTIVITÉ

1 LE PLAISIR DE SE FAIRE DES AMIS ?

En une dizaine d'années, les réseaux sociaux se sont imposés à l'échelle de la planète, connectant des milliards d'individus. Ce succès s'explique par la nouvelle dimension donnée à un phénomène très ancien, le désir d'être relié à son semblable.

1 *Julie ou la Nouvelle Héloïse*

On a du mal à imaginer aujourd'hui, en lisant *Julie ou la Nouvelle Héloïse*, les passions que ce roman épistolaire a déclenché à sa parution, en 1761. À Paris, le succès et les files d'attentes des lecteurs sont tels que les libraires et les marchands sur les quais louent leurs exemplaires à l'heure, n'hésitant pas, parfois, à les couper en morceaux pour satisfaire plus de monde. Faisant l'éloge absolu de l'authenticité des sentiments, incarnée par les lettres échangées entre Julie et Saint-Preux, Rousseau devient lui-même le modèle de l'ami authentique et sincère. De toute l'Europe, des lecteurs lui écrivent pour prendre de ses nouvelles et lui en donner, comme à un être irremplaçable et aimé, sans l'avoir jamais rencontré en vrai.

ZOOM SUR...

La Nouvelle Héloïse

Julie ou la Nouvelle Héloïse est un roman épistolaire de Jean-Jacques Rousseau publié en 1761. Rousseau y raconte l'histoire d'une passion impossible entre Saint-Preux, un précepteur roturier, et son élève Julie, fille du baron d'Étange. La publication de l'ouvrage suscite pour la première fois un abondant courrier des lecteurs, qui écrivent à Rousseau comme à un ami, « l'ami Jean-Jacques ».

2 Les 16-25 ans sur les réseaux sociaux

SNT2027

Réseaux sociaux, tous accros ?

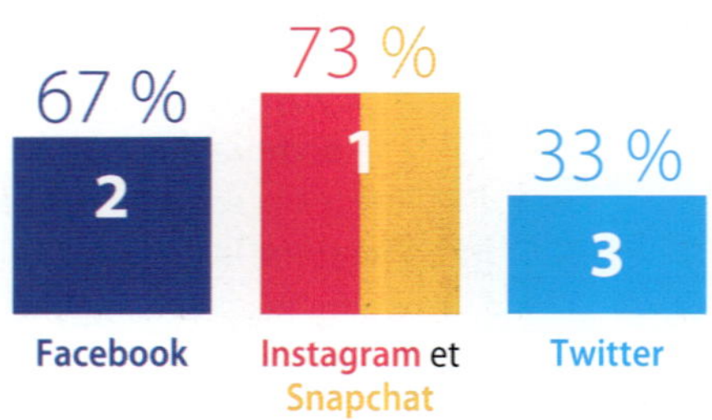

facebook **17 %** des jeunes ont supprimé Facebook en 2018

facebook **50 %** des jeunes de 16 à 18 ans n'utilisent pas Facebook

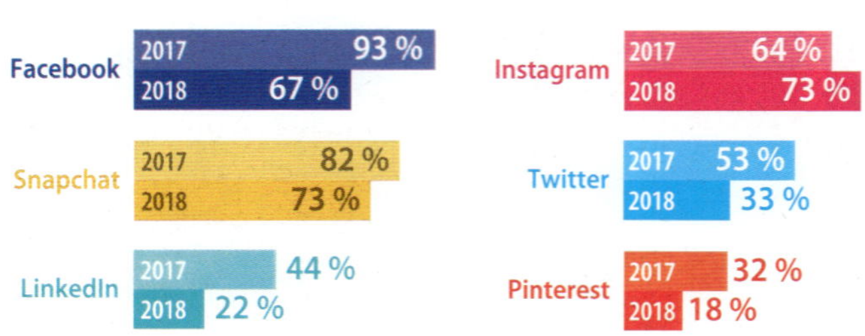

Infographies : d'après une étude SurveyMonkey 28 nov.-9 déc. 2018 auprès de 1 454 jeunes de 16 à 25 ans, © Parole aux jeunes, diplomeo.com.

VOCABULAIRE

Réseaux sociaux

Les réseaux sociaux sur Internet sont un moyen de mise en relation de personnes. À l'origine, c'est une notion sociologique qui affirme que le social est constitué d'abord par les interactions entre individus, et non par des groupes préexistants (la classe, l'âge, etc.).

3 La pyramide de Maslow 2.0

Selon Abraham Maslow, les motivations d'une personne découlent du fait de ne pas avoir satisfait certains besoins. Ses travaux permettent de classer les besoins humains en cinq grandes catégories par ordre d'importance : les besoins psychologiques, les besoins de securité, les besoins d'appartenance et d'amour, les besoins d'estime et le besoin d'accomplissement de soi. Son explication de la motivation par la hiérarchie des besoins, souvent représentée sous la forme d'une pyramide, peut être appliquée aujourd'hui à ce qui n'existait pas à son époque, le Web et les réseaux sociaux.

Adaptation de la *Pyramide d'influence dans les médias sociaux de Raymond Morin* (infographie par Maximize Social Business), inspirée de la pyramide de Maslow.

ZOOM SUR...

Abraham Maslow (1908-1970)

Psychologue américain considéré comme le père de l'approche humaniste. Cette approche défend l'idée que l'épanouissement de la personne humaine est au centre des comportements.

ZOOM SUR...

L'identité numérique

Très proche de l'e-réputation, elle est constituée de la somme des traces numériques se rapportant à un individu : des traces « profilaires », correspondant à ce que je dis de moi ; des traces « navigationnelles », qui renseignent sur les sites que je fréquente et sur lesquels je commente ou j'achète ; des traces inscriptibles et déclaratives (ce que je publie sur les réseaux sociaux, par exemple), qui reflètent directement mes idées et mes opinions.

QUESTIONS

1 **Doc. 1** **a.** Comment peut-on expliquer l'engouement pour le roman de Jean-Jacques Rousseau ?

b. En publiant sur les réseaux sociaux, a-t-on le même désir d'être compris et aimé tel que l'on est ?

2 **Doc. 2** **a.** Quel réseau social voit son pourcentage augmenter entre 2017 et 2018 ? Comment expliquez-vous la place occupée par Snapchat et Instagram ?

b. Selon vous, pourquoi Facebook est-il en perte de vitesse chez les jeunes ?

3 **Doc. 3** Appliquez la pyramide de Maslow aux motivations des utilisateurs pour se connecter aux réseaux sociaux. Quels seraient ici les besoins : psychologiques ; de sécurité ; d'appartenance et d'amour ; d'estime ; d'accomplissement de soi ?

ACTIVITÉ

2 LES PRINCIPAUX RÉSEAUX SOCIAUX

Les premiers réseaux sociaux sur Internet sont apparus d'abord sous la forme de clubs fermés. Leur véritable essor sous la forme que nous connaissons, étendue à la planète et sans limites, ne date que de la fin des années 2000. En dix ans, les réseaux sociaux ont pourtant transformé nos vies et ils ont l'ambition d'aller beaucoup plus loin.

1 De plus en plus d'utilisateurs

Selon les derniers chiffres compilés par l'agence We Are Social et Hootsuite (octobre 2018), nous sommes 7,6 milliards d'habitants sur Terre.

On dénombre :

- 4,2 milliards d'internautes (55 % de la population mondiale) ;
- 3,4 milliards d'utilisateurs des réseaux sociaux ;
- 3,2 milliards d'utilisateurs des réseaux sociaux sur mobile.

La part d'utilisateurs des réseaux sociaux continue d'augmenter, avec 320 millions d'utilisateurs en plus de fin 2017 à fin 2018 (+ 10 %).

Plus de 9 utilisateurs des réseaux sociaux sur 10 y accèdent depuis un mobile (3,2 milliards sur 3,4 milliards), et leur nombre a augmenté de 13 % d'une année à l'autre (+ 361 millions).

Enfin, 284 millions de personnes se sont connectées à Internet pour la première fois entre fin 2017 et fin 2018 (+ 7 %).

ZOOM SUR...

Les internautes français

En novembre 2018, Médiamétrie dénombrait plus de 53 millions d'internautes en France, soit 84,3 % des Français de deux ans et plus. En moyenne, 43,5 millions d'internautes se sont connectés quotidiennement à Internet, soit 69,2 % de la population française.

2 Les principaux réseaux sociaux

Le tableau ci-dessous indique le nombre d'**utilisateurs actifs** par mois des quatorze plus grands réseaux sociaux en 2019, dans le monde. Les chiffres, qui sont fournis par les entreprises, évoluent très rapidement.

Réseaux sociaux	Nombre d'utilisateurs actifs (en millions)
Facebook	2 234
YouTube	1 900
WhatsApp	1 500
Instagram	1 000
Tumblr	794
Qzone	563
TikTok	500
Sina Weibo	431
Twitter	335
Reddit	330
LinkedIn	303
Baidu Tieba	300
Snapchat	291
Pinterest	250

VOCABULAIRE

Utilisateur actif

La définition d'un « utlisateur actif » peut varier d'un réseau à un autre. Par exemple, Facebook considère comme actifs les utilisateurs qui se rendent sur le site dans sa version Web ou mobile, mais il inclut également les personnes qui « partagent du contenu ou une activité avec un ou des amis sur Facebook, ou via un site tiers disposant d'une intégration Facebook ».

3 Les principales fonctionnalités

Réseau social	Utilisateurs (France)	Principe	Fonctionnalités
Facebook	33 millions	Rester en contact et échanger avec son entourage	- Publication de contenus avec des amis (photos, vidéos, textes, etc.) - Discussion en ligne (Messenger) - Création de pages ou de groupes - Création de stories (photos, vidéos)
YouTube	19 millions	Poster et regarder des vidéos	- Création d'une chaîne YouTube - Suivre la chaîne d'autres personnes - Regarder des vidéos
Instagram	16,4 millions	Partager des photos et des vidéos	- Publication de contenus sur son compte - Suivi et interaction avec les autres utilisateurs - Création de stories (photos, vidéos)
WhatsApp	14,5 millions	Dialoguer et échanger des photos et des vidéos instantanément	- Création de groupes de discussion - Partager des photos et des vidéos avec ses contacts mais via des groupes
Snapchat	13 millions	Partager des photos et des vidéos de manière éphémère	- Création de stories : ensemble de photos/vidéos de 10 secondes maximum, prises en direct, disponibles pendant 24 heures et consultables par ses contacts
Twitter	10,3 millions	Envoi de messages courts pour commenter l'actualité ou échanger avec des internautes	- Partager des statuts, des tweets (messages courts de 280 caractères), avec ses abonnés (*followers*) - Suivre les tweets de ses abonnements

4 Les community managers

Expert des communautés Web, le community manager (en français, « animateur de communauté en ligne ») fédère et anime les échanges entre des internautes et l'entreprise qu'il représente. Pour cela, il utilise principalement les réseaux sociaux (Youtube, Facebook, Twitter, etc.) et professionnels (Viadeo, LinkedIn, Xing, etc.). Ambassadeur de la « marque » auprès des internautes et garant de sa **e-réputation**, le community manager communique le message de l'entreprise vers l'extérieur et fait part à l'entreprise des réactions de la communauté.

VOCABULAIRE

E-réputation
Également connue sous le nom de « réputation numérique », « cyber-réputation » ou « web-réputation », l'e-réputation est la perception que les internautes se font d'une marque, d'une entreprise ou d'une personne selon les éléments qu'elle laisse sur le Web (identité numérique).

QUESTIONS

1 **Doc. 1** **a.** Quelle est la proportion d'utilisateurs des réseaux sociaux par rapport :
– à la population mondiale ?
– au nombre d'internautes ?
b. Comment le nombre d'utilisateurs pourrait-il encore augmenter ?

2 **Doc. 2** **a.** Calculez la moyenne, la médiane et l'étendue de la série statistique définie par le tableau.
b. Que nous apprennent ces indicateurs quant à la taille des réseaux sociaux ?
c. Parmi les plus grands réseaux sociaux, quatre sont chinois. La Chine interdit les grands noms américains (Facebook, Twitter, etc.). Selon vous, quel est son objectif vis-à-vis des internautes ?

3 **Doc. 3** Classez les réseaux sociaux selon les types de contenus (textes, photos, etc.) permis par les fonctionnalités et, en vous appuyant sur vos connaissances, selon l'importance des filtres qui limitent ce qui est publié.

4 **Doc. 4** Si vous étiez le community manager d'une grande marque de téléphone portable, comment feriez-vous pour soigner sa e-reputation ?

ACTIVITÉ

3 LES GRAPHES ET LES « PETITS MONDES »

La théorie des graphes est l'approche mathématique des propriétés d'une collection d'éléments mis en relation entre eux. Elle s'est révélée précieuse pour expliquer le fonctionnement des réseaux sociaux sur Internet. À partir de l'expérience de Milgram, la planète a été définie comme un « petit monde » où tous les êtres humains seraient connectés les uns aux autres par une chaîne de six relations. Est-ce bien vrai ?

1 Le graphe mathématique

Un graphe est un ensemble de points appelés sommets reliés par des liens appelés arêtes tels qu'à chaque arête sont associés deux sommets, qui sont les extrémités de cette arête. Cet ensemble forme une figure similaire à un réseau.

Une chaîne (ou un chemin) est une suite de sommets telle que chaque sommet est relié au suivant par une arête. La longueur d'une chaîne est le nombre d'arêtes parcourues dans cette chaîne. La distance entre deux sommets est la longueur minimale des chaînes les reliant.

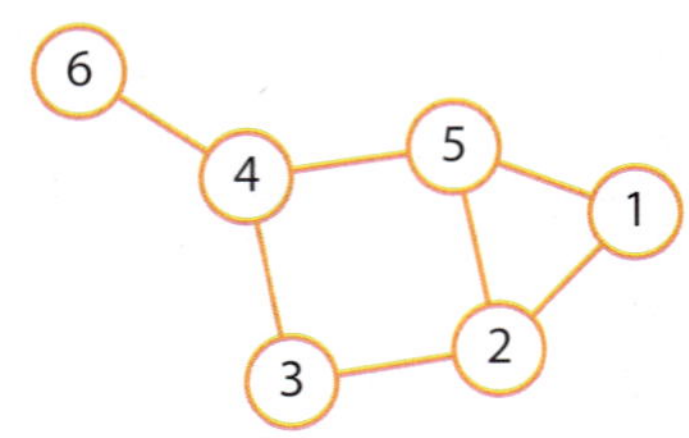

▲ Graphe 1.

2 Rayon, diamètre et centre d'un graphe

Dans un graphe donné, on peut calculer différentes valeurs utiles pour comprendre la structure du graphe. On peut ainsi déterminer l'**écartement d'un sommet** et le **diamètre** du graphe.

Le centre d'un graphe est le sommet dont l'écartement est minimal. Ce centre n'est pas forcément unique.

Le rayon du graphe est l'écartement d'un centre du graphe.

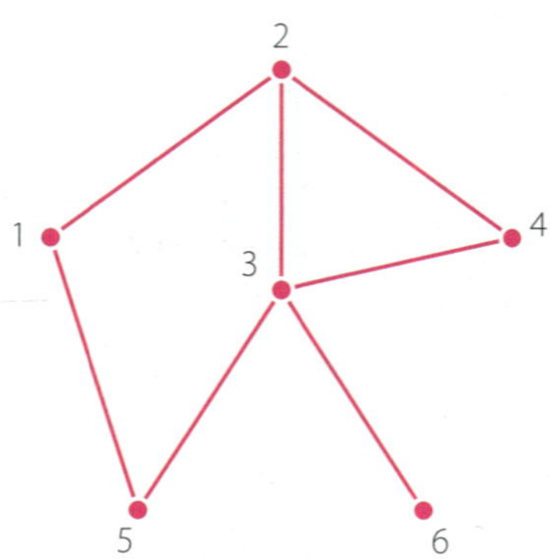

▲ Graphe 2.

VOCABULAIRE

Écartement d'un sommet
Distance maximale existant entre ce sommet et les autres sommets du graphe.

Diamètre
Plus grande distance possible qui puisse exister entre deux sommets.

ZOOM SUR...

Degré d'un sommet et popularité

Dans un graphe, le degré d'un sommet est le nombre d'arêtes dont ce sommet est une extrémité. Transposé aux réseaux sociaux, ce degré permet d'évaluer la popularité d'un individu représenté par ce sommet.

3 L'expérience de Milgram

L'expérience du petit monde » a été réalisée en 1967 par le psychosociologue Stanley Milgram, bien avant l'invention du Web. Sur un échantillon de 300 individus, et dans les limites du territoire des États-Unis, il s'agissait de faire parvenir une lettre à un destinataire final, identifié mais inconnu des cobayes, en le remettant à une connaissance et avec le moins d'intermédiaires possibles. Pour arriver à destination, les courriers sont passés par, en moyenne, entre 5 et 6 intermédiaires (la valeur exacte était de 5,2). C'est cette théorie des six relations qui a été appliquée aux réseaux sociaux.

e SNT2028
L'expérience de Milgram

ZOOM SUR...

Graphe et petit monde

Si chaque sommet d'un graphe est un habitant des États-Unis, l'expérience de Milgram se traduit par le fait que l'écartement de chaque sommet est de 6.

4 Les limites du « petit monde »

Dans l'expérience de Milgram, la plupart des lettres n'atteignirent jamais leur but. Seul un quart d'entre elles arrivèrent dans les mains du destinataire. Cette expérience est donc fausse : nous ne sommes pas tous connectés aux autres par un maximum de 6 degrés de séparation. Certaines personnes sont bien mieux connectées que d'autres. Ce qui veut dire que le « **networking** » est un savoir-faire qui peut se développer. En lisant, en se formant, en étant « coaché », le tissu de contacts peut être amélioré. C'est ainsi que nous pouvons progressivement faire partie des 29 % de personnes les mieux reliées et nous serons effectivement, dans ce cas, connectés au reste du monde par seulement 6 degrés.

VOCABULAIRE

Networking
Technique, plus communément appelée « réseautage », permettant de rentrer en relation avec un grand nombre de personnes pour constituer un réseau.

5 Les *social graph* de Facebook

L'affaire Cambridge Analytica*, la plus grande crise traversée par Facebook, s'est déroulée en deux temps. D'abord, des chercheurs de l'université de Cambridge ont développé une méthodologie pour caractériser le profil psychologique d'une personne à partir de son activité sur Facebook, notamment en fonction de ce qu'il *like*. Ensuite, Cambridge Analytica a utilisé en toute légalité les *social graph* de Facebook, qui donnent accès aux profils des amis des utilisateurs qui s'inscrivaient sur des applications tierces. Les 270 000 cobayes ont ainsi généré 50 millions de profils récupérés par Cambridge Analytica entre 2014 et 2015. L'utilisation de ces données aurait contribué à la victoire de Donald Trump aux États-Unis en 2016, avec une influence possible des services secrets russes.

* Cambridge Analytica : entreprise britannique spécialisée dans l'analyse de données et le conseil en communication.

ZOOM SUR...

Les *social graph*

Les *social graph*, sur facebook, désignent toutes les relations entre les membres et les éléments avec lesquels ils sont entrés en contact (amis, page « J'aime », groupes, lieux, événements, etc).

QUESTIONS

1 **Doc. 1** **a.** Combien de sommets le graphe 1 possède-t-il ? Combien possède-t-il d'arêtes ?
b. Décrivez une chaîne de ce graphe. Quelle en est sa longueur ?
c. Quelle est la distance entre les sommets ② et ⑥ ?

2 **Doc. 2** **a.** Sur le graphe 2, quel est l'écartement du sommet 5 ?
b. Déterminez le diamètre, le rayon et le centre du graphe 2.

3 **Doc. 3, 4** L'expérience de Milgram a été appliquée aux citoyens américains. Choisissez un pays et dessinez le graphe « petit monde » vous reliant à un de ses habitants, avec sa chaîne de relations.

4 **Doc. 5** L'affaire Cambridge Analytica a été révélée en 2018. Depuis, Facebook a restreint l'accès aux *social graph*. Cela résout-il tous les problèmes ? Justifiez votre réponse.

ACTIVITÉ

4 LA CYBERVIOLENCE

HYGIÈNE NUMÉRIQUE

Dans la théorie des graphes appliquée aux réseaux sociaux, un lien représente une interaction sociale. Le terme semble positif : il évoque l'amitié, l'échange, les intérêts communs, etc. Pourtant, une interaction sociale peut aussi être négative et donner lieu à des situations violentes. Le graphe devient alors le support d'une cyberviolence. Aujourd'hui, les initiatives se multiplient pour lutter contre ce phénomène.

1 Une première définition

La cyberviolence est une forme de **harcèlement** réalisé, non plus uniquement dans la cour d'école ou dans la rue, mais par le biais des nouvelles technologies et des réseaux sociaux. Il peut prendre des formes multiples : du détournement de photo à la vidéo humiliante, en passant par des brimades, des moqueries, des intimidations par SMS. La spécificité de ce harcèlement est son caractère public, amplifié par le Web, qui agit ici comme une caisse de résonance.

C. Blaya, professeure en sciences de l'éducation et présidente de l'Observatoire international de la violence à l'école, dans « Comment combattre la cyber-violence à l'école ? », M. Maillard, lemonde.fr, 2 déc. 2014.

VOCABULAIRE

Harcèlement
Actes ou propos récurrents tenus à l'encontre d'une personne dans le but de la détruire psychologiquement et/ou physiquement.

2 Les différentes formes de cyberviolence

Harcèlement / Exclusion	Publication de **commentaires insultants** ou de rumeurs sur le « mur » ou le profil de la victime, dans le but de l'**isoler** du groupe de pairs/des membres du réseau. Une des formes particulièrement « en vogue » est le **flaming** : une salve de messages insultants/menaçants à destination d'une personne ou d'un groupe de personnes.
Dénigrement	Décrédibilisation d'une personne en portant **atteinte à son image ou à sa e-réputation**, en lançant toutes sortes de **rumeurs** à son égard. L'auteur des violences publie par exemple une photographie humiliante (parfois truquée), sur son mur ou directement sur celui de la victime, et incite ses contacts à écrire des commentaires désobligeants.
Usurpation d'identité	**Accès à la messagerie ou au profil de la victime**, en se faisant passer pour elle afin d'envoyer des messages embarrassants/insultants à une autre personne. Elle peut aussi prendre la forme d'un **faux profil** ouvert au nom de la personne ciblée.
Happy Slapping	Captation, le plus souvent à l'aide d'un téléphone portable, d'une **scène de violence subie** par une personne et **diffusion en ligne**.
Outing	**Divulgation d'informations** intimes et/ou confidentielles sur une personne. Par exemple, révélation, sans qu'elle ne le sache ou ne le veuille, de son homosexualité.
Sexting	Contraction des mots *sex* (sexe) et *texting* (envoi de SMS). Il s'agit de textos, de photographies ou de vidéos à caractère **explicitement sexuel** dans le but de séduire son/sa partenaire. Mais lorsque ces photographies ou vidéos sont interceptées, puis **diffusées en ligne par un tiers malveillant** cherchant à nuire à la personne qu'elles représentent, il s'agit d'une cyberviolence. Lorsque les photographies ou vidéos intimes sont publiées **à des fins de vengeance** par un(e) ex-petit(e) ami(e) qui vit mal la rupture et souhaite nuire à l'autre, on parle de « revenge porn ».

Guide de prévention de la cyberviolence entre élèves, nonauharcelement.education.gouv.fr, 2015. Compléments sur le site.

3 Un témoignage

Afin de conserver l'authenticité du témoignage nous reproduisons ici le texte tel quel, sans le corriger.

« J'ai été victime de cyberharcèlement à l'âge de 12 ans sur une période de 8 mois. [...]

« J'étais une adolescente de 12 ans avec énormément de complexes. J'ai longtemps était complexé par mon corps ! À l'entrée dans l'adolescence, j'ai pris énormément de poids, environ 15 kilos ce qui a permis à des vergetures et autres d'apparaître... **J'ai toujours été très timide mais ces complexes ont empiré les choses alors pour avoir une vie sociale normale** j'ai commencé à être énormément présente sur les réseaux sociaux et plus particulièrement sur des jeux vidéo en ligne.
Je pouvais grâce à ces jeux en ligne me faire des amis sans qu'ils puissent me juger sur mon physique j'ai rencontré énormément de personnes exceptionnelles jusqu'au jour où j'ai rencontré un garçon avec qui au début on ne s'appréciait pas. J'irai jusqu'à dire qu'on se détestait mais j'ai appris à le connaître et je suis tombé amoureuse de lui. On l'appellera L. mais problème, il habitait près de Montpellier et moi à Paris. **On a énormément discuté et on a décidé de se mettre en couple après une longue réflexion.**
5 jours après mon cyber-harcèlement commençait ! Une des personnes qui était proche de L. à l'époque à commencer à parler de moi au sein de l'établissement. Malheureusement, les gens ne se sont pas réjouis de mon bonheur. Un groupe de filles m'a cherché sur internet et m'a retrouvé facilement.
Durant les deux premiers mois, ce n'était que ce groupe de filles s'acharnait sur moi !
Au début c'était des insultes comme **chaudière, pétasse, salope, pute, des insultes qui aujourd'hui me paraisse si douce !** C'était tout au long de la journée sans aucune pause sur chaque réseau social. Au début, j'ai essayé de répondre je leur demandais **pourquoi moi ? Qu'est-ce que j'avais fait ? Mais les seules réponses que j'avais étaient des insultes.**
Je lisais chacun des messages qui m'étaient adressé, je l'ai fait jusqu'à la fin les deux premiers mois. Je répondais à chacun d'entre eux je signalais chacun des faux comptes qui été créés pour m'insulter mais au bout de deux mois, j'ai abandonné car ça ne faisait qu'empirer les choses ! 1 compte supprimé 2 de recrée ! Par la suite, au bout de deux mois, les garçons sont arrivée et là tout à empirer ! Ce n'était plus de simples insultes, c'était des photomontages qu'il menaçait de publier, **des « j'ai pas eu mon argent de poche tu me feras une réduction sur la pipe » « je vais exploser ton p'tit cul » et j'en passe des milliers c'était constant nuit et jour, jour et nuit, sans interruption !** À la fin ils étaient une cinquantaine à me harceler tous les jours. Des centaines de faux comptes avaient été créées mais je n'ai rien dit à personne ! [...] »

Ils témoignent, le cyberharcèlement raconté par une victime, netecoute.fr, 22 oct. 2018.

4 Le cybersexisme

4 % des filles (contre **1,3 %** des garçons) ont été **victimes de diffusion de photos intimes sans leur accord**.

13 % des filles sont **victimes de rumeurs** sur les réseaux sociaux (contre **6 %** des garçons).

20 % des filles sont **victimes d'insultes** sur leur apparence physique contre **13 %** des garçons.

D'après le rapport *Cyber-Violences Conjugales*, centre-hubertine-auclert.fr.

ZOOM SUR...

La lutte contre la cyberviolence

- La **loi** française punit les coupables de cyberviolence (*code pénal, art. 222-33-2*). Depuis 2016, le *revenge porn* est reconnu comme un délit.
- La **loi Informatique et Libertés** permet aux mineurs de demander la suppression de leurs données sur des sites.
- Des **associations**, comme *e-Enfance* ou *Net Ecoute*, informent le public, écoutent et aident les victimes.
- Le **ministère de l'Éducation nationale** multiplie les initiatives : Journée nationale contre le harcèlement à l'école, mise à disposition du site www.nonauharcelement.education.gouv.fr, etc.

→ Hygiène numérique, p. 171

QUESTIONS

1 Doc. 1 Que pensez-vous de la définition de C. Blaya ? Est-elle complète, selon-vous ?

2 Doc. 2 **a.** Avez-vous eu connaissance de ces genres de pratiques sur Internet ? Comment (dans votre entourage, sur les réseaux, etc.) ?
b. Selon vous, pourquoi ces agissements sont-ils si répandus sur les réseaux sociaux ?

3 Doc. 3 **a.** Que pensez-vous de ce témoignage ?
b. En tant que victime ou témoin, comment lutter contre le cyberharcèlement ?
c. Faites une recherche sur *Net Ecoute* et sur la Journée nationale de lutte contre le harcèlement scolaire. Que pensez-vous de ces initiatives ?

4 Doc. 4 Comment peut-on expliquer la différence fille-garçon dans la cyberviolence ? Le cybersexisme prolonge-t-il le sexisme existant dans la société ? Donnez des arguments.

ACTIVITÉ

5 GRATUIT, VRAIMENT ?

Les réseaux sociaux ont inventé un modèle économique qui a bouleversé l'Internet. Alors que dans les débuts tous les services étaient payants (moteurs de recherche, courriels, informations, etc.), ils sont devenus, en apparence, gratuits. En fait, les internautes paient autrement : ils cèdent volontairement la propriété de toutes leurs données privées.

1 La recherche sur le Web en 1998

Avant l'apparition des moteurs de recherche que tout le monde utilise aujourd'hui, Internet fonctionnait tout à fait autrement. En effet, pour trouver des informations parmi des sites qui devenaient de plus en plus nombreux, il fallait recourir aux services d'entreprises qui créaient des annuaires, grâce à des documentaristes qui allaient visiter les nouvelles pages et rédigeaient une description succincte, structurée par d'énormes dictionnaires, sur le modèle des Pages jaunes. C'est l'origine des portails Internet, qui faisaient payer à l'utilisateur leur capacité à trouver le meilleur contenu pour chaque thématique, ainsi que le service d'emails. C'est l'époque de Yahoo, Nomade, Wanadoo. Puis, la taille du Web est devenue trop importante pour ces logiques d'annuaires, et les êtres humains ont été remplacés par des algorithmes, capables de rechercher automatiquement et de classer pour répondre à une requête en une fraction de seconde. L'explosion du nombre d'utilisateurs a permis de générer des revenus publicitaires de plus en plus importants, et donc de rendre les moteurs de recherche « gratuits », contre la cession des données personnelles.

ZOOM SUR…

Les Pages jaunes

Les Pages jaunes (*Yellow pages*, en anglais) est un annuaire téléphonique que l'on retrouve sous des formes similaires dans de nombreux pays du monde. Il regroupe les coordonnées des professionnels, qui sont triés selon leur activité. En 1986, en France, on dénombrait plus de 7 millions d'heures passées sur l'annuaire électronique, et dix ans plus tard, 16 millions.

2 Les revenus de Facebook

(en millions)

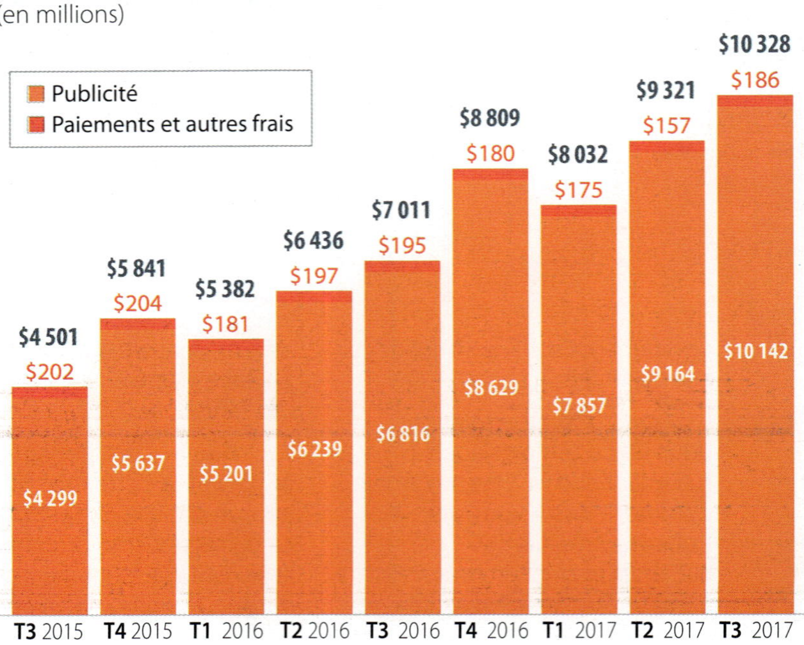

◀ Évolution des revenus de Facebook, publiée par l'entreprise elle-même. Facebook précise dans son communiqué qu'environ 88 % des revenus publicitaires proviennent des publicités sur terminaux mobiles.

e SNT2029

Dr CAC : Comment Facebook gagne de l'argent ?

3 Souriez, vous êtes espionné

Cela signifie que, bien plus qu'une entreprise de publicité, Facebook est une entreprise de surveillance. En fait, Facebook est la plus grande entreprise de surveillance de l'histoire de l'humanité. Elle connaît sur vous plus, bien plus que ne sait sur ses citoyens le gouvernement le plus intrusif au monde. [...] Vous regarder est ce que fait Facebook, pour utiliser ensuite ce qu'elle sait de vous et de votre comportement afin de vendre des publicités. Je ne pense pas qu'il n'ait jamais existé un tel écart entre ce qu'une entreprise dit qu'elle fait – « connecter », « construire des communautés » – et la réalité commerciale. Notez que la connaissance de l'entreprise sur ses utilisateurs n'est pas utilisée seulement pour cibler des publicités mais aussi pour modeler le flux d'informations vers elles. Le contenu posté sur le site est si important que ce sont les algorithmes utilisés pour filtrer et orienter le contenu qui déterminent ce que vous voyez : les gens croient que leur fil d'actualité est lié à leurs amis et à leurs centres d'intérêt, ce qui est vrai en partie, à la nuance près que leurs amis et leurs centres d'intérêt sont pris en charge par les intérêts commerciaux de Facebook.

John Lanchester, « You are the product », *London Review of Books*, vol. 39, n° 16, 17 août 2017 © LRB Limited 2019, lrb.co.uk.

4 Les données et la tarification dynamique

Nous savons depuis longtemps que des sites marchands comme Amazon et des agences de voyages en ligne comme Orbitz ou Expedia modulent leurs prix en fonction de ce qu'ils pensent savoir de nous – notre lieu de résidence, nos revenus, nos achats précédents. Et souvent, paradoxalement, les riches paient moins. [...] Cette **tarification dynamique** devient de plus en plus complexe et opaque. Une enseigne britannique, par exemple, teste des étiquettes de prix électroniques qui changent selon le client, client qu'elle identifie grâce à son téléphone portable et dont elle connaît les habitudes de consommation. Facebook dispose peut-être de 98 types de données sur chaque utilisateur, mais le courtier Acxiom en possède 1 500 et elles sont toutes à vendre pour être agrégées et intégrées au petit bonheur la chance dans des formules qui nous échappent.

Sue M. Halpern, « Au centre du débat : le big data », dans *Books*, nov.-déc. 2017.

VOCABULAIRE

Tarification dynamique
Mode de fixation et d'optimisation des prix par lequel les prix varient plus ou moins fréquemment de manière dynamique et automatique (parfois jusqu'à plusieurs fois par jour) en fonction de différents paramètres internes ou de données externes.

QUESTIONS

1 **Doc. 1** Analysez le fonctionnement du Web en 1998. Comment les réseaux sociaux ont-ils transformé la possibilité de trouver une personne sur Internet sans plus avoir besoin de constituer des annuaires ?

2 **Doc. 2** **a.** D'où proviennent les revenus de Facebook ?
b. Au troisième trimestre 2017, quel est le pourcentage de la publicité dans les revenus ?

3 **Doc. 3** **a.** Quels sont les arguments principaux de l'auteur ? Son propos est-il exagéré, provocateur, selon vous ? Justifiez votre réponse.
b. Vous sentez-vous surveillé(e) lorsque vous utilisez les réseaux sociaux ?

4 **Doc. 4** **a.** Comment les données collectées par les réseaux sociaux permettent-elles de proposer des publicités et des prix différents selon les utilisateurs ?
b. Cette pratique est-elle juste et en rapport avec qui nous sommes réellement ou plutôt l'interprétation d'un algorithme ? Justifiez votre réponse.

COURS

LES RÉSEAUX SOCIAUX

Nés au début du XXe siècle, les réseaux sociaux sont devenus des outils incontournables de notre vie quotidienne.

1 Les caractéristiques des réseaux sociaux

Les réseaux sociaux sont des sites Web (ou des applications) dans lesquels les internautes peuvent créer une page personnelle (un profil), afin d'être en contact avec leur **communauté** et de partager une quantité d'informations numériques et/ou personnelles sous des formes très variées : des textes, des photographies, de la musique, sa position GPS ou encore son humeur.

La taille des réseaux sociaux varie de quelques centaines de millions d'**utilisateurs actifs** à plusieurs milliards dans le monde. Les réseaux sociaux sont aujourd'hui essentiellement américains, mais la Chine s'est dotée de ses propres réseaux (QZone, Sina Weibo, etc.) pour contrer l'hégémonie américaine.

Chaque réseau social a ses propres règles de fonctionnement. Certains réseaux limitent le temps de publication (Snapchat) ; d'autres, le type de données (YouTube), etc.

Communauté

Groupe d'individus vivant ensemble et/ou ayant des intérêts communs.

Utilisateur actif

Un utilisateur d'un réseau social est considéré comme actif s'il se rend régulièrement sur le site dans sa version Web ou mobile.

2 Un modèle économique discret

Toutes les applications de réseautage social ne peuvent exister sans nos données. Celles-ci sont sauvegardées, analysées et utilisées (sans forcément notre consentement) par des **algorithmes** permettant notamment d'effectuer des **recommandations** tant en termes de liens sociaux possibles (amis) qu'à des fins commerciales (publicités ciblées) ou politiques (analyses de comportements et de votes).

3 Une réponse aux besoins individuels

Le regroupement d'un ensemble d'entités sociales est une résultante de besoins exprimés par l'individu lui-même, formalisés dans la **pyramide de Maslow**. On peut mettre en évidence trois des besoins fondamentaux :

- l'**accomplissement personnel** par l'expression de soi. Chaque utilisateur s'exprime sur sa fiche utilisateur ou son profil, alimentant ainsi son **identité numérique** ;
- la **socialisation** en éprouvant un besoin relationnel. Les utilisateurs peuvent entrer en relation entre eux directement ou par l'intermédiaire d'une connaissance commune (liste d'amis, liste de marques, artistes, lieux, etc.) ;
- l'**estime des autres** par l'intermédiaire du besoin de communiquer. L'utilisateur dispose d'une grande variété d'outils pour communiquer (messagerie instantanée, forums, etc.) et soigner sa **e-réputation**.

Identité numérique

Elle est constituée de la somme des traces numériques se rapportant à un individu : ce que l'on dit de soi, les sites que l'on fréquente ou encore les publications sur les réseaux sociaux.

e-réputation

Perception que les internautes se font d'une marque, d'une entreprise ou d'un individu selon les éléments qu'il laisse sur le Web.

Graphe mathématique

Un graphe est un ensemble de nœuds (appelés sommets) reliés entre eux par des liens (appelés arêtes).

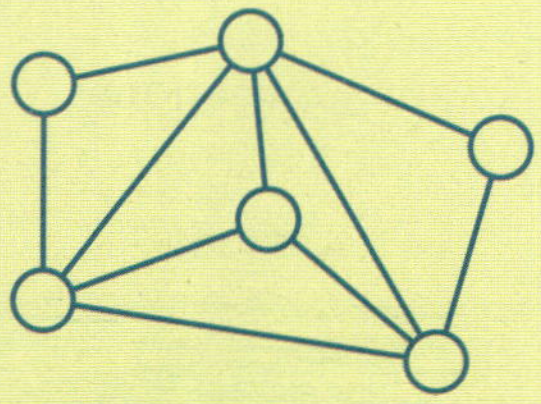

▲ Graphe à 6 sommets et 10 arêtes.

4 Les graphes et les « petits mondes »

Les réseaux sociaux peuvent être représentés sous la forme d'un **graphe mathématique**. Un nœud du graphe représente une entité sociale (individu, animal, machine, cellule, etc.), et un lien représente une interaction sociale (amitié, intérêt commun, relation intime, relation professionnelle, etc.).

En 1967, le psychosociologue américain Stanley Milgram expérimente la **théorie des « petits mondes »**, selon laquelle toute personne est reliée à n'importe quelle autre dans le monde par une chaîne de six relations. Sur un graphe, cela se traduit par le fait qu'un sommet est relié à n'importe quel autre sommet par un chemin comprenant six arêtes. Ainsi, Facebook peut affirmer que la distance moyenne, au sein de son réseau, entre deux individus est de 4,74.

5 Les dangers des réseaux sociaux

Les adolescents, voire les enfants, qui utilisent abondamment les réseaux sociaux pour communiquer entre « amis » ne prennent pas toujours la mesure des risques qui peuvent découler d'un simple partage de photographies et/ou de vidéos.

Une nouvelle forme de violence est née avec l'utilisation massive des réseaux sociaux : la **cyberviolence**. Elle peut prendre de multiples formes : harcèlement, discrimination, *happy slapping*, etc. Pour lutter contre cette violence, des règles de prévention ont été mises en place, ainsi qu'un arsenal juridique.

Avec l'avènement de la **loi RGPD**, notamment, ces applications sont de plus en plus pointées du doigt du fait de l'exploitation commerciale de nos données personnelles, de l'utilisation de technologies favorisant l'addiction et de leur impact sur l'équilibre psychologique des jeunes.

Loi RGPD

Le Règlement général sur la protection des données (RGPD) impose des règles pour protéger les données circulant sur le Web.

LES CAPACITÉS DU CHAPITRE

- ▶ 1. Connaître les principaux concepts liés à l'usage des réseaux sociaux. → Activités 1, 2
- ▶ 2. Distinguer plusieurs réseaux sociaux selon leurs caractéristiques, y compris un ordre de grandeur de leurs nombres d'abonnés. → Activité 2
- ▶ 3. Paramétrer des abonnements pour assurer la confidentialité de données personnelles. → Hygiène numérique
- ▶ 4. Identifier les sources de revenus des entreprises de réseautage social. → Activité 5
- ▶ 5. Déterminer des caractéristiques de graphes simples. → Activité 3
- ▶ 6. Décrire comment l'information présentée par les réseaux sociaux est conditionnée par le choix préalable de ses amis. → Activité 3
- ▶ 7. Connaître les dispositions de l'article 222-33-2-2 du code pénal. → Hygiène numérique
- ▶ 8. Connaître les différentes formes de cyberviolence. → Activité 4
- ▶ 9. Connaître les ressources disponibles pour lutter contre la cyberviolence. → Hygiène numérique

JE VÉRIFIE MES CONNAISSANCES

SNT2031
Exercices interactifs

Corrigés p. 185

1 QCM

Choisir la (ou les) bonne(s) réponse(s).

	A	B	C
1. Le nombre d'utilisateurs actifs de Facebook est :	500 millions	1 milliard	plus de 2 milliards
2. Les réseaux sociaux vivent essentiellement grâce …	aux adhésions	à la publicité	aux subventions
3. Dans un graphe à 3 sommets et 3 arêtes, le centre contient …	1 sommet	2 sommets	3 sommets
4. Selon la théorie des petits mondes, la distance entre deux individus est :	10	4	6

2 VRAI/FAUX

Répondre par vrai ou faux.

a. Plus de la moitié de l'humanité est connectée à Internet.

b. Le premier réseau social chez les jeunes de 16 à 25 ans est Facebook.

c. Entre 2013 et 2018, WhatsApp, qui compte le plus d'utilisateurs mensuels actifs, a gagné 1 milliard d'abonnés pour arriver à 1,5 milliard.

d. Un utilisateur d'Instagram a autant d'abonnés que d'abonnements.

e. Le diamètre du graphe ci-contre est 2.

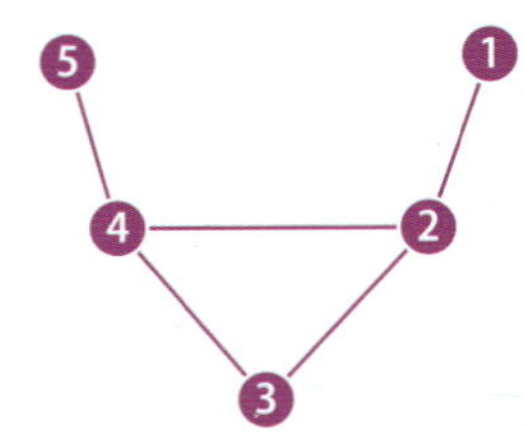

f. Le modèle économique des réseaux sociaux est basé sur la collecte de données.

g. Les Français font plus confiance aux réseaux sociaux qu'aux médias traditionnels en matière d'informations.

3 Vers une définition

Compléter avec les mots qui conviennent.

L'identité numérique d'un individu est constituée de la somme des …… se rapportant à cet …… . Ces traces peuvent être ……, …… ou …… .

4 Compléter un schéma

Sur un réseau social, Paul est ami avec Jeanne et Yassine. Yassine, avec Nathan et Paul. Nathan, avec Jeanne. Avec ces informations, compléter le graphe ci-contre. Déterminer le diamètre de ce graphe.

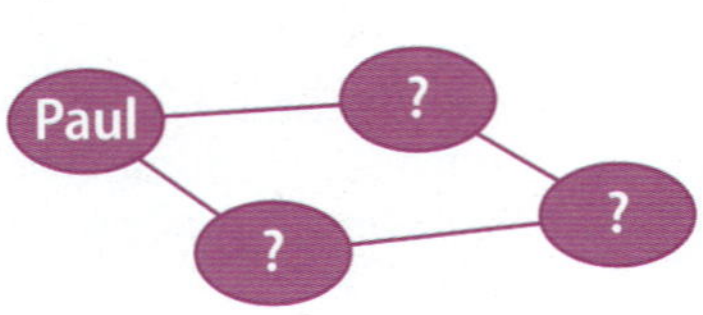

5 Organisation des connaissances

a. Comment l'expérience de Milgram et la théorie des petits mondes s'appliquent-elles aux réseaux sociaux ?

b. Décrire deux formes de cyberviolence.

JE M'ENTRAÎNE

6 Les « moins de 18 ans »

En 2017, une enquête a été menée sur l'utilisation des réseaux sociaux chez les jeunes de moins de 18 ans. Ci-dessous, les réponses à la question « Es-tu inscrit(e) sur un ou plusieurs réseaux sociaux en ligne ? »

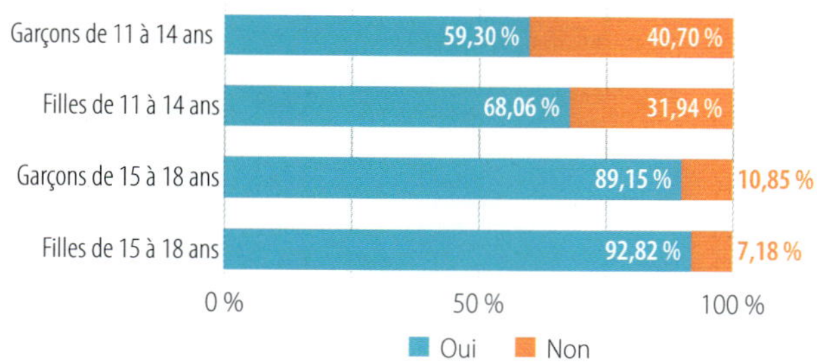

« Les 11-18 ans et les réseaux sociaux 2017 », étude en ligne 3-31 janv. 2017, asso-generationnumerique.org.

a. En quoi l'âge de 14 ans a-t-il une importance ici ?
b. Les réseaux sociaux imposent-ils une limite d'âge pour s'inscrire ? Comment peuvent-ils vérifier l'âge d'un utilisateur ?
c. Quels sont les réseaux sociaux privilégiés par les jeunes de moins de 18 ans ?
d. Proposer une explication pour les écarts entre les différents âges et le genre.

7 L'authentification

Le réseau social Instagram a décidé d'ajouter une option à son service : l'authentification des comptes de personnalités, de grandes marques ou d'organisations. Une signalétique bleue indiquera les comptes dont le propriétaire a été soumis à un processus de vérification, incluant notamment la copie d'un document d'identité.
a. À quoi sert l'authentification d'un compte utilisateur ?
b. Comment « authentifiez-vous » les comptes de vos amis ?

8 De 140 à 280 signes

En novembre 2017, Twitter a décidé de repousser la limite du nombre de signes dans un tweet de 140 à 280.
a. Pourquoi la limite avait-elle été fixée à 140 signes ?
b. En quoi cette limite est-elle une contrainte forte ?
c. Sur Twitter, un *thread* est une série de tweets publiés par une personne et connectés entre eux.
En quoi le passage à 280 signes est-il une réponse aux problèmes des *thread* sur Twitter ?

9 Le centre d'un graphe

On donne le graphe ci-contre.

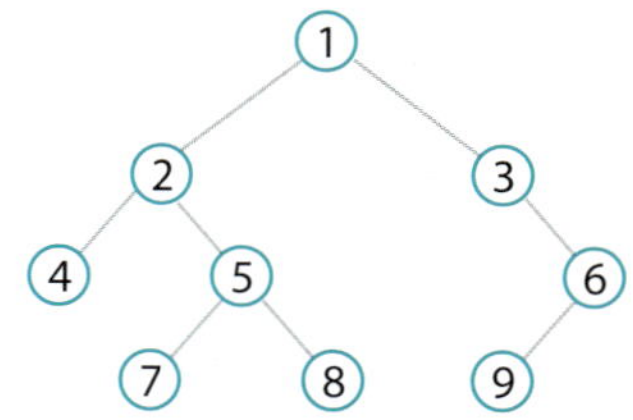

a. Combien de sommets et d'arêtes composent ce graphe ?
b. Quel est l'écartement des différents sommets ?
c. En déduire le centre du graphe.

10 Le petit monde de Facebook

Le degré de séparation des utilisateurs de Facebook se situerait désormais autour de 4,74. Nous serions uniquement séparés par trois personnes et demi de n'importe quel autre utilisateur du réseau.
a. Rappeler le degré de séparation obtenu par l'expérience de Milgram.
b. Facebook rapproche-t-il les gens ?
c. Quelles sont les limites du degré de séparation sur Facebook ?

11 Diaspora*

Diaspora* est un réseau social libre. On peut s'y connecter en utilisant des nœuds (appelés *pods*).
Framasphère est l'un des *pods* francophones.
a. Qu'est-ce qu'un réseau social libre ?
b. Aller sur la page https://framasphere.org/.
c. Cliquer sur l'onglet « Créer un compte », puis entrer les éléments pour se créer un compte.
d. Une fois sur la page d'accueil, décrire les éléments principaux de l'interface graphique.
e. Quelles semblent être les fonctionnalités de Diaspora* ?

12 Le code pénal

L'article 222-33-2-2 du code pénal traite du harcèlement moral.
a. Lire l'article p. 171.
b. Dans quels cas l'infraction est-elle constituée ?
c. Quelles sont les peines ?
d. Expliquer comment sont fixés les différents montants des amendes.

EXPOSÉS

SUJET A : L'anonymat sur les réseaux sociaux : avantages, inconvénients, faut-il légiférer ?
SUJET B : La censure sur les réseaux sociaux : qui censure ? faut-il ou non censurer ?

FAB LAB

OBJECTIF

CONSTRUIRE UN GRAPHE SOCIAL au sein de sa classe, en s'appuyant sur le modèle de « social graph » développé par Facebook et en utilisant le logiciel Gephi pour le visualiser.

e SNT2032
Installation et présentation de Gephi

Protocole de construction

1 Définir son « petit monde »

Pour chaque élève de la classe : prolongez et remplissez le tableau suivant en indiquant les six personnes dont vous vous sentez le plus proche, ainsi que le type de lien qui vous lie à elles (amitié, connaissance, relation intime, centre d'intérêt, localisation, etc.).

Prénom de l'élève	Type de lien

Comment pourrait-on définir la « proximité » ?

2 Construire le graphe « à la main »

a. Dessinez le graphe de votre « petit monde », sans préciser le type de relation.
b. En vous regroupant par trois, dessinez sur une feuille le graphe regroupant vos trois petits mondes.
c. Quelles difficultés cela fait-il apparaître ?

3 Le « social graph »

Si notre réseau social représente les personnes que l'on connaît, le graphe social ajoute les modalités de notre connexion aux autres : localisation, travail, centres d'intérêt, amitié, etc.
a. Comment faire pour indiquer le type de connexions sur le graphe de la question 2 ?
b. Dessinez votre graphe « petit monde », toujours par groupes de trois, en indiquant le type de relation.

4 Visualiser le graphe social de la classe

Gephi est un outil Open Source sous licence GNU General Public License.
Il est développé en Java, utilisant la bibliothèque graphique Swing.
C'est un outil portable sur les principales plateformes (Linux, Windows, Mac OS X).
a. Créez un **fichier CSV** contenant les individus et le type de relation qui les lie.
b. Ouvrez Gephi et générez le graphe en utilisant le tableau précédent.
c. Analysez le graphe social obtenu.

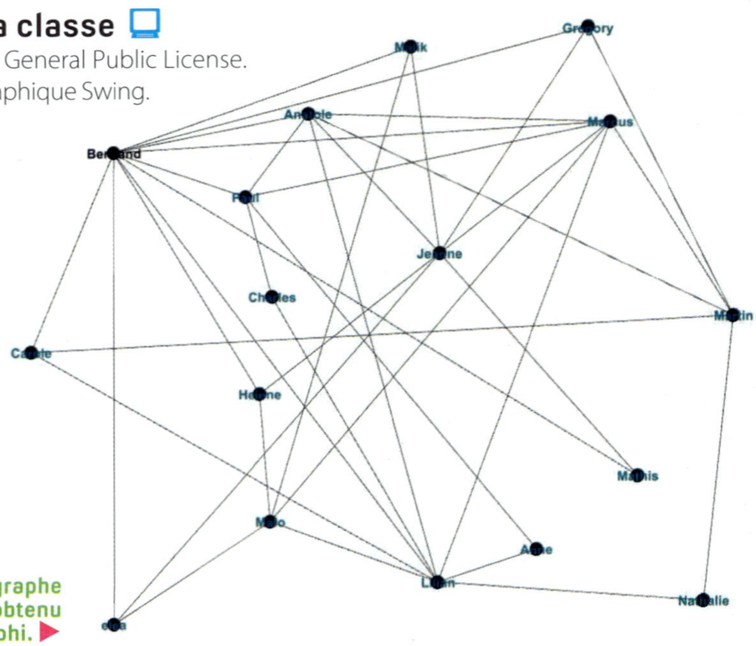

Exemple de graphe social obtenu avec Gephi. ▶

VOCABULAIRE

Fichier CSV
Un fichier CSV est un fichier tableur contenant des données sur chaque ligne séparées par un caractère de séparation. Ici, il faut utiliser des virgules (► p. 84).

LA PAGE DU CODEUR

SNT2085
Les bases de Python

Voir l'introduction à Python, p. 172

On souhaite créer un graphe en Python.

1 Installer Graphviz

Graphviz (diminutif de *Graph Visualization Software*) est un ensemble d'outils open source qui manipulent des graphes.

a. Installer Graphviz sur l'ordinateur.

b. Ouvrir une invite de commande.

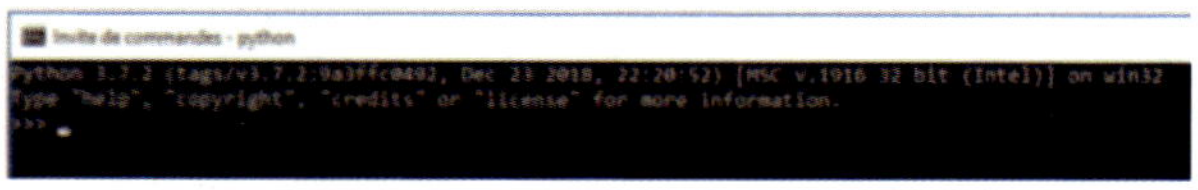

c. Écrire `pip install graphviz` (cela permet d'installer « pygraphviz »).

d. Saisir `Python`.

2 Lire un programme

On a écrit le programme suivant :

```
1 from graphviz import Digraph
2 dot = Digraph(comment="Mon graphe a moi")
3 dot.node('A', 'Anatole')
4 dot.node('B', 'Bertrand')
5 dot.node('L', 'Lilian')
6 dot.edge('A', 'B')
7 dot.edge('B', 'L')
8 dot.render('mongraphamoi.gv', view=True)
```

À l'exécution du programme, on obtient le graphe suivant :

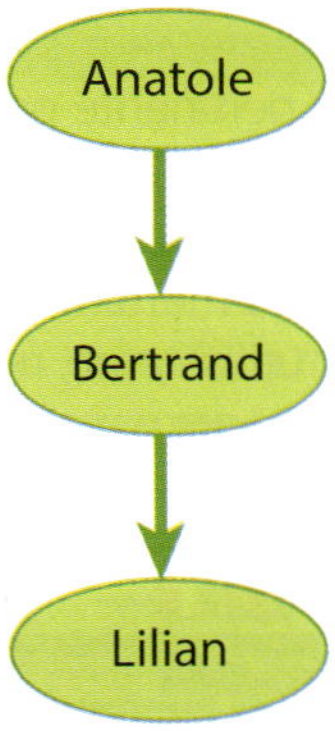

La première ligne du programme indique la bibliothèque à charger.

a. Expliquer ce que fait la deuxième ligne du programme ci-dessus.

b. Que signifient les mots anglais *node* et *edge* ? Que peut-on en déduire sur la fonction des lignes 3 à 7 du programme ?

c. À quoi sert finalement la ligne 8 du programme ?

3 Écrire un programme

En vous inspirant de l'exercice 2, créer votre graphe social construit dans la question 1 du FalLab.

4 Des boucles et des listes

Les listes sont des séquences. Ce sont des objets capables de contenir d'autres objets de n'importe quel type.

```
ma_liste = [1, 2, 3, 4, 5] # Une liste avec cinq objets
print(ma_liste) # affiche le contenu de la liste
```

On obtient : [1, 2, 3, 4, 5].

On utilise la commande append pour ajouter un élément à la fin d'une liste.

```
ma_liste = [1, 2, 3]
ma_liste.append(4) # On ajoute 4 à la fin de la liste
print(ma_liste)
```

On obtient : [1, 2, 3, 4].

Pour parcourir les éléments de la liste et effectuer une action pour chaque élément, nous allons utiliser les boucles (et plus particulièrement la boucle for dans notre cas).

```
ma_liste = ['a', 'b', 'c']
  for elt in ma_liste: # elt va prendre les valeurs successives des éléments de ma_liste
  print(elt)
```

On obtient :
a
b
c

À l'aide de ces éléments, corriger votre programme de l'exercice 3 de manière que tous les sommets de votre graphe soient dans une liste.

ACTIVITÉ

1 DES DONNÉES NON STRUCTURÉES AUX COLLECTIONS

Les applications que nous utilisons quotidiennement doivent manipuler de grandes quantités de données afin de répondre à nos requêtes (recherche d'une information sur Google, d'une vidéo sur YouTube, etc.). Structurer les données permet aux applications de les exploiter efficacement afin de répondre au mieux à nos attentes.

1 Le résultat d'une recherche dans YouTube

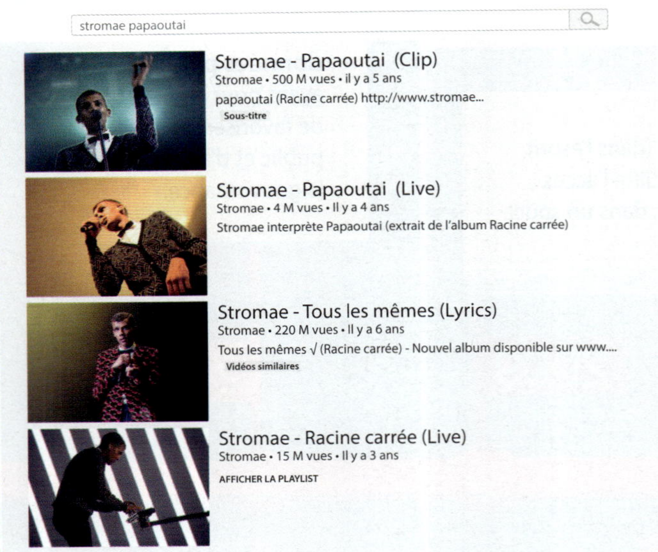

▲ **Une collection de propositions suite à une recherche lancée pour *stromae papaoutai* (simulation).**

Lorsqu'on lance la recherche *stromae papaoutai* sur YouTube, on obtient des propositions de clips pertinentes, c'est-à-dire en lien avec le clip demandé (d'abord, la vidéo précisément demandée, puis, par exemple, une version live, d'autres vidéos du chanteur, etc.).
Chaque clip proposé s'affiche avec des informations le décrivant (artiste, titre de la chanson, etc.). Pour arriver à ce résultat, il faut au préalable que des **données** aient été structurées.

VOCABULAIRE

Donnée
Valeur décrivant un objet, une personne, un événement digne d'intérêt pour celui qui choisit de la conserver. Par exemple, le numéro de téléphone d'un contact ou encore la chaîne de caractères *Jeanne* sont des données.

2 Comment ont été structurées les données ?

Artiste	Titre	Vues	Ancienneté
Stromae	Papaoutai	500 M	5 ans
Stromae	Papaoutai Live	4 M	4 ans
Stromae	Tous les mêmes	220 M	6 ans

◀ **Cette table est une représentation simple de la collection de propositions YouTube (doc. 1) : les objets en ligne, les descripteurs en colonne, et les données à l'intersection. Les données sont alors dites structurées.**

Pour faire des propositions pertinentes de vidéos (doc. 1), YouTube a sélectionné en amont des données parmi le très grand nombre disponible puis les a structurées selon des critères (nom de l'artiste, titre de la chanson, nombre de vues, etc.). La structuration de données peut se faire en créant une collection. Ci-dessus, la collection simplifiée d'une partie de la liste des propositions YouTube, sous la forme d'une table.

- Les valeurs dans les cases sont des données : *Stromae*, *Papaoutai* ou encore *500 M*. Les objets considérés ici sont des vidéos (ou clips) ; chacun est représenté par une ligne. Les descripteurs servent à décrire chaque objet : l'artiste, l'ancienneté de la mise en ligne, etc.
- Pour un objet donné (par exemple, la première ligne), à chaque descripteur (► *doc. 3*) correspond une valeur de l'objet, ce qui peut se formuler ainsi : *L'artiste Stromae a écrit une chanson dont le titre est Papaoutai, qui a été mise en ligne il y a 5 ans et a été vue 500 millions de fois.*
- La collection des propositions du doc. 1 est modélisée par la collection des lignes de cette table.

LA PAGE DU CODEUR

SNT2085

Les bases de Python

Voir l'introduction à Python, p. 172

On souhaite créer un graphe en Python.

1 Installer Graphviz

Graphviz (diminutif de *Graph Visualization Software*) est un ensemble d'outils open source qui manipulent des graphes.

a. Installer Graphviz sur l'ordinateur.

b. Ouvrir une invite de commande.

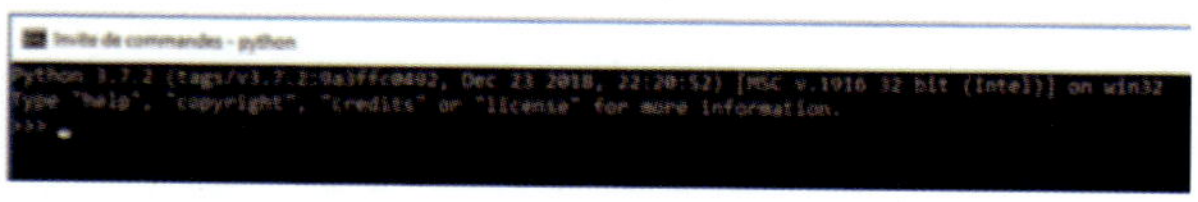

c. Écrire `pip install graphviz` (cela permet d'installer « pygraphviz »).

d. Saisir `Python`.

2 Lire un programme

On a écrit le programme suivant :

```
1 from graphviz import Digraph
2 dot = Digraph(comment="Mon graphe a moi")
3 dot.node('A', 'Anatole')
4 dot.node('B', 'Bertrand')
5 dot.node('L', 'Lilian')
6 dot.edge('A', 'B')
7 dot.edge('B', 'L')
8 dot.render('mongraphamoi.gv', view=True)
```

À l'exécution du programme, on obtient le graphe suivant :

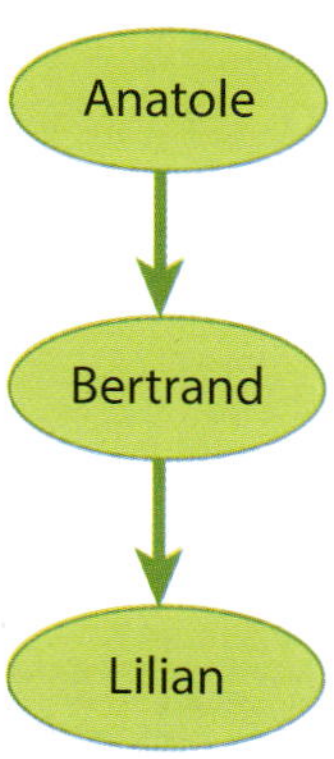

La première ligne du programme indique la bibliothèque à charger.

a. Expliquer ce que fait la deuxième ligne du programme ci-dessus.

b. Que signifient les mots anglais *node* et *edge* ? Que peut-on en déduire sur la fonction des lignes 3 à 7 du programme ?

c. À quoi sert finalement la ligne 8 du programme ?

3 Écrire un programme

En vous inspirant de l'exercice 2, créer votre graphe social construit dans la question 1 du FalLab.

4 Des boucles et des listes

Les listes sont des séquences. Ce sont des objets capables de contenir d'autres objets de n'importe quel type.

```
ma_liste = [1, 2, 3, 4, 5] # Une liste avec cinq objets
print(ma_liste) # affiche le contenu de la liste
```

On obtient : [1, 2, 3, 4, 5].

On utilise la commande append pour ajouter un élément à la fin d'une liste.

```
ma_liste = [1, 2, 3]
ma_liste.append(4) # On ajoute 4 à la fin de la liste
print(ma_liste)
```

On obtient : [1, 2, 3, 4].

Pour parcourir les éléments de la liste et effectuer une action pour chaque élément, nous allons utiliser les boucles (et plus particulièrement la boucle for dans notre cas).

```
ma_liste = ['a', 'b', 'c']
  for elt in ma_liste: # elt va prendre les valeurs successives des éléments de ma_liste
  print(elt)
```

On obtient :

a

b

c

À l'aide de ces éléments, corriger votre programme de l'exercice 3 de manière que tous les sommets de votre graphe soient dans une liste.

LE MONDE DE DEMAIN

LA FIN D'UN MODÈLE ?

Les géants des réseaux sociaux ont bouleversé les modèles économiques existants et semblent invincibles. Pourtant en 2018, et sans que personne ne l'ait prévu, le vent a commencé à tourner. Rencontre avec Jean-Christophe Conti*, acteur majeur du digital business.

? En vous appuyant sur les documents de cette rubrique, évaluez la possibilité que le modèle économique actuel des réseaux sociaux ne fonctionne plus.

e SNT2033

Pour aller plus loin

WWW **Quand Yahoo! était la startup la plus cool du Web,** slate.fr

▶ **La fin annoncée de Facebook ?,** rtl.fr

* Après avoir travaillé chez Yahoo puis Wanadoo, Jean-Christophe Conti est actuellement Chief Executive Officer de VIOOH, une plateforme programmatique mondiale, indépendante et automatisée de planning et de trading.

1 Le modèle

Il y a plusieurs définitions et approches pour les réseaux sociaux, mais ce sont toujours les **mêmes logiques** :

– **leur influence dépend de la taille** de leur communauté et de **la capacité à donner des outils afin de faciliter la gestion de la diffusion** des messages ou des contenus. Facebook est le grand champion, avec 2 milliards d'utilisateurs. Même si ce chiffre a tendance à baisser sur les « vieux marchés de Facebook » (les USA et l'Europe), c'est tout de même 25 % de la population mondiale !

– **le contenu peut être soit UGC** (*user generated content*) c'est-à-dire créé par les utilisateurs eux-mêmes ou partagé par eux. C'est tout l'intérêt, car contrairement aux sites, il n'y a pas de coût de contenu ou de journalistes à rémunérer pour créer le contenu.

Leur business model est toujours publicitaire mais avec une variante. En plus d'une audience importante et fréquente, il s'appuie sur la data des utilisateurs qui leur permet de créer des profils par utilisateur qui prennent en compte tout un ensemble d'éléments (historique de trafic et de navigation, *clicks longs & courts*, contribution sur des articles ou des réponses, utilisation de mots clés, etc.) afin de pouvoir mieux commercialiser la mise en avant de marques publicitaires auprès de ces profils au travers de publicités qui se fondent avec le contenu (*native advertising*).

Donc, avec les réseaux sociaux, le modèle passe radicalement dans une nouvelle dimension : **celle du partage**.

Ce sont les utilisateurs qui vont partager du contenu qu'ils auront trouvé sur d'autres sites, sans payer les droits, et développeront ainsi l'usage et l'audience sur les réseaux sociaux, qui afficheront plus de publicité encore, plus pertinente pour les utilisateurs car ils ont accès à leur profils.

Les plateformes de partage et réseaux sociaux se définissent comme plateformes d'échanges mettant des outils et fonctionnalités à disposition de leurs utilisateurs, mais sans assumer de responsabilité des contenus qui sont partagés vis-à-vis des ayants droit qui ont créé les contenus.

◀ Le monde d'avant les réseaux sociaux

2 Les risques d'effondrement

Les risques endogènes aux réseaux sociaux

La perte de confiance
On sait que les données personnelles peuvent être récupérées et utilisées sans le consentement des utilisateurs et sans que les réseaux sociaux ne s'en rendent compte. Cela constitue un manquement à la relation de confiance entre le réseau et les utilisateurs.

Les *fake news*
Les réseaux sociaux permettent la diffusion à une très grande échelle de fausses informations destinées à manipuler l'opinion publique, notamment dans le domaine de la politique (influence sur le vote, par exemple).

Le phénomène de résonance
Le principe étant de retenir le plus longtemps possible les utilisateurs, les réseaux sociaux utilisent des algorithmes qui promeuvent certains types de contenus qui plaisent à l'utilisateur. Le choix de ces algorithmes n'est donc pas anodin et on finit, sur certains réseaux sociaux, par n'obtenir que les contenus et les avis des personnes qui pensent comme soi et par ne plus se rendre compte des autres informations ou tendances.

Les risques exogènes aux réseaux sociaux

Les *data breach*
Ce sont les vols de données personnelles, souvent causés par les attaques de hackers. Le plus souvent, ces données se vendent sur le *dark web* ou nourrissent les fichiers de contacts d'officines de marketing direct peu scrupuleuses et vont servir à envoyer des messages non désirés (*spams*) qui rempliront les boîtes de courriels.

Les changements de lois
Ils visent à durcir la loi sur l'acquisition, le stockage et la cession de données personnelles (► RGPD, *p. 183*), afin de protéger des secteurs de l'économie mis à mal par les *business model* numériques et certaines pratiques : la presse, la musique, le cinéma, etc. Des taxes visent à responsabiliser les plateformes d'échange, qui doivent assumer une responsabilité sur la licéité des contenus partagés sur leur plateforme, et donc mettre en place des moyens pour traquer les contenus illicites ou hors droits afin de faire respecter la propriété intellectuelle.

3 Le temps de connexion

Google car, la voiture autonome de Google. ►

Pour que continue la croissance du modèle actuel, il suffirait d'augmenter notre temps de connexion, par exemple en libérant le temps pris par la conduite.

4 Un nouveau basculement technologique

Dans la mesure où le *business model* des réseaux sociaux est publicitaire, **la valeur des données personnelles est devenue claire** pour beaucoup d'utilisateurs. La data est en effet ce qui permet de mieux cibler les messages publicitaires afin de rendre la publicité plus efficace. Certains groupes d'utilisateurs demandent une nouvelle répartition de cette valeur en mettant au centre, non plus les réseaux sociaux ou les sites qui capturent les données de navigation des utilisateurs, mais les utilisateurs eux-mêmes afin qu'ils puissent également participer au partage de la valeur créée. La technologie de la **blockchain**, apparue en 2007-2008, pourrait permettre de créer de la confiance entre les différentes parties d'un réseau et de vérifier que tout le monde applique bien les règles de confidentialité.

ZOOM SUR...

La *blockchain*
Technologie de stockage et de transmission d'informations, transparente, sécurisée et fonctionnant sans organe central de contrôle. Cette base de données, qui contient l'historique de tous les échanges, est partagée par ses différents utilisateurs, sans intermédiaire. Un Web décentralisé, donc, en opposition avec le modèle centralisé des réseaux sociaux aujourd'hui.

Source : https://blockchainfrance.net/

4

LES DONNÉES STRUCTURÉES

ET LEUR TRAITEMENT

SOMMAIRE DU CHAPITRE

→ voir Activité 1, page 82

REPÈRES HISTORIQUES

Vers 1930

Les **cartes perforées** (apparues à la fin du XIXe siècle) deviennent le principal support pour stocker des données. Elles seront utilisées jusqu'aux années 1980 pour entrer des programmes et des données dans les ordinateurs. Ci-dessous, une carte à 80 colonnes : il faut des cartons entiers de cartes pour écrire certains programmes.

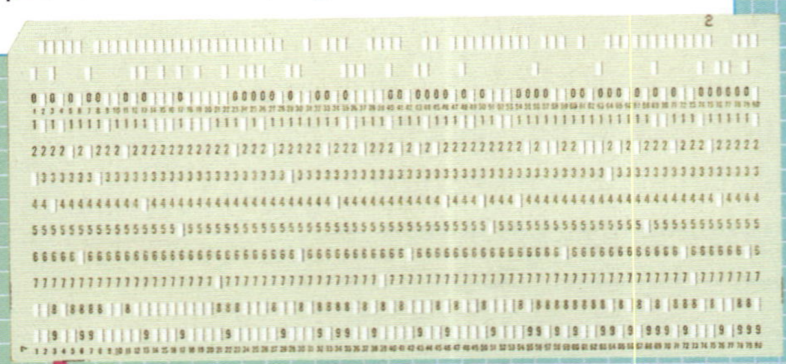

1956

Création par IBM du **premier disque magnétique (disque dur)** : il pèse 1 tonne et a une capacité de stockage de 5 Mo. Les stockages magnétiques remplacent le papier. Depuis, la miniaturisation a augmenté la capacité de stockage des disques durs (en général, 1 téraoctet).

1970

Le chercheur et informaticien E. F. Codd propose le **modèle relationnel** pour gérer des bases de données en structurant l'information sous forme de tables.

1979

Premier tableur conçu pour un ordinateur individuel : **VisiCalc**. Ce tableur a été un des facteurs clés du succès des ordinateurs de bureau.

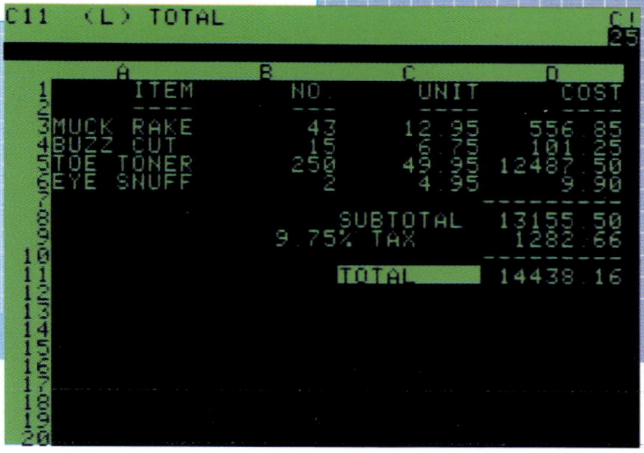

Vers 2000

Début du « **Big Data** ». D'abord développées par les géants du Web, les techniques d'analyse de données massives se sont largement répandues depuis.

→ Le monde de demain, p. 98

2009

L'***Open Government Initiative*** d'Obama (dans l'esprit du *Freedom Information Act* de 1966) facilite l'accès des citoyens aux données administratives, dans un souci de transparence et de collaboration.

2013

Charte du G8 pour l'ouverture des données publiques, ayant pour objectif de favoriser le débat public et d'améliorer la gouvernance.

ACTIVITÉ

1 DES DONNÉES NON STRUCTURÉES AUX COLLECTIONS

Les applications que nous utilisons quotidiennement doivent manipuler de grandes quantités de données afin de répondre à nos requêtes (recherche d'une information sur Google, d'une vidéo sur YouTube, etc.). Structurer les données permet aux applications de les exploiter efficacement afin de répondre au mieux à nos attentes.

1 Le résultat d'une recherche dans YouTube

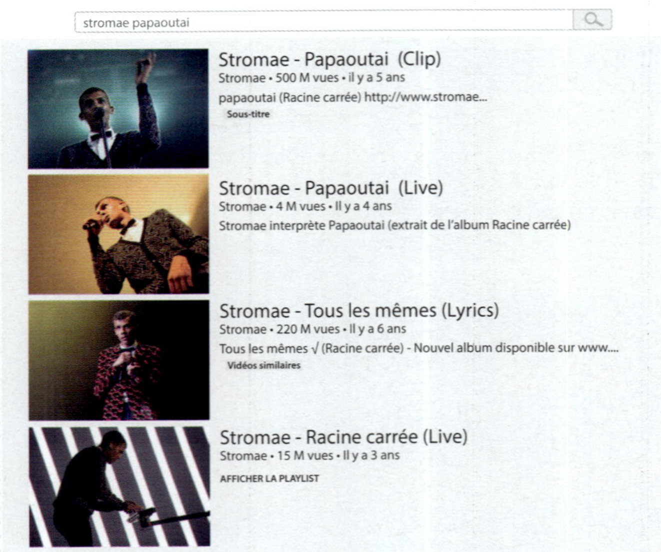

▲ **Une collection de propositions suite à une recherche lancée pour *stromae papaoutai* (simulation).**

Lorsqu'on lance la recherche *stromae papaoutai* sur YouTube, on obtient des propositions de clips pertinentes, c'est-à-dire en lien avec le clip demandé (d'abord, la vidéo précisément demandée, puis, par exemple, une version live, d'autres vidéos du chanteur, etc.).
Chaque clip proposé s'affiche avec des informations le décrivant (artiste, titre de la chanson, etc.). Pour arriver à ce résultat, il faut au préalable que des **données** aient été structurées.

VOCABULAIRE

Donnée
Valeur décrivant un objet, une personne, un événement digne d'intérêt pour celui qui choisit de la conserver. Par exemple, le numéro de téléphone d'un contact ou encore la chaîne de caractères *Jeanne* sont des données.

2 Comment ont été structurées les données ?

Artiste	Titre	Vues	Ancienneté
Stromae	Papaoutai	500 M	5 ans
Stromae	Papaoutai Live	4 M	4 ans
Stromae	Tous les mêmes	220 M	6 ans

◀ **Cette table est une représentation simple de la collection de propositions YouTube (doc. 1) : les objets en ligne, les descripteurs en colonne, et les données à l'intersection. Les données sont alors dites structurées.**

Pour faire des propositions pertinentes de vidéos (doc. 1), YouTube a sélectionné en amont des données parmi le très grand nombre disponible puis les a structurées selon des critères (nom de l'artiste, titre de la chanson, nombre de vues, etc.). La structuration de données peut se faire en créant une collection. Ci-dessus, la collection simplifiée d'une partie de la liste des propositions YouTube, sous la forme d'une table.

- Les valeurs dans les cases sont des données : *Stromae*, *Papaoutai* ou encore *500 M*. Les objets considérés ici sont des vidéos (ou clips) ; chacun est représenté par une ligne. Les descripteurs servent à décrire chaque objet : l'artiste, l'ancienneté de la mise en ligne, etc.
- Pour un objet donné (par exemple, la première ligne), à chaque descripteur (► *doc. 3*) correspond une valeur de l'objet, ce qui peut se formuler ainsi : *L'artiste Stromae a écrit une chanson dont le titre est Papaoutai, qui a été mise en ligne il y a 5 ans et a été vue 500 millions de fois.*
- La collection des propositions du doc. 1 est modélisée par la collection des lignes de cette table.

3 La recherche dans une collection YouTube

Lorsqu'on lance la recherche *musée d'Orsay* dans YouTube, voici ce qui apparaît : une partie de la collection résultat de cette recherche, que YouTube vient de sélectionner après une recherche dans sa table sous-jacente qui contient la totalité de ses vidéos. On y reconnaît, entre autres, les **descripteurs** suivants : *titre de la vidéo, nombre de vues, ancienneté.*

VOCABULAIRE

Descripteur
Il sert à décrire un objet. Par exemple, le nom, le prénom, l'adresse et le numéro de téléphone sont des descripteurs d'un contact dans un agenda.

4 Un algorithme de recherche dans une collection

L'algorithme suivant parcourt une **collection** d'élèves et affiche la sous-collection de ceux de plus d'un certain âge. Il manipule une table et ses lignes.

```
Variables       c est une table dont les colonnes sont prénom et âge
                résultat est une table dont les colonnes sont prénom et âge
                e est une ligne de table dont les colonnes sont prénom et âge
                a est un entier
Entrée          saisir a
Initialisation  c prend comme valeur la table de tous les élèves de la classe
                résultat prend comme valeur l'ensemble vide
Traitement      Pour chaque ligne e de c faire
                | Si e.âge>= a
                | | Alors ajouter e à résultat
                | Fin Si
                Fin Pour
Sortie          Pour chaque ligne e de résultat faire
                | afficher e.prénom, e.âge
                Fin Pour
```

VOCABULAIRE

Collection
Elle regroupe des objets partageant les mêmes descripteurs (par exemple, la collection des contacts d'un carnet d'adresses). La structure de table permet de présenter une collection.

QUESTIONS

1 **a.** **Doc. 1, 2** Pour chaque objet de la table (doc. 2), indiquez chacun de ses descripteurs, la donnée correspondante et à quel objet du doc. 1 il correspond.

b. Ajoutez dans la table (doc. 2) une quatrième ligne correspondant à la dernière proposition de YouTube du doc. 1 et précisez ses descripteurs et ses données.

c. Observez le résultat de la recherche YouTube : quelles autres données n'apparaissent pas dans la table ? À quels descripteurs ces données correspondent-elles ?

2 **Doc. 1, 2** En vous appuyant sur les documents et sur vos réponses à la question 1, proposez des données structurées sous la forme d'une collection (représentée par une table) pour modéliser toutes les informations de l'emploi du temps de votre classe, avec un objet pour chaque créneau de cours (matière, professeur, salle, etc.). Puis construisez à la main une table contenant uniquement les jours, les créneaux et les salles de cours de mathématiques.

3 **Doc. 3, 4** Proposez les grandes lignes d'un algorithme qui pourrait être utilisé par YouTube pour effectuer une recherche comme dans le doc. 3. Il prendra en entrée un nom d'artiste, et travaillera sur la collection de tous les clips de YouTube.

ACTIVITÉ

2 LES PRINCIPAUX FORMATS

Pour enregistrer des données structurées, il faut d'abord organiser ces données en collections, puis il faut choisir le format dans lequel les collections seront stockées. Les formats CSV et JSON permettent de stocker facilement des relations.

1 Les données dans une table

a. Un extrait de la table des gares SNCF

Intitulé gare	Code postal	Département	Région SNCF
Alet-les-bains	11580	Aude	Occitanie
Bar-sur-Aube	10200	Aube	Grand Est
Bourg-en-Bresse	01000	Ain	Auvergne-Rhône-Alpes
Bram	11150	Aude	Occitanie
Coat Guégan	22390	Côtes-d'Armor	Bretagne
Couffoulens-Leuc	11250	Aude	Occitanie
Pomas	11250	Aude	Occitanie
Pont-Melvez	22390	Côtes-d'Armor	Bretagne
Verzeille	11250	Aude	Occitanie

Identifiant

◀ **Un extrait de la table des gares telle qu'on la visualise dans un tableur. La collection complète (avec ses métadonnées) disponible sur le site SNCF Open Data.**

VOCABULAIRE

Donnée ouverte
Donnée librement accessible et utilisable.

b. Comment sont organisées les données dans une table ?

Dans une table, chaque ligne représente un objet avec toutes ses informations (ici : une gare, son code postal, son département, sa région SNCF). Les collections comportent souvent au moins un descripteur qui caractérise de façon unique chaque objet. On appelle ce descripteur « **identifiant** » : ici, chaque ligne a un intitulé gare distinct ; c'est donc l'identifiant pour cette collection.

VOCABULAIRE

Identifiant
Il permet d'identifier un objet précis dans un ensemble d'objets.

2 La table des gares SNCF dans un fichier CSV

```
Intitulé gare,Code postal,Département,Région SNCF
Alet-les-Bains,11580,Aude,Occitanie
Bar-sur-Aube,10200,Aube,Grand Est
Bourg-en-Bresse,01000,Ain,Auvergne-Rhône-Alpes
Bram,11150,Aude,Occitanie
Coat Guégan,22390,Côtes-d'Armor,Bretagne
Couffoulens-Leuc,11250,Aude,Occitanie
Pomas,11250,Aude,Occitanie
Pont-Melvez,22390,Côtes-d'Armor,Bretagne
Verzeille,11250,Aude,Occitanie
```

Voici des **métadonnées** associées au fichier **CSV** ci-contre.

▼ General:
Kind: Comma Separated Spreadsheet (.csv)
Size: 774 552 bytes (778 KB on disk)
Where: Macintosh HD ▸ Users ▸ groz ▸ Desktop ▸ didier-manuel-scolaire ▸ act2
Created: Sunday, 6 January 2019 at 13:48
Modified: Sunday, 6 January 2019 at 13:48

VOCABULAIRE

Format CSV
Dans les fichiers CSV (*Comma-Separated Values*), les valeurs sont séparées par des virgules. Certains fichiers CSV utilisent d'autres symboles : « **;** » ou « **|** » ou encore des tabulations, par exemple.

VOCABULAIRE

Métadonnée
Littéralement, une « donnée sur une donnée ». Les métadonnées aident à manipuler et à interpréter les données qu'elles décrivent.

3 La table des gares SNCF dans un fichier JSON

```
[ {
    "Intitulé gare": "Alet-les-Bains",
    "Code postal": "11580",
    "Département": "Aude",
    "Région SNCF": "Occitanie" },
  {
    "Intitulé gare": "Bar-sur-Aube",
    "Code postal": "10200",
    "Département": "Aube",
    "Région SNCF": "Grand Est" },
  ... ]
```

VOCABULAIRE

Format JSON

Dans un fichier JSON, les descripteurs sont toujours entourés de guillemets. Le format JSON (*JavaScript Object Notation*) permet aussi de représenter des données plus complexes que des tables.
Le format JSON est souvent utilisé pour récupérer et échanger des données sur le Web.

4 Une répartition des données en deux collections

Intitulé gare	Code postal
Alet-les-bains	11580
Bar-sur-Aube	10200
Bourg-en-Bresse	01000
Bram	11150
Coat Guégan	22390
Couffoulens-Leuc	11250
Pomas	11250
Pont-Melvez	22390
Verzeille	11250

Code postal	Département	Région SNCF
01000	Ain	Auvergne-Rhône-Alpes
10200	Aube	Grand Est
11150	Aude	Occitanie
11250	Aude	Occitanie
11580	Aude	Occitanie
22390	Côtes-d'Armor	Bretagne

VOCABULAIRE

Base de données

Ensemble de collections reliées entre elles.

La redondance

En informatique, on essaie d'éviter la redondance, c'est-à-dire écrire deux fois la même information. Le département et la région SNCF étant les mêmes pour toutes les gares qui partagent le même code postal, il peut être judicieux de stocker dans une collection à part les informations qui ne dépendent que du code postal. La **base de données** ci-dessus contient les mêmes informations que celles du doc. 1 : pour retrouver le département de Pont-Melvez, il suffit de croiser les données des deux tables à travers le code postal.

QUESTIONS

1 *Limiter la redondance permet de réduire l'espace de stockage et de faciliter les mises à jour (moins de risques d'incohérences).*

a. Doc. 1, 4 Quelle est la meilleure organisation entre ces deux documents lorsque beaucoup de gares ont le même code postal ? Et lorsqu'aucune paire de gares n'a le même code postal ? Justifiez vos réponses.

b. Sachant que toutes les gares du département ont la même région SNCF, comment pourrait-on mieux organiser les données ?

c. Selon vous, les deux requêtes ci-dessous seront-elles, a priori, plus efficaces sur le doc. 1 ou sur le doc. 4 ?
• Donner la liste des gares de la région Bretagne.
• Donner la liste des départements de la région Bretagne.

2 **Doc. 1, 2** Téléchargez la collection au format CSV sur le site des données ouvertes SNCF. Ouvrez le fichier dans un éditeur de texte, puis dans un tableur. Si nécessaire, précisez au tableur que le séparateur est ";". Pourquoi la SNCF n'a-t-elle pas utilisé le séparateur "," ?

3 **Doc. 1** Afficher le code source d'un courriel. Dans l'en-tête volumineux qui précède le texte du courriel, relevez des descripteurs. Faites le même exercice avec une page Web.

4 Consultez les propriétés d'un fichier PDF ou JPG et relevez des métadonnées.

ACTIVITÉ

3 OÙ SONT STOCKÉES LES DONNÉES ?

La quantité de données numériques est en constante augmentation. Par exemple, des sites comme Deezer ou Spotify stockent des pétaoctets de données. Comment assurer le stockage de ces données massives ? Quel en est l'impact sur l'environnement ?

1 L'ère du « Big Data »

Nos activités (écoute de musique en ligne, partage d'images, capteurs d'objets connectés, etc.) génèrent la circulation d'énormes quantités de données. Pour extraire les informations pertinentes rapidement, on peut procéder à l'indexation des données (ce que font les moteurs de recherche ► *p. 38*). On utilise aussi, de plus en plus, des algorithmes d'apprentissage pour analyser ces données (reconnaissance de personnes sur des images, programmation de véhicules autonomes, etc.). Cela demande de grandes capacités, à la fois en stockage et en calcul, et nos activités exigent que les données soient accessibles en permanence par Internet dans des délais très courts. Des data centers se sont développés partout dans le monde pour répondre à ces besoins.

Quelques chiffres clés

Dans le monde

9 milliards d'appareils
2 milliards de smartphones
1 milliard d'ordinateurs
5 à 7 milliards d'objets connectés

En 1 heure

8 à 10 milliards de mails échangés (hors spams)
180 millions de recherches Google

Total des données stockées dans le monde

Des dizaines de zettaoctets (10^{21})
Par exemple, le site Alibaba stocke 1 exaoctet (10^{18})

D'après ademe.fr, *La face cachée du numérique*, 2017.

2 Les supports de stockage

Les fichiers sont toujours stockés sur des supports magnétiques, par exemple un disque dur d'ordinateur, une clé USB, une carte de téléphone portable, etc., qui permettent un stockage local. Ces supports peuvent subir des altérations, même dans le cas d'une utilisation normale, d'où l'importance de faire des copies pour sauvegarder les données.

Plutôt que de stocker ou traiter les données localement, les applications font de plus en plus souvent appel au **cloud**, un système de stockage en ligne : des entreprises mettent à la disposition des clients des machines permettant de stocker des données ; les clients peuvent y avoir accès à tout moment et de n'importe quel endroit. Ces machines sont généralement regroupées dans des **data centers**.

e SNT2037
Le cloud : ses usages, ses avantages et ses limites

VOCABULAIRE

Cloud
L'informatique en nuage (en anglais, *cloud computing*) consiste à exploiter à travers Internet des ressources informatiques (stockage, services) proposées par des entreprises sur des serveurs distants.

VOCABULAIRE

Data center
Un centre de données est un bâtiment qui regroupe un grand nombre de serveurs permettant de stocker de très grandes quantités de données.

3 Les data centers

Les data centers abritent des milliers de serveurs informatiques destinés à stocker et traiter les données via un réseau interne ou un accès à Internet. Pour proposer des services cloud à leurs clients, les géants du cloud (Microsoft, Google, Amazon, Apple, OVH, Orange, etc.) mettent à leur disposition des dizaines de data centers gigantesques : il en existe plus de 400 dans le monde. Ces centres sont conçus pour garantir une haute disponibilité – le taux de disponibilité atteint 99,6 %, voire 99,995 % – et optimiser les coûts d'exploitation. Ils consomment énormément d'énergie (près de 30 % des coûts d'exploitation). Toutefois, de gros efforts sont réalisés pour optimiser la consommation : par exemple, en s'implantant dans des régions froides pour éviter de climatiser. Dans les 27 centres d'OVH, l'énergie « gaspillée » (refroidissement, transformateurs et câbles électriques) ne représente que 9 % de l'énergie utilisée par les serveurs.

e SNT2036

Le plus grand centre de données d'Europe

4 L'impact du numérique sur l'environnement

Les activités numériques permettent des économies d'énergie mais elles engloutissent près de 10 % de la consommation électrique mondiale. En 2015, les data centers ont consommé 416 TWH ; cela représente presque la consommation d'un pays comme la France. Par exemple, l'envoi d'un courriel consomme autant qu'une ampoule allumée une demi-heure, les visionnages en streaming du clip *Gangnam style* ont consommé l'équivalent de la production annuelle d'une centrale. Cette consommation qui explose est concentrée dans les pays les plus riches : un Américain possède en moyenne dix périphériques, alors qu'un Indien n'en possède qu'un. 60 % de la population mondiale est exclue du numérique. Par ailleurs, la fabrication des objets connectés pollue et consomme beaucoup de ressources limitées (métaux rares).

ZOOM SUR...

La pollution invisible

L'économie numérique est de plus en plus énergivore et, donc, source d'émission de CO_2. La partie concernant Internet serait équivalente au 3e pays pollueur. Internet pollue 1,5 fois plus que le transport aérien.

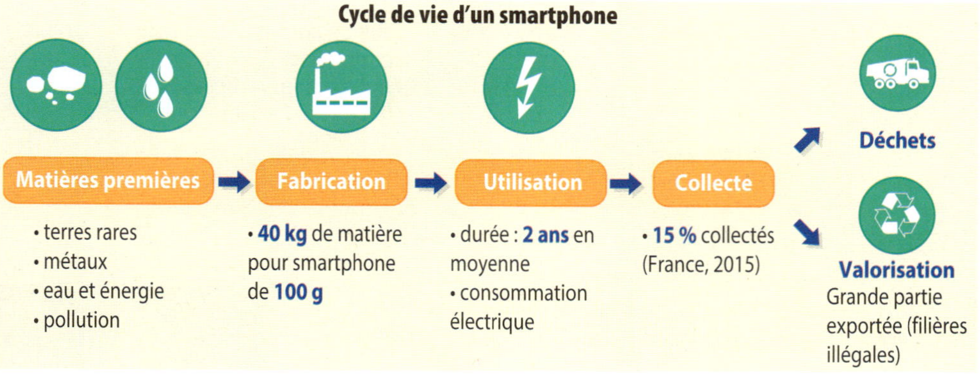

Tendances :
- Cycles de vie courts et augmentation des quantités.
- Baisse de la valeur marchande car moins de matériel facile à recycler (trop grande variété de petits composants).
- Développement de filières de recyclage et de réemploi.

QUESTIONS

1 **Doc. 1, 2, 3** En quoi consiste le cloud ? Quels sont les avantages et les inconvénients du stockage dans le cloud ?

2 **Doc. 3** Combien de minutes un data center peut-il être indisponible ? Comment une telle disponibilité est-elle assurée ?

3 **Doc. 4** Il ne suffira pas d'alimenter les data centers en électricité solaire/éolienne pour régler les problèmes environnementaux posés par le numérique. Pourquoi ? Donnez deux raisons.

4 **Doc. 4** Comment chaque individu peut-il contribuer à limiter les effets négatifs de ses activités numériques sur l'environnement ?

ACTIVITÉ

4 UTILISER LE CLOUD

Le *cloud computing* permet d'exploiter des ressources variées sur des serveurs distants, via Internet. Certains services cloud, comme Google Drive ou encore Dropbox, favorisent le travail collaboratif. Afin de choisir le fournisseur cloud le plus adapté à ses besoins, il est important que l'utilisateur détermine son objectif et prenne en compte certains critères.

1 Les offres de stockage cloud

Quelques services cloud et leurs principales caractéristiques en 2019

Lorsque l'on parle de cloud pour les particuliers, on pense souvent à un espace de stockage ou à des services de synchronisation de données.
En fait, le cloud peut se présenter sous plusieurs formes pour les entreprises :
– mise à disposition de *clusters* sur lesquels l'entreprise peut exécuter ses propres programmes (*Infrastructure **as a S**ervice*) ;
– machine avec son système d'exploitation et des logiciels de base (***P**latform **as a S**ervice*) ;
– simple utilisation d'un service logiciel en ligne (***S**oftware **as a S**ervice*).

Noms	Gigaoctets (Go)	Caractéristiques
Cozy	5	- Applications de bureautique, banques, etc. - Possibilité d'héberger sur son propre serveur si l'on préfère.
Dropbox	2	- Simple d'utilisation. Possibilité d'augmenter le stockage par parrainage. - Pas d'applications, sauf édition collaborative de document.
Google Drive	15	- Intégration à Android, mais peu pratique sous Linux. - Applications de bureautique, calcul, etc.
iCloud	5	- Intégration à MacOS, iOS, mais peu pratique sous Linux et android. - Applications de bureautique.
OneDrive	5	- Intégration à Windows. - Applications de bureautique, calcul, etc.
OVH	0	- Plus de solution freemium disponible à cette date. - Loue des serveurs. - Hébergeur de sites Web.
Owncloud/ Nextcloud		- Logiciel seul : pas de service d'hébergement, donc il faut posséder son propre serveur.

Quelques critères importants

Les offres de stockage cloud varient beaucoup. Cozy, par exemple, est avant tout conçu pour stocker des informations personnelles et propose des applications pour agréger les comptes bancaires, abonnements, etc. WeTransfer et Dropbox, à l'inverse, sont conçus pour partager et stocker des fichiers, tandis qu'Amazon propose surtout des serveurs de calcul aux entreprises. Certaines applications peuvent être lentes (et facturent parfois un surcoût) lorsqu'il y a beaucoup de données à synchroniser d'un coup. Lorsque le volume de données excède le seuil de la version freemium, le stockage devient payant.

Le RGPD (► *p. 90*) protège les utilisateurs de certains risques, mais il est important de s'assurer, en tant qu'utilisateur, que l'on comprend les conditions imposées par les services cloud avant de les accepter : beaucoup s'autorisent à utiliser les données des utilisateurs. Il est recommandé de ne pas déposer sur le cloud des données trop confidentielles et de crypter certaines informations pour limiter les risques de piratage.

2 Synchroniser les données

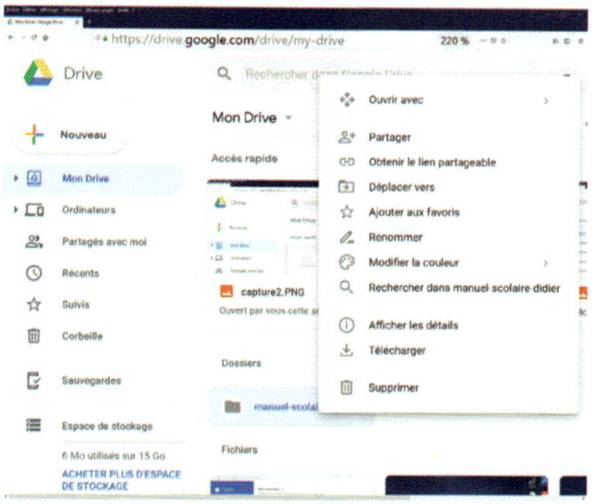

◀ **Service en ligne de Google Drive.**

Dans l'application client de Google, menu « Préférences », on peut, entre autres :
- sélectionner les dossiers qui seront synchronisés ;
- exclure certains types de fichiers de la synchronisation ;
- décider si l'on souhaite que les fichiers effacés localement le soient aussi sur le cloud.

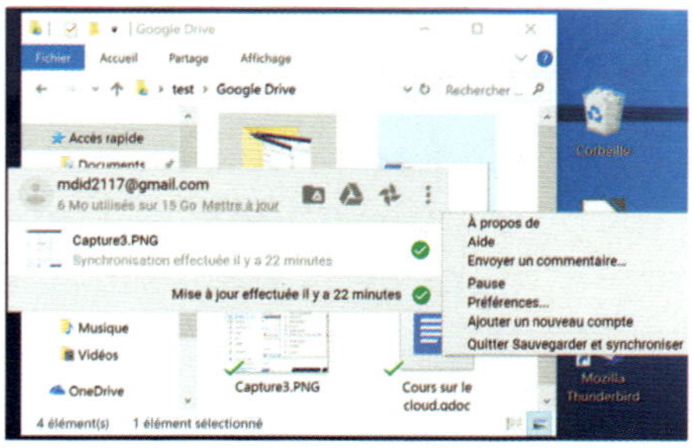

▲ **Application client de Google Drive.**

Une fois que l'on dispose d'un compte Google, on peut :
- téléverser ou télécharger des fichiers depuis le service en ligne ;
- utiliser une application client pour synchroniser un dossier local avec le cloud : toute modification du document sur le cloud sera appliquée à la copie locale, et vice-versa ;
- partager des fichiers avec d'autres utilisateurs. Par exemple, si un groupe d'élèves prépare un exposé, chacun peut intervenir dans le fichier partagé (faire un commentaire, modifier ou supprimer du texte, ajouter une image, etc.), et tous les utilisateurs concernés auront accès à ces interventions instantanément.

Google Drive peut conserver plusieurs versions successives du document, ce qui permet, par exemple, d'annuler une modification intempestive.

3 Le règlement sur la protection des données

Aujourd'hui, les fournisseurs de cloud mettent bien en avant leur conformité au RGPD comme on peut le voir sur les sites des hébergeurs et providers OVH, Outscale et Ikoula. Spécialiste du stockage en ligne, Oodrive joue la carte de la confiance face à ses concurrents américains (Box, Dropbox, OneDrive, Google Drive). Idem pour le cloud personnel Cozy qui, dans un article de TechCrunch, explique qu'il veut redonner à l'internaute le contrôle de ses données face aux méchants GAFA. Le fournisseur de la tablette scolaire Sqool rappelle, lui, que depuis son cloud, il « garantit l'entière maîtrise et le contrôle de la chaîne de collecte, d'hébergement et de traitement des données des élèves et des enseignants ». Ce que, sous-entendu, ne serait pas le cas de solutions étrangères.

Confier ses données à un prestataire déclaré conforme dont le data center et les équipes sont situés sur le territoire national serait donc la meilleure garantie pour les entreprises françaises d'une réelle protection de leurs données.

« Le RGPD, un atout concurrentiel pour le cloud français », par X. Biseul, modifié le vendredi 11 mai 2018, zdnet.fr.

QUESTIONS

1 **Doc. 1** **a.** Dans quelles situations avez-vous utilisé un service cloud ? Que vous a apporté ce service ?
b. Selon vous, quel sont les principaux critères à prendre en compte dans le choix d'un service cloud ?

2 **Doc 2** 💻 Vous allez travailler en groupe sur un document en utilisant Google Drive : déposez un fichier ; partagez-le ; ajoutez chacun du texte. Suivez la procédure en ligne de Google Drive.

3 **Doc. 2** 💻 Créez un dossier sur votre ordinateur, puis synchronisez-le avec le cloud. Dans les préférences de synchronisation, indiquez que vous souhaitez une demande de confirmation avant toute suppression de la version cloud. Ensuite, ajoutez et supprimez des documents dans le dossier synchronisé. Observez le résultat sur le site et en local.

4 **Doc. 3** Est-ce que toutes les entreprises conformes au RGPD (► *p. 90*) se valent en matière de respect des données personnelles ? Est-ce important, selon vous ? Pourquoi ?

CONTRO VERSE

PROTÉGER LES DONNÉES PERSONNELLES

Les données issues de l'utilisation des outils numériques (navigateurs Web, réseaux sociaux, etc.) sont le nouvel or noir de toute une partie de l'industrie du numérique, qui les utilise principalement pour cibler la publicité. Elles sont au cœur de la question de la protection de la vie privée. Pour encadrer la collecte et l'utilisation des données, l'Europe s'est dotée d'un règlement.

1 Qu'est-ce que le RGPD ?

e SNT2038

L'obscur business des données personnelles

Lorsque nous effectuons des actions sur Internet, nous y laissons, d'une manière ou d'une autre, des données personnelles, c'est-à-dire des informations nous concernant : notre nom, notre numéro de téléphone, une photographie, un goût musical, une opinion politique, etc. Face aux risques de mauvaises utilisations de ces données, l'Europe a mis en place, en 2018, le Règlement général de la protection des données.

Ce texte oblige tout organisme qui collecte des données à prouver la nécessité de cette collecte, à protéger celles recueillies et à être plus transparent sur leur utilisation. Le RGPD concerne toute entreprise sur le sol européen et toute donnée sur un citoyen, quelle que soit l'entreprise qui la collecte. Avec ce règlement, les données issues des utilisations de Facebook, d'Instagram ou encore WhatsApp sont plus protégées qu'avant.

2 La CNIL rappelle les bons réflexes

La **CNIL** a élaboré un document pour aider les entreprises à se mettre en conformité avec le RGPD.

RÉFLEXE 1 PERTINENCE	**NE COLLECTEZ QUE LES DONNÉES VRAIMENT NÉCESSAIRES** Posez-vous les bonnes questions : Quel est mon objectif ? Quelles données sont indispensables pour atteindre cet objectif ? Ai-je le droit de collecter ces données ? Est-ce pertinent ? Les personnes concernées sont-elles d'accord ?
RÉFLEXE 2 TRANSPARENCE	**SOYEZ TRANSPARENT** Une information claire et complète constitue le socle du contrat de confiance qui vous lie avec les personnes dont vous traitez les données.
RÉFLEXE 3 RESPECT DES DROITS	**PENSEZ AUX DROITS DES PERSONNES** Vous devez répondre dans les meilleurs délais, aux demandes de consultation, de rectification ou de suppression des données.
RÉFLEXE 4 MAÎTRISE	**GARDEZ LA MAÎTRISE DES DONNÉES** Le partage et la circulation des données personnelles doivent être encadrés et contractualisés, afin de leur assurer une protection à tout moment.
RÉFLEXE 5 GESTION DES RISQUES	**IDENTIFIEZ LES RISQUES** Vous traitez énormément de données, ou bien des données sensibles ou avez des activités ayant des conséquences particulières pour les personnes, des mesures spécifiques peuvent s'appliquer.
RÉFLEXE 6 SÉCURITÉ	**SÉCURISEZ VOS DONNÉES** Les mesures de sécurité, informatique mais aussi physique, doivent être adaptées en fonction de la sensibilité des données et des risques qui pèsent sur les personnes en cas d'incident.

cnil.fr, *Zones bloc note et commentaires : les bons réflexes pour ne pas déraper*, 28 fév. 2019.

VOCABULAIRE

CNIL
Dans le domaine du numérique, la commission nationale de l'Informatique et des Libertés aide les particuliers à avoir une maîtrise de leurs données personnelles et elle accompagne les entreprises dans leur mise en conformité vis-à-vis de la loi.

3 Les mauvaises pratiques

Google devra payer 50 millions d'euros

Depuis l'entrée en vigueur du nouveau règlement général sur la protection des données (RGPD) en mai dernier, les pays européens guettaient le faux pas : qui de Google ou Facebook allait passer à la caisse en premier ? Pour une fois, Mark Zuckerberg s'est fait griller la priorité, et la CNIL vient d'infliger une amende record de 50 millions d'euros à Google *« pour manque de transparence, information insatisfaisante et absence de consentement valable pour la personnalisation de la publicité »*. La décision est historique – à titre d'échelle, c'est 3,5 fois la somme que Google a payé au Trésor public en 2017 [...].

« Bim ! La CNIL inflige une amende record à Google Google », par O. Tesquet, publié le 21 janv. 2019, telerama.fr.

Trop de flou pour la CNIL

La CNIL donne ainsi raison aux plaintes des associations et explique que le consentement recueilli par Google n'est pas valide pour deux raisons principales : d'une part l'absence ou la difficulté d'accès aux finalités des traitements de données empêche de qualifier le consentement « d'éclairé ». D'autre part, le consentement recueilli n'est ni « univoque » ni « spécifique ». Derrière ces deux termes, la CNIL s'attaque à une autre pratique mise en place par Google qui active par défaut les publicités sponsorisées lors de la création d'un nouveau compte. Une pratique déloyale aux yeux de la Commission.

« Google : La CNIL inflige une amende record de 50 millions d'euros au nom du non-respect du RGPD », par L. Adam, lundi 21 janv. 2019, zdnet.fr.

4 Le RGPD, une contrainte coûteuse pour l'Europe ?

Se priver de la Data, une erreur stratégique

Gary Shapiro est le patron du plus grand salon mondial des technologies, le CES.

[...] L'entrepreneur avance ainsi que la France « va rater beaucoup des futures vagues technologiques, parce que l'Union européenne avec le RGPD est extraordinairement concentrée sur la défense de la vie privée des individus ».

Plus grave encore, selon lui, c'est toute la zone Europe qui va subir de plein fouet les effets néfastes d'une trop forte régulation, en accusant du retard en termes d'innovation : « l'Europe va perdre du terrain sur la Chine et sans doute aussi sur les États-Unis ».

Le RGPD relève presque du non-sens absolu pour Gary Shapiro qui témoigne d'un sentiment commun partagé par nombre d'entrepreneurs américains. Se priver de la data est une erreur stratégique: « Aux États-Unis, la vie privée est importante aussi, mais il y a un équilibre entre la défense de la vie privée et l'innovation. Or la donnée c'est la nouvelle richesse, on a besoin de la donnée partout, maintenant ».

« Vu des USA, le RGPD va coûter cher aux entreprises européennes », La Rédaction 12 nov. 2018, lejournaleconomique.com.

QUESTIONS

Le RGPD : une avancée trop lourde ou une contrainte ?

Organisez un débat autour de ce sujet en vous appuyant sur les documents de cette rubrique, sur vos réponses aux questions suivantes et sur une recherche documentaire.

1 **Doc. 1, 2, 3** **a.** Identifiez les situations où vous avez pu laisser des données personnelles sur Internet.
b. Pourquoi dit-on que les données personnelles sont l'or noir du XXIe siècle ?
c. Parmi les comportements imposés par le RGPD, et rappelés par la CNIL, lesquels vous semblent les plus importants ? Pourquoi ?

2 **Doc. 1, 2, 3** **a.** Rappelez l'objectif essentiel du RGPD.
b. Quelles sont les trois mauvaises pratiques de Google pointées dans ces deux articles ?
c. Qu'est-ce que le consentement ? Dans quel domaine précis l'absence de consentement est-il reproché à Google ?

3 **Doc. 4** Pourquoi G. Shapiro pense-t-il que le RGPD va nuire aux entreprises européennes ? Quel est votre avis sur la question ?

4 Pensez-vous que le RGPD va avoir un impact sur vos pratiques numériques ?

5 Lancez le débat. Deux groupes défendront chacun un point de vue : celui des utilisateurs, et celui des entreprises du numérique.

COURS

LES DONNÉES STRUCTURÉES ET LEUR TRAITEMENT

Les données sont au cœur de toute activité numérique. Leur structuration est essentielle pour pouvoir produire de l'information.

1 Comment structurer des données ?

Qu'elles soient issues du Web, de réseaux sociaux, de capteurs, etc., les **données** sont au cœur de notre quotidien : toute activité numérique consiste essentiellement à acquérir, transformer ou échanger des données.

Pour transformer une donnée en information utile, il faut connaître son **contexte**, l'objet qu'elle décrit. C'est le rôle des **descripteurs** et des **métadonnées**.

Une **collection** est un ensemble d'objets partageant les mêmes descripteurs. On peut représenter une collection sous forme de **table**. Lorsque les données sont ainsi organisées en collections, on parle de **données structurées**. Une **base de données** est un ensemble de collections reliées entre elles.

Descripteurs → (ligne d'en-tête)
Donnée → Erwan
Collection → (la table)

Nom	Téléphone	Adresse électronique
Marie	06...	marie.dupond@orange.fr
Erwan	04...	erwan.dupond@orange.fr
Sarah	05...	sarah.dupond@gmail.fr

Donnée

Représentation dans un système informatique d'une information décrivant un sujet particulier (âge d'une personne, photographie d'une voiture, etc.).

Métadonnée

Donnée qui sert à décrire une autre donnée (une « donnée à propos d'une donnée »). La date d'enregistrement d'un fichier ou encore le nom de son auteur sont des métadonnées.

Données structurées

Données organisées en collections, c'est-à-dire en ensemble d'objets partageant les mêmes descripteurs.

2 Comment stocker et traiter des données structurées ?

Pour stocker une donnée de façon persistante, l'ordinateur l'enregistre dans un **fichier**. Le choix d'un **format** pour le fichier dépend à la fois du type de donnée à stocker (par exemple, JPEG ou PNG pour des images, CSV ou JSON pour des tables) et de ce que l'on veut en faire. On associe à tout fichier des **métadonnées**, qui décrivent les données. Par exemple, certains appareils photographiques enregistrent comme métadonnées la date et la géolocalisation d'une photographie ; pour du code informatique, les métadonnées peuvent comporter l'auteur et la licence.

Des programmes spécialisés ont été développés pour gérer les **bases de données** et extraire des informations à partir des données. Il s'agit de stocker de façon **fiable** des données, de les filtrer rapidement, de réaliser des prédictions à partir de ces données ou encore de les visualiser.

3 Le cloud : exploiter les données à distance

Cloud

L'informatique en nuage (*cloud computing*) consiste à exploiter, à travers Internet, des ressources informatiques (stockage, services) hébergées sur des serveurs distants.

De plus en plus d'applications font appel au **cloud** pour stocker, traiter, partager ou rendre les données accessibles. Il permet des économies d'échelle grâce au partage des ressources (matériel, logiciels et maintenance) entre les utilisateurs.

Les **data centers** hébergent les machines permettant d'offrir les services cloud. Ils sont sécurisés mais cela ne dispense pas d'être vigilant sur les données sensibles. En France, la **commission nationale de l'Informatique et des Libertés** veille au respect des droits des citoyens en matière de stockage de **données personnelles**.

4 Exploitation des données massives : quel impact ?

Donnée personnelle

Information qui permet d'identifier, directement ou indirectement, une personne physique, par exemple son nom, son adresse, son numéro de téléphone, l'adresse IP de son ordinateur, son numéro d'immatriculation, etc.

L'**explosion du volume de données** disponibles et le développement de **techniques Big Data** pour traiter ces données permettent de proposer ou d'améliorer des services dans de nombreux domaines : **santé, science, économie**, etc. Par exemple, les suggestions d'itinéraires sur Google Maps reposent sur l'exploitation de données créées par les utilisateurs.

Ces grands volumes de données, notamment celles des utilisateurs de services Web, deviennent un énorme **enjeu économique**. Le **Règlement général sur la protection des données** encadre le stockage de **données personnelles** pour que les usagers puissent contrôler au mieux les données qu'ils fournissent en échange de services.

Les **data centers**, qui gèrent de gros volumes de données, consomment beaucoup d'**énergie** et de **ressources limitées ou polluantes**, ce qui constitue un grand défi géopolitique, économique et sanitaire.

LES CAPACITÉS DU CHAPITRE

- **1.** Définir une donnée personnelle. → **Controverse**
- **2.** Identifier les principaux formats et représentations de données. → **Activité 2**
- **3.** Identifier les différents descripteurs d'un objet. → **Activités 1, 2**
- **4.** Distinguer la valeur d'une donnée de son descripteur. → **Activités 1, 2**
- **5.** Utiliser un site de données ouvertes, pour sélectionner et récupérer des données. → **Activité 2**
- **6.** Réaliser des opérations de recherche, filtre, tri ou calcul sur une ou plusieurs tables. → **Activités 1 et 2, Fab Lab, Page du Codeur**
- **7.** Retrouver les métadonnées d'un fichier personnel. → **Activité 2**
- **8.** Utiliser un support de stockage dans le nuage. → **Activité 4**
- **9.** Partager des fichiers, paramétrer des modes de synchronisation. → **Activité 4**
- **10.** Identifier les principales causes de la consommation énergétique des centres de données ainsi que leur ordre de grandeur. → **Activité 3**

JE VÉRIFIE MES CONNAISSANCES

SNT2044
Exercices interactifs

Corrigés p. 185

1 QCM

Choisir la (ou les) bonne(s) réponse(s).

	A	B	C
1. Une donnée personnelle peut être :	un numéro de sécurité sociale	une adresse mail	un visage flouté
2. Un fichier au format CSV peut ressembler à :	A,10, 'ha' B,25, 'ba' C,46, 'ha'	A;10 B;25 C;46	{ "nom": "a", "age": 4 "nom": "c "}
3. Quels sont les risques fréquents pour les données confidentielles sur le cloud ?	Un hackeur peut y accéder s'il a découvert le mot de passe de l'utilisateur.	L'hébergeur du cloud peut les consulter.	Quelqu'un peut intercepter les communications de l'utilisateur avec le cloud si elles ne sont pas cryptées.

2 VRAI/FAUX

Répondre par vrai ou faux.

a. Une donnée est dite structurée quand aucun descripteur ne lui est attaché.

b. Dans un fichier CSV, les descripteurs sont stockés « au milieu » des données.

c. Les métadonnées précisent le contexte et la signification des données.

d. En général, il faut avoir un accès à Internet pour récupérer ses documents sur le cloud.

e. Un centre de donnée regroupe des serveurs permettant de stocker et de traiter de grandes quantités de données.

f. Le numérique consomme 65 % des ressources énergétiques de la planète.

3 Associer des termes

Ci-dessous, l'historique de navigation d'un utilisateur du Web.
Identifier chaque élément numéroté en choisissant le ou les bons termes : données • descripteurs • base de données • collection • valeurs

2	nom	adresse	dernière visite
	bureau solide en bois	https://www.leboncoin.fr/ameublement/1002.htm/	23:10
1	Fully online	http://www.openclassroom.fr	10/01/2019, 16:14
	colsbleus.fr: le magazine	https://www.colsbleus.fr/	15/02/2019, 17:45
3	Les Numériques - Test	http://www.lesnumeriques.com	24/07/2018, 19:13

4 Vers une définition

Compléter chaque phrase avec les mots qui conviennent.

- Une ...... regroupe des objets partageant les mêmes descripteurs et peut être représentée sous forme de ....
- Une ...... est un ensemble de collections de données reliées entre elles.
- Les ...... fournissent des informations sur le contenu d'un fichier.

5 Commenter un schéma

Commenter le schéma ci-contre en proposant un exemple pour : valeurs, descripteurs, métadonnées.

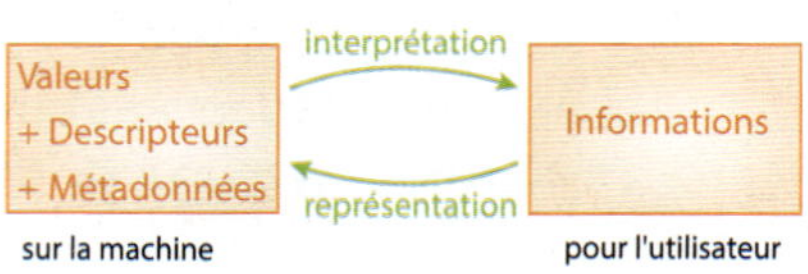

JE M'ENTRAÎNE

6 Le cloud et l'accès à Internet

Une entreprise décide de basculer sur le cloud ses données (quelques Po d'images satellitaires, par exemple).

a. Combien de temps sera nécessaire avec une connexion très haut débit à 100 Mb/s ?

b. Imaginer une solution plus efficace qu'on pourrait envisager pour transférer plus rapidement les données dans le data center.

7 La publication des données

En 2016, l'Agence américaine pour la sécurité routière annonce dans un rapport que le pilotage automatique a, en gros, diminué le nombre d'accidents des Tesla de 40 %. Cela étonne un expert, qui demande alors l'accès aux données sur lesquelles est basé le rapport. Après un procès de deux ans, ces données sont publiées et montrent que le rapport n'est pas fiable.

- Quelle question importante liée à l'accès à l'information ce cas illustre-t-il (► *Repères, p. 81*) ?

8 Les données structurées

Consulter le code source d'une page de recette du site marmiton. Par exemple :
https://www.marmiton.org/recettes/recette_soupe-aux-carottes-topinambours-et-pommes-de-terre_331684.aspx

- Chercher le mot-clé « rating » dans ce code : on observe alors des données structurées au format ***json (ld+json)*** :

– identifier et interpréter les descripteurs ;
– observer comment Google utilise ces éléments dans sa réponse lorsque l'on effectue une recherche sur le titre de la recette.

9 Des opérations sur des tables

Supposons qu'on dispose d'une collection de titres musicaux comme dans l'*activité. 1, p. 82*, et une collection de lieux de naissance comme ci-dessous.

Date	Ville	Pays	Nom
1985	Etterbeek	Belgique	Stromae
1995	Uccle	Belgique	Angele
1984	Paris	France	Black M

a. Quelles opérations effectuer pour obtenir la liste des titres avec leur ancienneté pour les chanteurs nés en Belgique après 1990 ?

b. Si chaque collection comporte au plus 1 000 éléments, le résultat a-t-il au plus 1 000 éléments ?

10 Des quantités de données

Une tablette de 256 Gbit fait 6 mm d'épaisseur.
Si on stockait toutes les données numériques existantes dans une telle pile de tablette, quelle hauteur ferait l'empilement ? Comparer à la distance Terre-Lune.
(► *Activité 1, p. 86*)

11 La consommation énergétique

a. Quel est l'ordre de grandeur de la puissance électrique nécessaire à Google : quelques mégawatt, gigawatt, térawatt ou pétawatt ?

b. L'entreprise Google n'a jamais indiqué combien de serveurs elle possédait. Mais on sait qu'en 2010, Google utilisait 258 MW en moyenne. Si l'on compte à peu près 200 W de consommation par serveur, combien de serveurs Google possédait-elle à l'époque ? Votre estimation varie-t-elle beaucoup si l'on prend en compte les pertes d'énergie ?

12 Le choix d'un cloud

Lister les critères à prendre en compte lors du choix d'une solution de stockage cloud.

13 Les données personnelles

a. Une application stocke dans une collection des informations sur ses clients. On suppose que la collection a de nombreux descripteurs, dont le nom, le prénom, la date de naissance, le salaire, la ville de naissance, une liste des amis de la personne, etc.
Si l'on efface dans la collection le nom et le prénom, les données ne seront-elles plus considérées comme personnelles ? Pourront-elles être manipulées sans se soucier du RGPD ?

b. Les métadonnées d'une collection de photographies peuvent-elles constituer des données personnelles ? Pourquoi ?

EXPOSÉS

SUJET A : Comment une encyclopédie collaborative comme Wikipédia s'assure-t-elle que les articles publiés présentent un point de vue neutre et que les informations sont vérifiables ?
SUJET B : Toute information non personnelle est-elle bonne à publier ? Faites une recherche sur les lanceurs d'alerte. S'inscrivent-ils dans le mouvement des données ouvertes ?

FAB LAB

SNT2039

Installation et présentation de SQLite

OBJECTIF

CONSTRUIRE ET UTILISER UNE BASE DE DONNÉES grâce au logiciel libre SQLite. Nous allons créer une table, y insérer des lignes et les modifier pour modéliser des événements de la vie réelle. Ces actions apparemment anodines sont effectuées quotidiennement par toutes les applications de bases de données du monde entier.

1 Élaborer le cahier des charges

On considère une agence de voyages qui stocke les billets de train ou d'avion de ses clients, qui sont des lycéens. Pour simplifier, on utilisera une seule table très simple et on supposera que tous les clients ont des prénoms différents, chacun n'ayant qu'un billet.
Un billet a les descripteurs suivants : Prénom, Destination, Transport, Jour, Prix, Statut.
Pour chaque billet dans la table, la donnée pour le descripteur Transport est "train" ou "avion", et celle pour Statut est "payé" ou "effectué" (signifiant que le voyage a été effectué). Les traitements de cette application sont l'insertion dans la table d'un nouveau billet avec le statut "payé", la modification du statut "payé" en "effectué", le filtrage en fonction d'un descripteur.

2 Utiliser le langage SQL

Structured Query Language (« Langage de requêtes structuré », SQL) est le langage de bases de données le plus répandu au monde depuis des décennies. Nous allons avoir besoin des **ordres SQL** pour créer une table, ajouter une ligne et modifier une ligne, et faire une recherche dans la table.
On lance SQLite dans une fenêtre console en tapant la commande : `*sqlite3*`.
Après un message, on obtient le prompt : `*sqlite>*` . Tous les ordres ci-dessous sont tapés dans cette fenêtre.

VOCABULAIRE

Ordre SQL
Il est similaire à une commande Linux ou Windows, mais il opère sur la base de données, et non sur les dossiers, fichiers ou processus de l'ordinateur lui-même.

3 Créer et utiliser sa table

a. Se connecter à SQLite.
b. Créer la table de l'agence de voyages puis en afficher le contenu avant même d'y insérer une ligne. Notre agence de voyages peut ouvrir !
c. Un(e) client(e) arrive et demande un billet : insérer son billet dans la table. Afficher toute la table sans filtrage.
Deuxième client(e) et deuxième billet avec la même destination que le premier. Afficher tout.
Afficher le résultat d'un filtre sur le nom d'un client ; combien de lignes obtient-on ?
Procéder de la même manière sur la destination ; combien de lignes obtient-on ?
Ajouter un troisième billet avec une destination différente.
d. L'un(e) des client(e)s fait son voyage : modifier la ligne correspondant à son billet. Afficher de nouveau toute la table sans filtrage.

3 Le système de positionnement par satellite

L'idée sur laquelle est basé le positionnement par satellite est une **trilatération en trois dimensions**. On utilise donc des sphères à la place des cercles : l'intersection de deux sphères correspond à un cercle, et l'intersection de trois sphères correspond à deux points. En théorie, il serait ainsi nécessaire d'utiliser un quatrième satellite pour savoir où l'on se trouve. En pratique, on élimine l'un des deux points car il ne se trouve pas sur Terre mais à une position en altitude. Pour cela, on cherche l'intersection avec l'ellipsoïde terrestre à l'aide de la norme WGS 84. Trois satellites suffiraient donc pour connaître notre position sur le globe. Cependant, pour la synchronisation de l'horloge du récepteur, il faut la précision d'une horloge atomique. Un récepteur n'en a évidemment pas. Il faut alors un quatrième satellite pour compenser cette imprécision et réduire l'incertitude.

Pour pouvoir utiliser un système de positionnement par satellite, il faut donc un **minimum de quatre satellites** : trois pour la position et un pour la synchronisation.

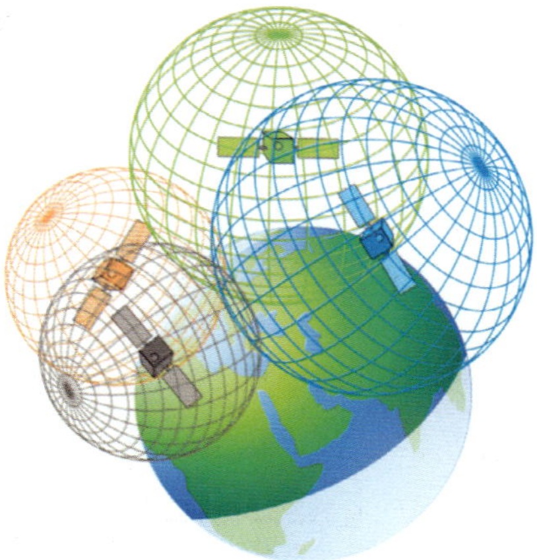

▲ Principe de fonctionnement du système GPS.

4 Le sytème Galileo

e SNT2047

Galileo

Les programmes européens de radionavigation par satellites (*Global Navigation Satellite System*, GNSS), EGNOS (*European Geostationary Navigation Overlay Service*) et Galileo, ont pour objectif principal de **doter l'Union européenne de ses propres systèmes de positionnement** et de datation par satellite afin de garantir son indépendance vis-à-vis des autres dispositifs existants, et plus particulièrement du GPS américain. Ces programmes doivent ainsi permettre à l'Europe de répondre aux enjeux stratégiques, sociétaux, économiques et industriels liés au développement considérable des marchés de ces technologies spatiales de positionnement et de datation.

Galileo est un ensemble autonome basé sur une constellation de 30 satellites (27 satellites actifs et 3 satellites en réserve) en orbite à moyenne altitude (23 222 km), qui émettent des signaux compatibles et interopérables avec les autres systèmes mondiaux de navigation par satellite existants (le GPS et le système russe Glonass). Galileo offrira cinq services de couverture mondiale destinés à des usages distincts (service ouvert, service commercial, service sauvegarde de la vie, service public réglementé, service recherche et sauvetage). Au contraire de son homologue américain, Galileo est uniquement civil.

Mission Galileo, Centre national des études spatiales (CNES), cnes.fr.

ZOOM SUR...

Galileo vs GPS

Le système GPS est capable de déterminer une position à 10 mètres près, tandis que Galileo est précis au mètre (pour la version gratuite). Avec le GPS, on peut voir où se trouve un train sur un territoire, mais avec Galileo on peut savoir sur quelle voie il se trouve. Galileo complète ainsi le GPS, avec lequel il est compatible, ainsi que les systèmes Glonass (russe) et Beidou (chinois).

QUESTIONS

1 **Doc. 1** Qu'est-ce que le système GPS ? De quels éléments est-il constitué ?

2 **Doc. 2** **a.** Que se passe-t-il lorsque le satellite 2 émet son signal ? Reproduisez et complétez la figure 2. Combien de points obtient-on ?

b. Que se passe-t-il lorsque le satellite 3 émet son signal ? Complétez la figure. Combien de points obtient-on ?

3 **Doc. 3** **a.** À l'aide de GeoGebra 3D, visualisez l'intersection de deux sphères.

b. Expliquez pourquoi la géolocalisation par GPS nécessite l'utilisation de quatre satellites.

4 **Doc. 4** Pourquoi l'Europe s'est-elle dotée de son propre système de positionnement par satellites ? Quels en sont les avantages ?

ACTIVITÉ

2 DU GPS AUX COORDONNÉES GÉOGRAPHIQUES

Les systèmes de géolocalisation, tels que le GPS ou Galileo, produisent des données brutes dans des formats standardisés pas toujours évidents à décrypter. Toutefois, il est possible de retrouver facilement les données de géolocalisation d'une photographie dans ses métadonnées.

1 Le protocole NMEA

La *National Marine & Electronics Association* (NMEA) est une association à but non lucratif fondée par un groupement de professionnels de l'industrie de l'électronique des périphériques marine, conjointement avec des fabricants, des distributeurs, des revendeurs et des institutions d'enseignement. L'un de ses objectifs est **d'harmoniser et de standardiser les équipements de la marine**. La NMEA est à l'origine de nombreux standards, notamment le NMEA-0183. Pour simplifier, on peut considérer le standard NMEA comme le **protocole de transmission** des données entre les instruments et les équipements électroniques liés au GPS.

VOCABULAIRE

Protocole de transmission
Ensemble de règles à respecter pour que deux entités puissent s'échanger de l'information et communiquer à travers un réseau de télécommunications.

2 La trame NMEA-0183

Dans le standard NMEA-0183, toutes les données sont transmises sous la forme de caractères ASCII, tous imprimables, et de caractères [CR] (Retour Chariot) et [LF] (Retour à la ligne), à la vitesse de transmission de 4 800 **bauds**. Les données sont transmises sous forme de trames, dont un exemple est donné ci-dessous.

VOCABULAIRE

Baud
Unité de mesure du nombre de symboles transmissibles par seconde.

Une trame commence toujours par un **$**.

Ce groupe de trois lettres permet d'identifier la trame. Ici, **GLL** signifie « positionnement géographique longitude-latitude », soit les coordonnées géographiques.

Les trames peuvent se finir de différentes manières. Ici, le **A** signifie « données valides ».

$GPGLL,4631.35,N,634.44,E,205532,A

Les deux lettres qui suivent le § identifient le récepteur. Ici, **GP** signifie « récepteur GPS ».

Ces blocs, séparés par des virgules, donnent les coordonnées géographiques.
Latitude **46° 31.35' Nord**
Longitude **6° 34.44' Est**

Heure UTC d'acquisition des données.
Ici, **20 h 55 min 32 s** UTC.

3 Les métadonnées d'une photographie

On peut facilement extraire les **métadonnées** d'une photographie, soit avec un logiciel ad hoc, soit avec un simple clic droit sur l'image (« Propriétés » sur Windows ou « Lire les informations » sur MacOS). Ces métadonnées peuvent contenir la géolocalisation de l'endroit où a été prise la photographie.

VOCABULAIRE

Métadonnée
Littéralement, « une donnée sur une donnée ». Plus précisément, il s'agit d'un ensemble structuré d'informations décrivant une ressource quelconque.

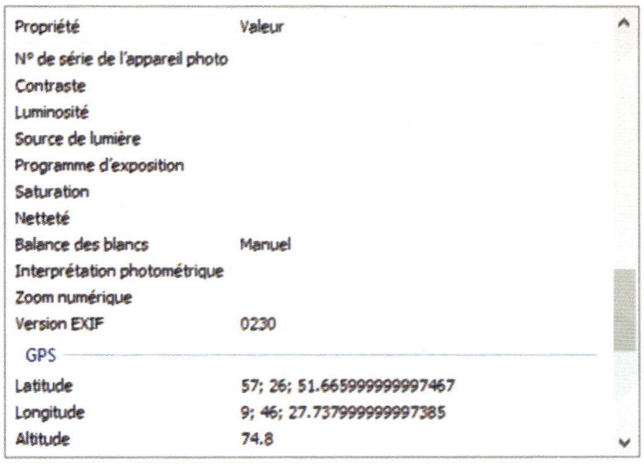

Propriété	Valeur
N° de série de l'appareil photo	
Contraste	
Luminosité	
Source de lumière	
Programme d'exposition	
Saturation	
Netteté	
Balance des blancs	Manuel
Interprétation photométrique	
Zoom numérique	
Version EXIF	0230
GPS	
Latitude	57; 26; 51.665999999997467
Longitude	9; 46; 27.737999999997385
Altitude	74.8

▲ Extrait des métadonnées d'une photographie.

4 Utilisation des géolocalisations

L'artiste Eric Fischer crée des **cartes à partir des métadonnées des photos** sur Flickr et des messages sur Twitter, afin d'identifier les locaux et les touristes dans les principales villes du monde. Ces cartes représentent les photographies déposées sur Flickr. Elles comportent un code couleur : bleu pour les photographies prises par ses résidents, rouge pour celles prises par les touristes. Ainsi apparaît la segmentation spatiale des villes, entre quartiers attractifs et quartiers « ignorés ». Une autre série, nommée « Voir quelque chose ou dire quelque chose » oppose, entre bleu et jaune, la géolocalisation des tweets postés à celle des photographies capturées.

ZOOM SUR...

Deux **projets d'Eric Fischer** exploitant des métadonnées spatiales :

SNT2048

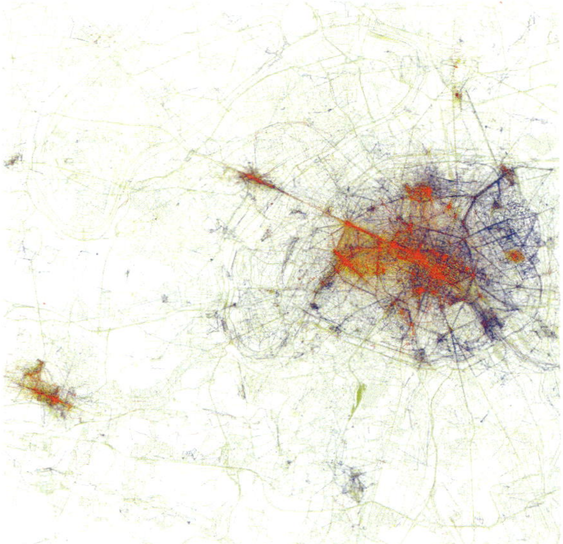

▲ Paris vu par Eric Fischer : en rouge, les touristes ; en bleu, les locaux.

QUESTIONS

1 **Doc. 1** Quel était le but de la création du protocole NMEA ?

2 **Doc. 2** Procédez à l'extraction des informations intéressantes des trames NMEA-0183 suivantes :

a. $GPGLL,6715.12,N,3245.12,W,153421,A

b. $GPGLL,4543.65,S,2356.76,W,045432,A

3 **Doc. 3** Quels sont les informations contenues dans l'onglet GPS des métadonnées de la photographie ? Localisez sur une carte l'endroit où a été prise cette photographie.

4 **Doc. 4** Que pensez-vous du travail d'Eric Fischer ? Quels phénomènes sociaux rend-il visibles ?

ACTIVITÉ

4 CALCULS D'ITINÉRAIRES

L'association récente de systèmes de géolocalisation et de la cartographie numérique a permis, grâce à des algorithmes appropriés, de proposer aux utilisateurs des calculs d'itinéraires précis, fiables et instantanés.

1 La notion d'itinéraire

Issu de l'*iter* (voyage, route) du latin classique, le mot « **itinéraire** » a une histoire complexe, puisqu'il a été utilisé, selon les époques et les dictionnaires, pour évoquer un chemin à suivre, une carte, un récit ou un guide de voyage, un recueil de prières viatiques ou un indicateur de chemin de fer. [...] Pour cerner la notion d'itinéraire, il faut donc considérer et traiter sur un même plan deux dimensions bien différentes qui, de prime abord, paraissent avoir peu en commun. Un itinéraire naît en effet au point de rencontre d'un espace physique et d'une culture. La présence d'une route, de moyens de transport et de lieux où se restaurer et dormir se trouve ici indissociablement liée aux idées et au terreau social et culturel d'une époque. [...] Si l'espace physique, avec ses routes et ses points de vue, paraît d'abord primordial, on se rend compte rapidement que l'univers culturel est tout aussi important.

A. Devanthéry, *Entre itinéraires et trajets : représentations des déplacements dans les guides de voyage au tournant du XIXe siècle*, « Revue des patrimoines », 2011.

VOCABULAIRE

Itinéraire
Chemin, route à suivre ou suivie pour aller d'un lieu à un autre.

Le calcul d'un itinéraire nécessite la connaissance précise du lieu de départ. ▶

2 Deux calculs d'itinéraires

▲ Itinéraire calculé dans OpenStreetMap → 5,0 km en 20 min.

▲ Itinéraire calculé dans GoogleMaps, avec propositions de parcours alternatifs.

3 Calculer un itinéraire

De nombreux sites ou applications mobiles permettent, grâce à des algorithmes, de calculer très rapidement des itinéraires, selon différents modes de transport (voiture, transports en commun, vélo, marche à pied, etc.).

e SNT2050
Prise en main d'OpenStreetMap

- Allez sur le site d'OpenStreetMap : www.openstreetmap.org
- Cliquez sur l'icône :
- Indiquez votre point de départ, puis votre destination. Sélectionnez ensuite votre mode de transport.
- Cliquez sur : Aller

4 Calcul d'itinéraire et graphe

Un itinéraire peut se représenter mathématiquement par un graphe (pour une introduction aux graphes mathématiques, ► *chapitre 3, p. 62*). Par exemple, dans le graphe ci-desous, les sommets sont des villes, et les arêtes sont les distances (en kilomètres) entre deux villes. Pour calculer des itinéraires (plus court, plus rapide, etc.) sur un graphe, de nombreux algorithmes s'appuyant sur la théorie des graphes ont été développés.

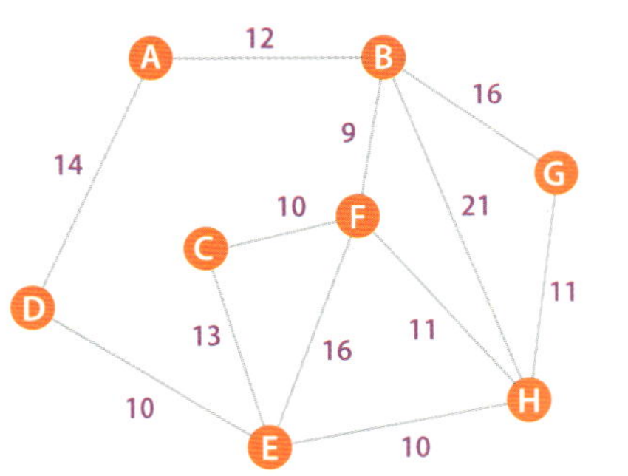

ZOOM SUR...

Algorithme de Dijkstra

En théorie des graphes, l'algorithme de Dijkstra prermet de résoudre le problème du plus court chemin (par exemple, le plus court chemin pour se rendre d'une ville à une autre connaissant le réseau routier d'une région). L'algorithme porte le nom de son inventeur, l'informaticien néerlandais Edsger Dijkstra. Il a été publié en 1959.

QUESTIONS

1 **Doc. 1** **a.** Quelles sont les deux dimensions de la notion d'itinéraire proposées par l'auteure ? En quoi le culturel est-il important pour cerner cette notion ?
b. En quoi la connaissance précise de la position géographique du point de départ influence-t-elle le calcul d'un itinéraire ?

2 **Doc. 2** Comparez les deux calculs d'itinéraires. Quels sont les éléments qui peuvent expliquer les différences de durée du trajet ?

3 **Doc. 3** **a.** Quels éléments apparaissent à l'écran (notamment dans la colonne à gauche de l'écran) ?
b. Quelles couches d'informations peut-on ajouter sur cet itinéraire ?
c. Quel type d'itinéraire alternatif (plus court, en passant par..., etc.) peut-on demander ?

4 **Doc. 4** **a.** Quel est le chemin le plus court pour se rendre de la ville A à la ville H ? Est-ce le plus rapide ?
b. On ajoute au graphe des informations sur les arêtes : la vitesse est limitée à 80 km/h sur toutes les routes sauf sur les routes DE, EH et FH, où la vitesse maximale est de 130 km/h.
Quel est, cette fois, le chemin le plus rapide ?

LOCALISATION, CARTOGRAPHIE ET MOBILITÉ

Le XXIe siècle a vu l'apparition de nouvelles technologies permettant une meilleure localisation.

1 La géolocalisation

Comment puis-je savoir où je me trouve ? Pour se localiser dans l'espace lors d'un déplacement, **il faut pouvoir se situer**. Les technologies qui permettent de se situer automatiquement sont relativement récentes.

La **géolocalisation** associe un système global de positionnement (type GPS), un système géodésique mondial (type WGS84) et un système d'information géographique qui permet de visualiser sa position sur une carte à partir d'une projection (Géoportail, Google Maps, OpenStreetMap, etc.).

L'association de ces technologies est très récente. Après un usage essentiellement militaire, elle s'est répandue au début du XXIe siècle avec l'accès public au GPS, puis avec la banalisation des smartphones équipés de technologies de géolocalisation multiples (GPS, antennes cellulaires, Wifi et Bluetooth).

Géolocalisation

Ensemble des techniques permettant de localiser en continu un objet, comme un téléphone portable ou un véhicule, en le positionnant sur une carte à l'aide de ses coordonnées géographiques.

2 Les coordonnées géographiques

Les systèmes de géolocalisation, tels que le **GPS** ou **Galileo**, produisent des données brutes dans des **formats standardisés** qui permettent de déterminer les coordonnées géographiques.

Le **standard NMEA 0183** peut être vu comme un **protocole de transmission** des données entre les équipements électroniques de positionnement par satellite. Dans ce standard, toutes les données sont enregistrées sous la forme de caractères ASCII et sont transmises sous forme de trames contenant un certain nombre d'informations, dont les coordonnées géographiques.

Protocole de transmission

Ensemble de règles à respecter pour que deux entités puissent échanger et communiquer à travers un réseau de télécommunications.

Une trame commence toujours par un **$**.

Ce groupe de trois lettres permet d'identifier la trame. Ici, **GLL** signifie « positionnement géographique longitude-latitude », soit les coordonnées géographiques.

Les trames peuvent se finir de différentes manières. Ici, le **A** signifie « données valides ».

$GPGLL,4631.35,N,634.44,E,205532,A

Les deux lettres qui suivent le § identifient le récepteur. Ici, **GP** signifie « récepteur GPS ».

Ces blocs, séparés par des virgules, donnent les coordonnées géographiques.
Latitude **46° 31.35' Nord**
Longitude **6° 34.44' Est**

Heure UTC d'acquisition des données. Ici, **20 h 55 min 32 s** UTC.

3 Les cartes numériques

Carte

Image simplifiée et codifiée de l'espace géographique qui représente ses caractéristiques et/ou son organisation.

Les **cartes** ont été profondément transformées par l'informatique. Elles sont devenues **interactives** et permettent de changer d'échelle ou de manipuler de très nombreuses informations.

Les différents types de données (agricoles, culturelles, économiques, sociales, etc.) relatives au lieu représenté apparaissent sous forme de **couches d'informations superposées au fond cartographique**.

Parmi les nombreuses applications proposant des cartes numériques, Google Maps est la plus utilisée, Géoportail dispose de très nombreuses informations d'intérêt public et OpenStreetMap est libre d'usage et collaboratif.

4 Les calculs d'itinéraires

Itinéraire

Chemin, route à suivre ou suivie pour aller d'un lieu à un autre.

Les calculs d'**itinéraires** sont devenus plus précis, plus fiables et quasiment instantanés grâce à l'association d'un système de géolocalisation, d'un dispositif de télécommunication et de la cartographie numérique.

Un itinéraire peut se **représenter mathématiquement par un graphe**. Par exemple, dans le graphe ci-contre, les sommets sont des villes, et les arêtes, la distance (en kilomètres) entre deux villes.

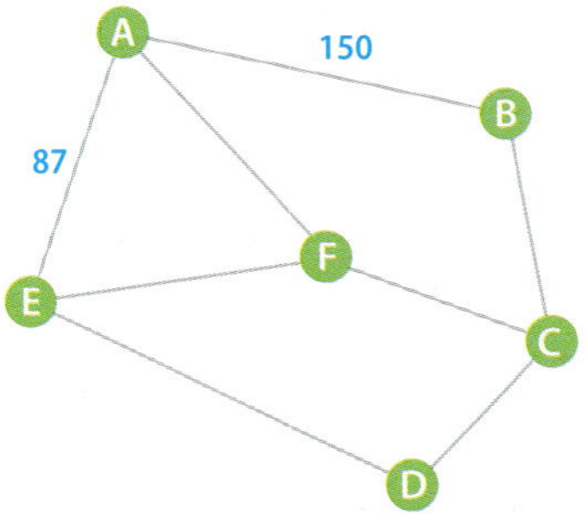

Les applications (Google Maps, OpenStreetMap, Géoportail , etc.) s'appuient sur des algorithmes hérités de la théorie des graphes (comme l'algorithme de Dijkstra) afin de calculer des itinéraires (plus courts, plus rapides, etc.).

LES CAPACITÉS DU CHAPITRE

- ▶ 1. Décrire le fonctionnement de la géolocalisation. → **Activité 1**
- ▶ 2. Identifier les différentes couches d'informations de Géoportail pour extraire différents types de données. → **Activité 3**
- ▶ 3. Contribuer à OpenStreetMap de manière collaborative. → **Activité 3**
- ▶ 4. Décoder une trame NMEA pour trouver des coordonnées géographiques. → **Activité 2**
- ▶ 5. Utiliser un logiciel pour calculer un itinéraire. → **Activité 4**
- ▶ 6. Représenter un calcul d'itinéraire comme un problème sur un graphe. → **Activité 4**
- ▶ 7. Régler les paramètres de confidentialité d'un téléphone pour partager ou non sa position. → **Hygiène numérique**

JE VÉRIFIE MES CONNAISSANCES

SNT2052
Exercices interactifs

Corrigés p. 186

1 QCM

Choisir la (ou les) bonne(s) réponse(s).

	A	B	C
1. Pour déterminer la position d'un point, le système GPS utilise ...... satellites.	3	4	24
2. L'intersection de deux sphères est	une sphère	un cercle	une droite
3. Une trame NMEA-0183 commence toujours par......	$	#	§
4. Un calcul d'itinéraire dépend	du mode de transport	de l'heure de départ	du nombre de voyageurs

2 VRAI/FAUX

Répondre par vrai ou faux.

a. Le principe de trilatération utilisé par le système GPS s'appuie sur des mesures d'angles.

b. Galileo est plus précis que le système GPS, son homologue américain.

c. Dans le standard NMEA-0183, toutes les données sont transmises sous forme de caractères ASCII.

d. Une trame NMEA-0183 se termine toujours par le même symbole.

e. La numérisation des cartes a permis de gérer les problèmes de changement d'échelle.

f. Toutes les applications donnent le même temps pour le calcul d'un itinéraire donné.

g. Des itinéraires entre le point ① et le point ⑥ ont été représentés par le graphe ci-contre.
L'itinéraire le plus court est « ① ③ ⑤ ⑥ ».

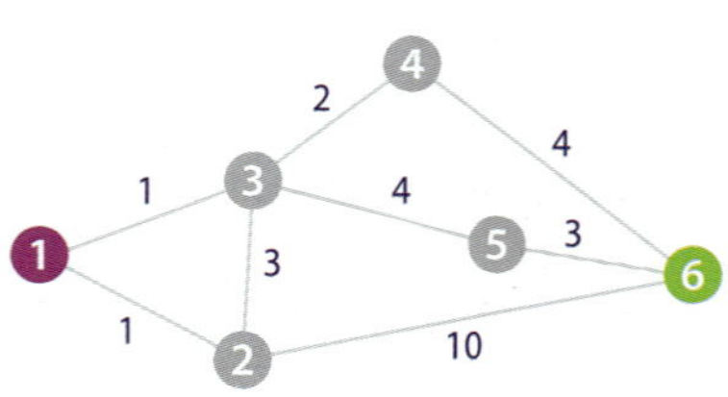

3 Vers une définition

Compléter avec les mots qui conviennent.

La géolocalisation est l'ensemble des techniques permettant de ...... en continu un objet, comme un téléphone portable ou un véhicule, sur lequel un ...... a préalablement été posé, en le positionnant sur une ...... à l'aide de ses ....

4 Compléter un schéma

Recopier, puis compléter le schéma ci-contre pour expliquer le principe de trilatération.

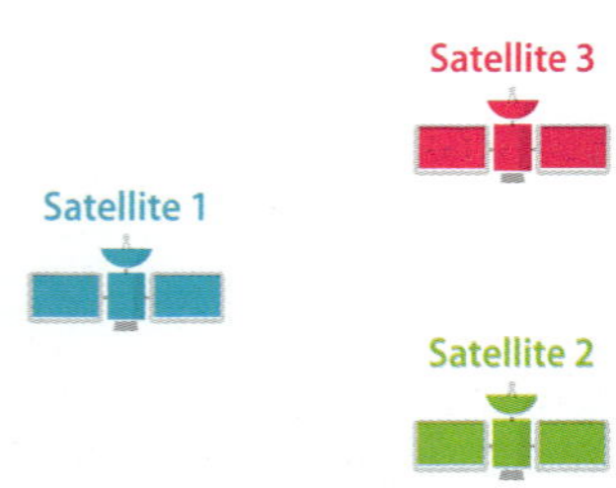

5 Restituer des connaissances

On donne la trame NMEA-0183 ci-dessous. Compléter en indiquant le type d'information.

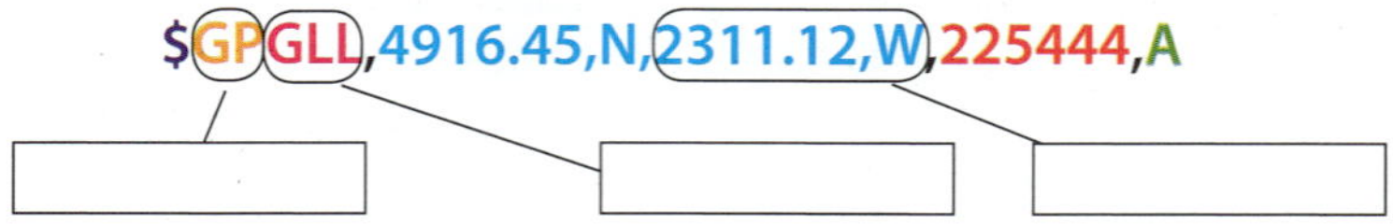

6 Organiser ses connaissances

a. Décrire le principe de fonctionnement du système GPS.

b. Expliquer comment on accède aux couches d'informations dans Géoportail.

JE M'ENTRAÎNE

7 Le calcul d'une distance

Dans un système GPS, un satellite émet un signal qui met 0,006 s pour être capté par un récepteur GPS.

a. Rappeler la formule donnant la distance en fonction du temps.

b. Calculer la distance séparant le récepteur GPS du satellite.

Donnée : Vitesse de la lumière, $c = 3 \cdot 10^8 \text{ m} \cdot \text{s}^{-1}$.

8 Coordonnées géographiques

Donner les coordonnées géographiques (latitude et longitude) des points N, V, U, P, Y, Q et S.

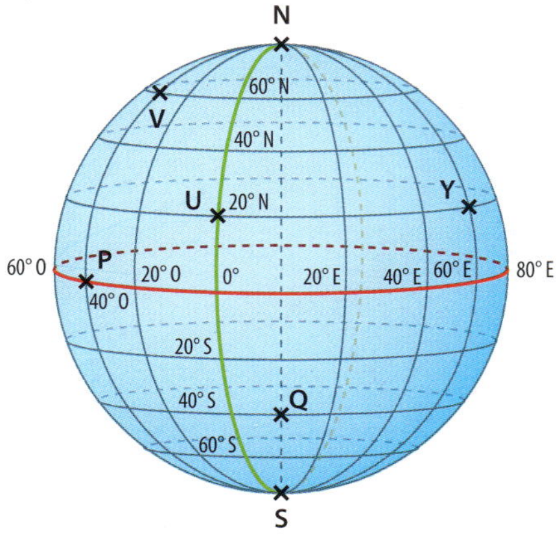

9 Les couches d'informations

a. Ouvrir Géoportail, puis chercher « Toulouse ».

b. Zoomer afin d'avoir la carte Toulouse en pleine page.

c. Ajouter la couche d'information « Quartiers prioritaires », puis celle qui s'appelle « Zones urbaines sensibles ».

d. Que peut-on constater ?

e. Ajouter la couche « Musées ». Quelles conclusions peut-on tirer des informations données par ces différentes couches ?

10 Des modifications

a. Ouvrir OpenStreetMap et rechercher la ville dans laquelle est situé votre lycée.

b. Quels types d'informations se trouvent dans la colonne à droite de l'écran ?

c. Cliquer sur l'onglet « Historique ». Quels types d'informations ont été modifiés par les utilisateurs ?

11 Comparaison de cartes

a. Ouvrir l'outil de comparaison Map Compare.

b. Entrer le nom d'une ville, puis choisir différents sites de cartographie à comparer.

c. En zoomant plusieurs fois, que peut-on constater ?

12 Un graphe

Achille souhaite se rendre de la ville A à la ville B. Un site de cartographie lui propose deux itinéraires. L'itinéraire ① passe par cinq villes, l'itinéraire ② par quatre villes, dont deux sont communes aux deux itinéraires.

a. Dessiner un graphe représentant ces itinéraires.

b. Ajouter des limitations de vitesses sur chaque arête du graphe, puis déterminer l'itinéraire le plus rapide.

13 La prise en compte du trafic

a. Ouvrir Google Maps et calculer les itinéraires en partant de Paris pour aller à Lyon.

b. Faire varier les jours de départ. Que peut-on constater ?

c. En fixant un jour, faire varier les heures de départ ? Est-ce toujours le même itinéraire qui est le plus rapide ?

14 Le dispositif eCall

Depuis le 1er avril 2018, les voitures commercialisées au sein de l'UE doivent être dotées du dispositif eCall (*emergency call*, « appel d'urgence »). Ce système d'appel d'urgence automatique permet à une voiture accidentée d'appeler instantanément les secours tout en envoyant sa position précise, que les occupants du véhicule soient conscients ou non, et quel que soit le pays de l'UE où il se trouve.

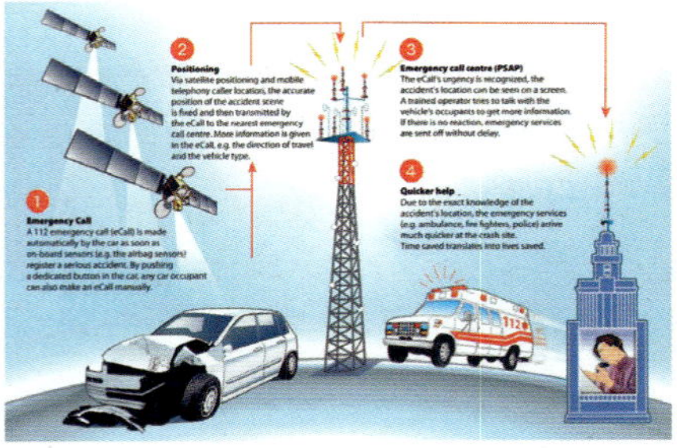

a. En vous appuyant sur l'illustration ci-dessus, décrire le principe de fonctionnement de l'eCall.

b. En quoi la géolocalisation permet-elle à ce système d'être performant ?

EXPOSÉS

SUJET A : Galileo, le système de positionnement européen.

SUJET B : Les puces RFID et la géolocalisation.

FAB LAB

OBJECTIF

CRÉATION ARTISTIQUE D'UN PAYSAGE en utilisant des éléments de géolocalisation ou photographiques de différents lieux.

Protocole de construction

1 Réunir les matériaux pour l'œuvre

a. Prolongez le tableau ci-dessous en choisissant dix lieux différents parmi lesquels doit se trouver le lycée dans lequel vous étudiez. Dans Google Maps, recherchez les coordonnées géographiques du lieu, la ville dans laquelle se situe ce lieu, ainsi que son code « **Plus code** ».

Nom du lieu	Ville	Coordonnées géographiques	Code plus code
Lycée...			

Vous pouvez ajouter autant d'informations que vous le souhaitez.

b. Recherchez sur Google Street View (ou ailleurs sur Internet) une photographie de chaque lieu.

VOCABULAIRE

Code « plus code »
Les codes plus code fonctionnent comme des adresses postales. Lorsqu'une adresse n'est pas disponible, vous pouvez utiliser un code plus code afin de rechercher ou de partager un lieu sur Google Maps.
Il comprend les éléments suivants :
– six ou sept lettres et chiffres ;
– une ville.

2 Création de paysages en diptyque

a. Créer un paysage en utilisant les éléments du tableau, en jouant sur les typographies, les tailles des caractères, leur disposition, etc.
Ce premier paysage peut être créé avec des outils numériques ou sans (peinture, collage, etc.)

b. Créer un second paysage à l'aide des photographies en utilisant le logiciel Gimp.

c. Quelles difficultés cela fait apparaître ?

e SNT2068
Prise en main de Gimp

▲ **Exemple d'œuvre en diptyque de l'artiste Caroline Delieutraz à partir des photographies de Raymond Depardon (à gauche) et de Google Street View (à droite).**

3 Paysage unique

Réunir les deux paysages créés dans l'étape précédente afin de n'en faire plus qu'un seul (juxtaposition, effacement de l'un, assemblage, etc.).

LA PAGE DU CODEUR

SNT2085 Les bases de Python

Voir l'introduction à Python, p. 172

SNT2053 WWW Guide des expressions régulières

L'objectif de cette page est d'écrire un programme en Python permettant de décoder une trame NMEA-0183. Plus précisément, une fois la trame récupérée à partir d'un récepteur GPS, il s'agit de pouvoir lire les coordonnées géographiques dans un format que l'on connaît.

1 Utilisation d'une chaîne

a. Rappeler la forme sous laquelle se présente une trame NMEA-0183.

SNT2054 Fichier à télécharger

b. Télécharger le fichier « gps.txt ». De quel type sont les données de ce fichier ?

c. Quelle est la commande Python permettant de lire ce fichier ? Quel argument faut-il ajouter pour n'être qu'en mode lecture ?

On souhaite maintenant définir une fonction qui convertit un nombre dans un format « degré – minute ».

d. Écrire le code qui définit cette fonction que l'on appelle « degsec ».

e. Quelle fonction Python permet de convertir des données en chaîne de caractères ?

f. On donne le code suivant.

```
def fmtpos(x,y) :
    s=str(x[0])+" degrés "+str(x[1])+"
minutes "
    if y=="N" :
        s+="nord"
    if y=="S" :
        s+="sud"
    if y=="W" :
        s+="ouest"
    if y=="E" :
        s+="est"
    return s
```

Qu'obtient-on avec cette fonction ?

g. Par quels éléments débute une trame NMEA-0183 ? Comment finit-elle pour affirmer que les données sont valides ?

Comment intégrer ces éléments dans le programme ?

h. Écrire le code Python qui permet décoder une trame NMEA-0183 afin d'en extraire les coordonnées géographiques à l'aide d'une chaîne.

2 Utilisation d'une expression régulière

On souhaite, dans cet exercice, écrire un programme en Python qui décode une trame NMEA-0183 en utilisant les expressions régulières, puis qui affiche le lieu dans OpenStreetMap et Google Maps.

Les expressions régulières, ou plus communément regex (contraction de *regular expression*), permettent de représenter des modèles de chaînes de caractères.

a. Importer la librairie Python pour les expressions régulières en utilisant la commande suivante :

```
import re
```

b. Déclarer la trame suivante :

$GPGLL,4523.54,N,554.21,W,124523,A

Cette trame est-elle valide ?

c. Écrire les lignes qui permettent de vérifier :

– que la trame est valide ;
– que la trame est une trame GPS ;
– que le format est bien GLL.

d. On donne le début de la fonction qui va décoder la trame.

```
def decode_nmea(trame):
    print(trame)
    regex = r"\$GPGLL, ([\d]{1,2})([\d]
{2}).([\d]{2}),([\w]{1}),([\d]{1,3})([\d]
{2}).([\d]{2}),([\w]{1})»
    try:
      groups=re.match(regex, trame)
       if groups:
       lat=(1,-1)(groups[4]=="S"*
       (int(groups[1])+int(groups[2])
       +int(groups[3])/100/60)
       ...
       return lat,long
```

Ajouter dans cette fonction la longitude, ainsi qu'un test qui permet de savoir si les coordonnées sont bien formatées.

e. Finir d'écrire le programme qui affiche le décodage de la trame.

f. Ajouter deux lignes au programme afin de renvoyer vers le lieu défini par ces coordonnées sur le site d'OpenStreetMap, puis sur le site de Google Maps.

LE MONDE DE DEMAIN

LA MOBILITÉ INTELLIGENT

Réinventer l'expérience voyageur, optimiser la gestion des flux et des infrastructures, réduire les impacts écologiques ou encore augmenter la sécurité des voyageurs... Autant de promesses de la mobilité intelligente qui stimulent les acteurs du transport et du numérique.

? **En vous appuyant sur les documents de cette rubrique, récapitulez en quoi consiste la mobilité intelligente et dites quels en sont les enjeux.**

e SNT2102

Pour aller plus loin

- Mobilité 3.0, *Ensemble pour la mobilité intelligente* (livre vert à télécharger sur le site de l'association ATEC ITS France)
- *Vidéo de ATEC ITS* présentant la mobilité intelligente

VOCABULAIRE

Multimodale
Utilisation de plusieurs modes de transport pour un même déplacement.

1 Le concept de mobilité intelligente

Au croisement entre le secteur du numérique et celui du transport se trouve la mobilité dite « intelligente ». Le concept est connu également sous le nom de *smart mobility* ou systèmes de transports intelligents (STI). D'après la définition issue du livre vert *Mobilité 3.0. Ensemble pour la mobilité intelligente*, **les systèmes de transports intelligents sont l'application des technologies de l'information et de la communication aux transports**. Cette définition offre une multitude de possibilités. Les solutions créées au nom de la mobilité intelligente sont nombreuses et proviennent de toutes parts : start-up, collectivités ou grandes entreprises. Les usages proposés semblent infinis, de la gestion multimodale jusqu'à l'empreinte écologique en passant par la sécurité routière. Au niveau national, l'organisme en charge de normer la mobilité intelligente est le Bureau de normalisation des transports, des routes et de leurs aménagements (BNTRA), créé en 2012.

Les rencontres autour de la mobilité intelligente se multiplient, en France et dans le monde, avec les mêmes éléments mis en avant : voiture et ville connectées, communication voiture-voiture, géolocalisation, smartphone et différents modes de transport.

2 La mobilité multimodale

La mobilité **multimodale** propose une diversité modale, c'est-à-dire une utilisation raisonnée des modes de déplacements, appliquant notamment une préférence pour les modes les moins impactants (pour les individus et pour la collectivité). Ces modes de déplacement ont vocation à être combinés pour réaliser des trajets intermodaux, sous réserve d'une mise en œuvre lisible et confortable, et d'une performance globale de la chaîne de déplacement qui soit acceptable par l'usager.

3 La route

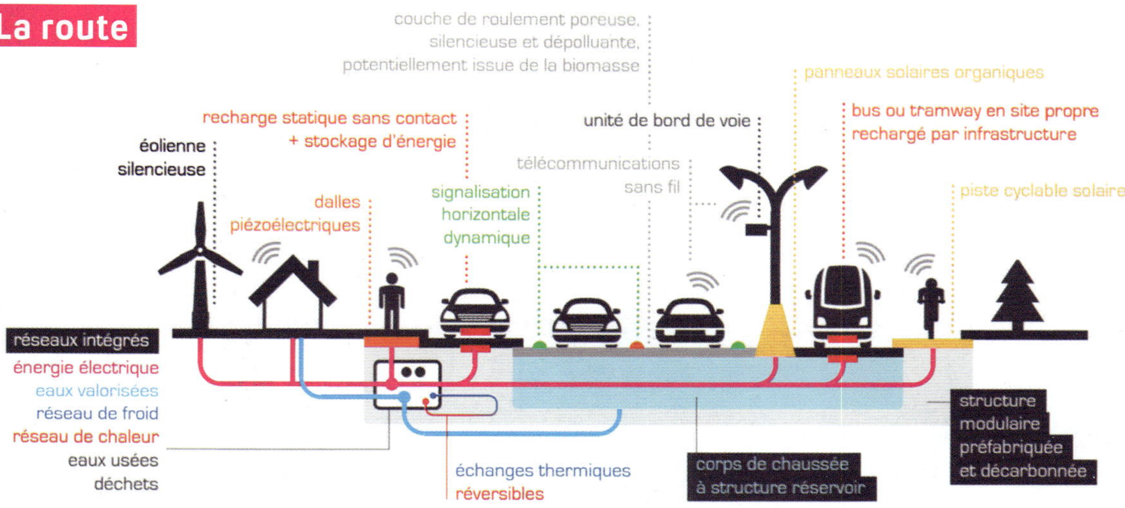

▲ **La route du futur, dite « route de 5e génération » (R5G), présentée par l'Institut français des sciences et technologies des transports, de l'aménagement et des réseaux (IFSTTAR).**

4 La communication voiture-voiture

Le gouvernement américain veut faire communiquer via des réseaux sans fil les voitures circulant sur le réseau routier national. L'administration estime qu'un tel système pourrait sauver plus d'un millier de vies chaque année. Ainsi, la *National Highway Traffic Safety Administration* (NHTSA) étudie la possibilité de créer une norme fédérale pour développer une technologie de communication véhicule-à-véhicule (V2V). Elle permettrait aux voitures d'échanger automatiquement des informations entre elles, par exemple quand elles sont trop proches les unes des autres.

« Les États-Unis étudient la communication entre voitures pour réduire les accidents », Jean Elyan avec IDG News Service, lemondeinformatique.fr, août 2014.

5 L'impact écologique

Aujourd'hui, en France, les transports représentent 27 % des émissions de gaz à effet de serre, 17 % de la consommation d'énergie et contribuent pour une large part, à l'échelle mondiale, au réchauffement climatique. L'un des enjeux principaux de la mise en place de la mobilité intelligente est de réduire l'impact de la mobilité sur l'environnement en accompagnant le déploiement du véhicule propre, en réduisant la congestion du trafic et la pollution, en développant l'intermodalité et en facilitant l'accès aux modes de **transport doux**.

VOCABULAIRE

Transports doux
Modes de transports qui n'utilisent pas d'énergie polluante et ne rejettent pas de gaz à effet de serre. Ils englobent les véhicules non motorisés, les moyens de locomotion à assistance électronique, électrique ou au gaz naturel. Ce sont, par exemple, le vélo, la trottinette, la marche ou encore les rollers.

6 INFORMATIQUE EMBARQUÉE ET OBJETS CONNECTÉS

SOMMAIRE DU CHAPITRE

voir Controverse, page 134

REPÈRES HISTORIQUES

1967

Premier système embarqué de guidage lors de la mission lunaire **Apollo**. C'est le premier ordinateur à avoir recours aux circuits intégrés. Il est utilisé en temps réel par l'astronaute pilote pour recueillir et fournir des informations de vol et pour le contrôle automatique de toutes les fonctions de navigation du vaisseau spatial.

1971

Premier microprocesseur, commercialisé par Intel, c'est-à-dire première intégration réussie de toutes les fonctions d'un processeur sur un seul et unique circuit intégré. Le 4004 d'Intel est comparable, par sa puissance d'exécution, à l'ENIAC, le premier ordinateur moderne (1946), qui occupait 167 m^2 et pesait 30 tonnes.

1984

Lancement de l'**Airbus A320**, premier avion commercial dont les commandes sont entièrement contrôlées par un calculateur, qui fait la liaison entre les organes de pilotage et les gouvernes (ailerons, aérofreins, volets, etc.). Les systèmes antérieurs étaient électriques et hydrauliques, les commandes étaient alors assurés par des tringles et des câbles actionnés manuellement.

→ *Activité 1, page 126*

1990

Création de **iRobot**. Après s'être essayé à créer des robots insectes complexes, cette société développe des robots de défense et de sécurité, de forme plus simple et très robustes, équipés de capteurs et de radars.

→ *Activité 4, page 132*

SNT2055
Les systèmes embarqués

Mise en service du métro informatisé sans conducteur **Météor** (*Métro Est-Ouest rapide*, ligne 14) à Paris, entre les stations Madeleine et Bibliothèque. Cette ligne entièrement souterraine est prolongée en 2003 jusqu'à Saint-Lazare, puis en 2007 jusqu'à Olympiades.

1998

2013

Lancement des **Google Glass**, inventées par Google X Lab, une entreprise qui élabore des projets futuristes. Le prototype est mis en vente à 1 499 dollars. Ces lunettes connectées sont équipées d'une caméra intégrée, d'un micro, d'un pavé tactile sur l'une des branches, de mini-écrans et d'un accès à Internet par Wi-Fi ou Bluetooth. En janvier 2015, le projet est suspendu, puis réorienté en 2017.

→ *Activité 4, page 132*

2014

Invention de la **Google Car**, une voiture autonome dotée d'un système de pilotage automatique aidé de radars, de caméras vidéos et de GPS. Le système de pilotage était en phase de test depuis 2010, installé sur des voitures de série.

→ *Activité 3, page 130*

2020

On estime qu'en 2020, **30 milliards d'appareils** autonomes seront **connectés** au Web. Il y en avait 15 milliards en 2015. Leur nombre double tous les cinq ans.

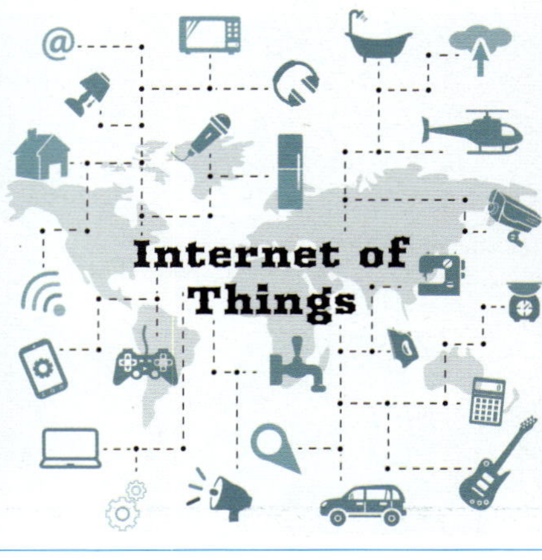

ACTIVITÉ

1 L'INFORMATIQUE EMBARQUÉE

Aujourd'hui, l'informatique embarquée est présente partout : appareils électroménagers, smartphones, caisses enregistreuses automatisées des commerces ou encore véhicules de transport (voitures, trotinettes, satellites, avions, etc.).

1 Les systèmes embarqués

Un système embarqué est un **système électronique et informatique autonome**, intégré dans un équipement matériel et dédié à une tâche précise. Il s'agit le plus souvent d'une partie d'un système plus global, dont il permet d'améliorer le fonctionnement. On en trouve dans des objets très variés : avions, trains, voitures, routeurs, box Internet, téléphones, appareils électroménagers, Hi-Fi, télévisions, robotique industrielle, imprimantes et photocopieurs, terminaux de paiement, caméras, consoles de jeux, etc.

▲ Le système embarqué dans la ligne 14 du métro parisien (Météor) permet un fonctionnement sans conducteur.

2 Le secret de la puissance

Dans les premiers avions, **le pilote devait utiliser sa force physique** sur le manche et les pédales (le palonnier) pour orienter les gouvernes de direction et de profondeur guidant le vol. Rapidement, les avions sont devenus trop lourds pour être actionnés par des tringles et des câbles. Des systèmes hydrauliques sont alors apparus pour démultiplier la force du pilote, remplacés ensuite par des moteurs électriques. L'apparition de calculateurs numériques a tout bouleversé. Auparavant, le pilote devait déterminer le mouvement des gouvernes et en contrôler les effets grâce à ses instruments de bord. Désormais, non seulement la commande ne nécessite plus d'effort physique, mais surtout le calculateur prend en charge les mouvements de gouverne nécessaires en fonction de l'altitude, de la vitesse, etc., et peut même interdire certains mouvements à risque. Le secret de la puissance repose donc sur la capacité de traitement du calculateur. Les **microprocesseurs** jouent souvent ce rôle dans les objets par la miniaturisation de ce qui fait le cœur d'un système informatique, la capacité d'interpréter des instructions et de traiter les données d'un programme.

VOCABULAIRE

Microprocesseur
Processeur (partie d'un ordinateur qui exécute les instructions et traite les données des programmes) dont tous les composants ont été suffisamment miniaturisés pour être regroupés dans un unique boîtier.

◀ L'Airbus A320, construit en 1984, est le premier avion équipé de commandes électriques informatisées.

3 Un système en boucle

Un système embarqué peut être décrit comme **une chaîne d'opérations en boucle** entre le monde réel, les **interfaces homme-machine** (IHM) ou les capteurs, le traitement et les actionneurs, qui a simplifié et décuplé la possibilité de commander des machines.

Le fonctionnement est le suivant :

– **les capteurs permettent de recueillir des informations** du « monde physique » et de les transmettre à un système décisionnel ;

– **les actionneurs permettent** au système décisionnel **d'agir sur le monde physique** en modifiant son état.

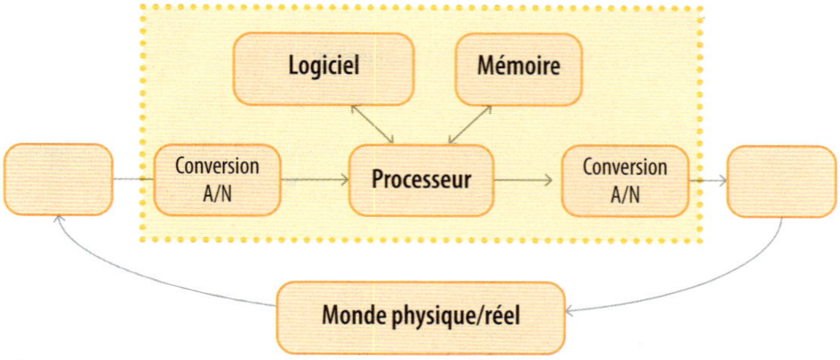

▲ Fonctionnement d'un système embarqué.

VOCABULAIRE

Interface homme-machine
Ensemble des dispositifs matériels et logiciels permettant à un utilisateur (Homme) d'interagir avec un système interactif (machine).

4 Le système antiblocage ABS

Muni du système antiblocage ABS (de l'allemand *Antiblockiersystem*), un véhicule est équipé de capteurs (un sur chaque roue) qui relèvent en **temps réel** la vitesse de rotation des roues. Lorsque ces capteurs détectent que la vitesse de rotation d'une roue est nulle, ils transmettent l'information au calculateur, qui va alors commander de relâcher la pression des freins afin que la roue en question puisse tourner. Le système va effectuer cette tâche jusqu'à vingt-quatre fois par seconde en bloquant et débloquant les freins. Ce sont ces réajustements répétés que le conducteur ressent sous sa pédale de freinage.

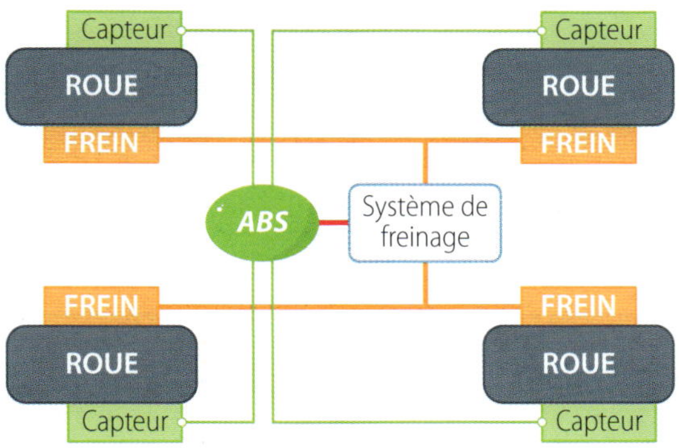

◀ Principe de fonctionnement du système ABS.

VOCABULAIRE

Temps réel
On parle de système temps réel lorsque ce système est capable de contrôler (ou piloter) un procédé physique à une vitesse adaptée à l'évolution du procédé contrôlé.

QUESTIONS

1 Doc. 1 Quels objets possédant un système embarqué utilisez-vous au quotidien ? Pour chacun, précisez la tâche affectée au système embarqué.

2 Doc. 2 Quelles sont les tâches du système embarqué dans le cas d'un avion ? En quoi ce système a-t-il amélioré le pilotage d'un avion et renforcé la sécurité des vols ?

3 Doc. 3 Recopiez puis complétez le schéma de fonctionnement d'un système embarqué en plaçant les capteurs, les actionneurs, les informations recueillies et les actions. Que représente la zone pointillée ? Quels en sont les éléments ?

4 Doc. 4 Décrivez le fonctionnement du système ABS. Que sont ici les actionneurs ? Quelle est la tâche du système embarqué ?

ACTIVITÉ

2 LES OBJETS CONNECTÉS

De plus en plus, les objets contenant un système informatique embarqué peuvent communiquer entre eux via les réseaux. C'est ce que l'on appelle l'Internet des objets. Cette révolution technologique a un fort impact économique : le marché des objets connectés ne cesse de croître dans le monde.

1 L'histoire d'une rencontre

L'émergence de l'**Internet des objets** a pu se faire grâce à la rencontre entre le monde du Web et celui des systèmes embarqués. L'Internet des objets amplifie de façon considérable le développement des technologies embarquées. Les objets sont désormais connectés : ils possèdent la capacité d'échanger des données avec d'autres entités physiques ou numériques et accèdent aux données du Web.

L'Internet des objets est un réseau de réseaux qui permet, via des systèmes d'identification électronique normalisés et unifiés, et des dispositifs mobiles sans fil, d'identifier directement et sans ambiguïté des entités numériques et des objets physiques et ainsi de pouvoir récupérer, stocker, transférer et traiter, sans discontinuité entre les mondes physiques et virtuels, les données s'y rattachant.

P.-J. Benghozi, S. Bureau, F. Massit-Folléa, L'Internet des objets, éditions MSH, 2009.

VOCABULAIRE

Internet des objets
Interconnexion entre Internet et des objets, des lieux ou des environnements physiques.
En anglais, on parle d'*Internet Of Things* (IoT).

▲ Les objets dotés d'une connexion forment l'Internet des objets.

2 Le nombre d'objets connectés

En 2019, les appareils connectés seraient au nombre de 26,66 milliards dans le monde. En 2019, en France, une personne posséderait en moyenne trois objets connectés. Le marché des objets connectés regroupe les appareils pour la maison, complétés par les assistants personnels ou enceintes vocales, les objets portables comme les montres connectées et le bracelet d'activité (également appelé *wearable*), ainsi que les objets connectés pour le bien-être et la santé.

Nombre d'appareils connectés dans le monde de 2015 à 2025* (en milliards)

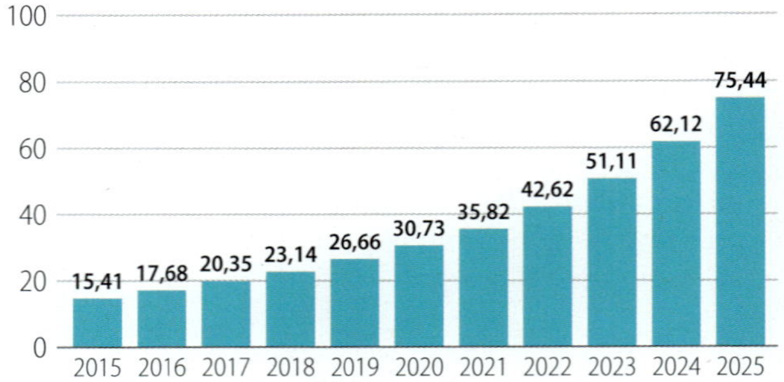

* À partir de 2018, les données sont des prévisions.

© Statista 2019.

3 Les enceintes connectées

Les enceintes connectées ont du succès en France. Avec 1,7 million d'enceintes, la France a un taux d'équipement supérieur à celui des États-Unis rapporté à la population. Les acheteurs sont principalement des hommes âgés de moins de 40 ans, appartenant aux catégories socio-professionnelles supérieures. L'usage qu'ils en font est, dans l'ordre décroissant : écouter de la musique en streaming, consulter la météo, écouter la radio en direct. Ainsi, ces enceintes sont utilisées presque comme des enceintes classiques mais que l'on pourrait commander par la voix. Ces usages ne correspondent pas à ce qu'avaient prévu les constructeurs, qui imaginaient des consommateurs passant directement leurs commandes Internet vocalement. En revanche, les utilisateurs ne semblent pas gênés par le fait d'être enregistrés par leur enceinte.

▲ Une enceinte connectée.

4 La maison connectée

La maison connectée est la version moderne de la **domotique**.

VOCABULAIRE

Domotique
Ensemble des techniques visant à intégrer à l'habitat tous les automatismes en matière de sécurité, de gestion de l'énergie, de communication, etc.

ZOOM SUR...

Les protocoles domotiques

La domotique utilise des protocoles d'émission des signaux afin que les appareils puissent communiquer entre eux sans fil. En France, quelques fréquences seulement sont autorisées, comme 433 MHz, 868 MHz ou encore 2,4 GHz. Utiliser deux protocoles différents, c'est comme parler deux langues différentes. Les systèmes utilisant des protocoles différents pourront s'entendre mais pas se comprendre. L'information est « audible » mais malheureusement « incompréhensible ».

QUESTIONS

1 **Doc. 1** **a.** Comment s'est effectué le passage entre système embarqué et Internet des objets ?
b. Quels éléments marquent la frontière entre « informatique embarquée » et « objets connectés » ?

2 **Doc. 2** **a.** Comparez la population mondiale et le nombre d'objets connectés en 2018.
b. En 2025, la population mondiale devrait s'élever à 8,1 milliards. Comparez les deux croissances.

3 **Doc. 3** **a.** Pourquoi les usages prévus par les constructeurs n'ont-ils pas été suivis ?
b. Listez toutes les utilisations possibles des enceintes connectées.

4 **Doc. 4** **a.** Quels objets connectés peuvent être utilisés dans une maison connectée ?
b. Recherchez sur Internet des informations concernant le protocole domotique Z-Wave.

ACTIVITÉ

3 LA VOITURE CONNECTÉE ET AUTONOME

L'IoT est en train de bouleverser le monde de l'automobile, obligeant les constructeurs à conclure de nouvelles alliances avec les entreprises qui collectent les données et développent des applications connectées. Ces nouveaux usages soulèvent des questions éthiques et de sécurité.

1 L'autonomie d'une voiture

Avant d'arriver à ce que l'on appelle la voiture autonome, il existe des niveaux d'autonomie à franchir.

Niveau 0 Conduite manuelle. Toutes les tâches sont réalisées par l'homme.

Niveau 1 Conduite assistée : cogestion du contrôle de la voiture par l'usager et la machine.

Niveau 2 Conduite partiellement automatisée : la trajectoire de la voiture (mouvements longitudinaux et latéraux) est assurée par la machine.

Niveau 3 Conduite conditionnellement automatisée : la trajectoire est gérée automatiquement, la voiture est capable de surveiller son environnement de conduite et possède la capacité d'alerter le conducteur si une situation nécessitant sa reprise en main impérative et immédiate survient.

Niveau 4 Conduite hautement automatisée : la trajectoire est gérée automatiquement et la voiture surveille son environnement pour garantir la sécurité même en cas de défaillance ou d'événement imprévu.

Niveau 5 Conduite totalement automatisée : la voiture est totalement automatisée sur tout type de route.

D'après cea.fr, « L'essentiel sur... la voiture autonome », novembre 2017.

VOCABULAIRE

Voiture autonome
Au sens strict, « voiture autonome » signifie sans intervention du conducteur. Pour cela, elle doit être connectée : elle doit pouvoir communiquer avec son environnement, devenir un terminal connecté (au même titre que le smartphone ou la tablette numérique).

e SNT2056

L'esprit sorcier : Sous le capot de la voiture autonome

2 La clé virtuelle et connectée

Les constructeurs automobiles investissent aujourd'hui beaucoup d'énergie dans la mise au point d'une clé connectée. Ils imaginent une clé de voiture virtuelle et numérique qu'il serait possible d'envoyer à quelqu'un depuis un smartphone. Elle serait capable d'ouvrir la voiture et de fonctionner pendant une durée limitée, d'indiquer le niveau d'essence et la nécessité de faire le plein. Couplée avec un système de reconnaissance faciale, elle pourrait détecter les signes de fatigue. Elle permettrait une transmission sécurisée des données comme dans le paiement en ligne.

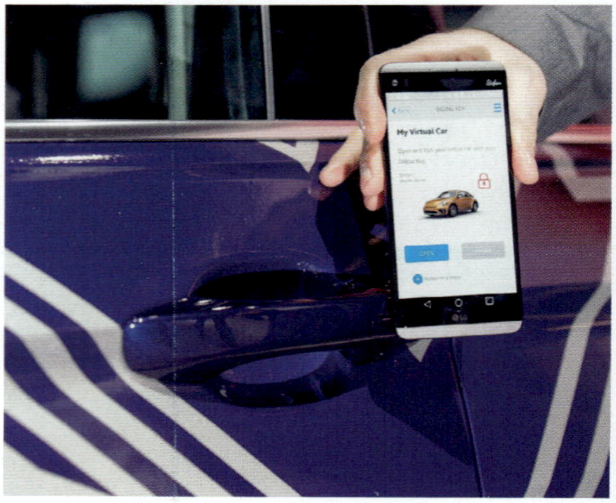

Principe de fonctionnement de la clé connectée. ▶

3 Les IHM des voitures

Les **interfaces homme-machine** des voitures, qui composent leur nouveau tableau de bord, sont devenues aujourd'hui très sophistiquées. Les constructeurs investissent beaucoup dans le IHM, notamment pour :

- **la délégation des fonctions au pilotage automatique**, en confiant au calculateur l'analyse des conditions de circulation pour déterminer le moment opportun, celui d'un trafic régulier et fluide. La facilité de reprise est essentielle car le pilote automatique doit avertir lorsqu'il se sent dépassé par la situation ;
- **les nouvelles activités à bord** : regarder un film, lire ses courriels ou consulter Internet supposent de nouvelles interfaces et, pour l'instant, **la possibilité de reprendre le contrôle** du véhicule à tout moment, gardant les mains sur le volant ;
- **les dispositifs d'interaction**, aujourd'hui limités à de simples boutons et manettes, assez rudimentaires par rapport à la démultiplication annoncée des fonctions.

▲ Vision futuriste du tableau de bord d'une voiture autonome.

Écrans tactiles, reconnaissance vocale, commandes par le geste sont à l'étude mais doivent atteindre une fiabilité absolue pour être mis en œuvre.

4 Une autre vision

◀ Une image de la vidéo *The Dream Life of Driverless Cars*, de ScanLAB Projects.

e SNT2057

▶ *The Dream Life of Driverless Cars*

L'entreprise britannique ScanLAB Projects a réalisé pour le *New York Times Magazine* une vidéo présentant ce que « voit » une voiture autonome. Elle a compilé pour cela les données recueillies par un Lidar (appareil de mesure à distance par laser) monté sur une Honda CR-V lors d'un parcours au cœur de Londres. La voiture était conduite par un humain, mais le Lidar est l'un des capteurs clés des voitures autonomes, ce qui permet de reproduire l'environnement tel qu'il est perçu par ces véhicules.

QUESTIONS

1 **Doc. 1** **a.** À quel niveau d'autonomie appartient le système ABS découvert dans l'activité 2 ?

b. Décrivez les changements entre les niveaux 3 et 4, puis 4 et 5.

2 **Doc. 2** Comment la clé virtuelle et connectée fonctionne-t-elle ? Imaginez les nouveaux usages, privés et commerciaux, qu'elle pourra permettre.

3 **Doc. 3** À partir des trois aspects des IHM présentés, imaginez sur quels critères on choisira bientôt une voiture parmi les différents modèles. Quels éléments pourraient faire la différence entre les constructeurs ?

4 **Doc. 4** Après avoir regardé la vidéo, décrivez ce que « voit » une voiture autonome. Quelles sont les différences avec ce que peut voir l'homme ?

ACTIVITÉ

4 SUCCÈS ET ÉCHECS DES OBJETS CONNECTÉS

Les chiffres donnent l'impression d'une croissance irrépressible des objets connectés dans le monde, dont le nombre devrait atteindre 30 milliards en 2020. Pourtant, des échecs retentissants ont eu lieu pour des objets annoncés comme des succès.

1 Des robots militaires aux aspirateurs

L'entreprise américaine iRobot est aujourd'hui principalement connue pour son aspirateur Roomba, mais a débuté son activité par la fabrication de robots militaires.

1990 Colin Angle, Helen Greiner et Rodney Brooks, experts en robotique du Massachusetts Institute of Technology (MIT), cofondent la société iRobot.

1991 Développement du robot Genghis™, conçu pour l'exploration spatiale.

1996 Développement d'Ariel™, robot démineur pour les zones sensibles.

1998 iRobot obtient un contrat du gouvernement américain pour concevoir un robot tactique mobile, qui donnera le PackBot®.

2001 Packbot explore le World Trade Center après les attentats du 11 septembre 2001.

2002 PackBot® est déployé auprès des forces armées des États-Unis.

2012 Plus de 5 000 robots destinés à la défense et à la sécurité sont livrés dans le monde entier.

2017 Plus de 20 millions de robots domestiques sont vendus dans le monde entier.

D'après l'historique, irobot.fr.

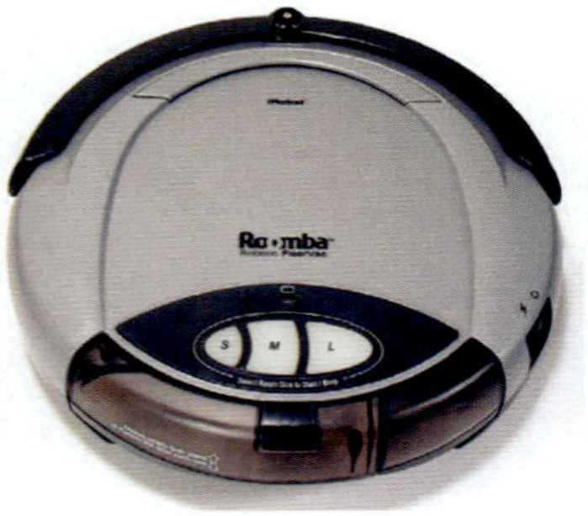

▲ **Roomba® est le premier aspirateur lancé par iRobot, en 2002. Il deviendra connecté en 2015.**

2 Les Google Glass

Issues d'un projet Google X Lab et lancées en phase de test en 2012, les Google Glass ont été les premières lunettes de réalité augmentée. […] Affrontant de nombreuses critiques, le projet est un échec et mis au point mort dès l'automne 2014 avant d'être suspendu début 2015. Google a cependant réorienté son projet et a lancé, cette année, un autre modèle destiné aux professionnels qui rencontre, lui, un véritable succès. […] Les Google Glass EE ont rapidement prouvé tout leur potentiel en augmentant de près de 20 % la productivité chez certains industriels, en proposant un meilleur suivi du travail, en limitant les erreurs, en offrant une assistance en temps réel, etc. Les Google Glass EE sont aussi de plus en plus utilisées par les professionnels de la médecine. Cette nouvelle orientation a offert une seconde vie aux Google Glass et le succès commercial qu'elles attendaient.

« Google Glass : de l'échec au succès – analyse de la transformation », par Pierrick LABBE, 11 septembre 2017, realite-virtuelle.com.

e SNT2058

Test des Google Glass en 2013

▲ **Les Google Glass, version 2013.**

3 Les objets connectés et le sport

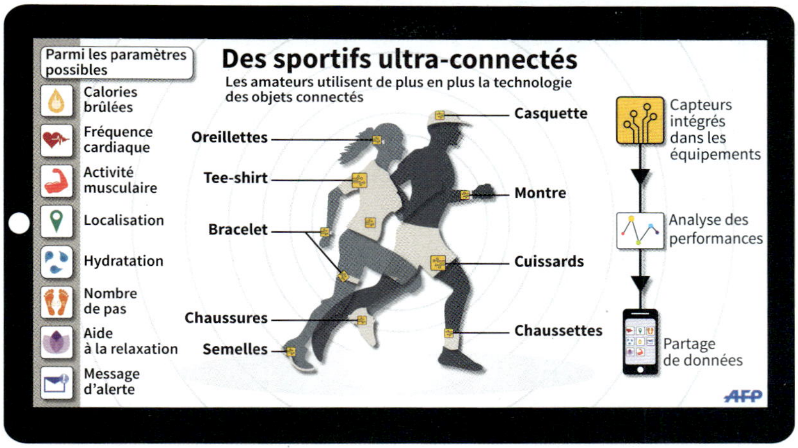

SNT2059
Le sport connecté en plein essor

4 L'échec des objets connectés

▲ Les bracelets connectés n'ont pas rencontré le succès escompté.

Les objets connectés devaient être le Graal de la high-tech française. Il y a deux ans, les start-up tricolores pavoisaient dans les allées du Salon de Las Vegas. Enfin un secteur où la french touch s'imposait ! C'est certain, l'Internet des objets serait la troisième révolution numérique, après Internet et le mobile. Les instituts multiplient alors les études prometteuses : l'institut GfK prévoit 30 objets connectés par foyer en 2020, le cabinet Gartner annonce 30 milliards d'objets connectés dans le monde, tandis que son rival IDC prédit un volume d'affaires de 1.700 milliards de dollars…
Au grand désespoir des fabricants, cette nouvelle catégorie de produits n'a toujours pas trouvé son public. La montre connectée, mêlant horlogerie chic et technologie de pointe, a symbolisé cette industrie naissante. Les résultats sont loin d'être au rendez-vous. Même Apple n'a pas réussi à rendre désirable son nouveau produit- phare, l'Apple Watch. Motorola a jeté l'éponge sur ce même segment, et Pebble, précurseur en 2012, vient d'être avalé par Fitbit, le géant américain des objets connectés. Quant à Jawbone, pionnier dans les trackers d'activité, il a frôlé le crash financier. En France, les distributeurs, tels la Fnac et Darty, ont réduit la voilure sur leurs espaces dédiés. Préférant redéployer les objets connectés par rayons - comme les jouets connectés au rayon enfants.

Challenges.fr, « La vérité sur… l'échec des objets connectés », fév. 2017.

QUESTIONS

1 **Doc. 1** **a.** En quelle année l'entreprise iRobot se lance-t-elle dans les robots domestiques ?
b. Comparez les chiffres de ventes des robots de défense et des robots domestiques.
c. Selon vous, en quoi l'expérience dans la construction des robots de défense a-t-elle pu permettre à iRobot de s'imposer sur le marché des robots domestiques ?

2 **Doc. 2** **a.** Comment expliquez-vous le rejet des Google Glass par les consommateurs et l'échec de leur commercialisation ?
b. Quelle serait la raison du succès de la deuxième version ?
c. Sur internet, recherchez des informations sur le compteur connecté Linky. Comment ce nouvel outil est-il accueilli par la population ? Comparez cette situation avec celle du lancement des Google Glass.

3 **Doc. 3** **a.** Comment les objets connectés sont-ils utilisés dans le sport ?
b. Selon vous, pourquoi ont-ils autant de succès dans ce domaine ?

4 **Doc. 4** **a.** Quels objets connectés ont le plus de succès en France ? Selon vous, pourquoi ?
b. À votre avis, dans quels domaines les objets connectés peuvent-ils être le plus utile ?
c. Quels peuvent être les risques des objets connectés ?

CONTRO VERSE

LA FIN DE LA VIE PRIVÉE ?

Le respect de la vie privée est au fondement du respect des libertés dans les démocraties. L'Internet des objets bouleverse le débat sur la question du fait de l'explosion du nombre de capteurs et de notre propre consentement à une vie privée connectée et exposée.

1 La naissance de la vie privée

L'Internet des objets connectera tout et tous dans un réseau mondial intégré. Pour alimenter en big data son système nerveux planétaire, on fixe déjà des milliards de capteurs sur les ressources naturelles, les chaînes de production, le réseau électrique, les réseaux logistiques, les flux de recyclage, et on en implante dans les logements, les bureaux, les magasins, les véhicules et même les êtres humains. […] Connecter tout et tout le monde à un système nerveux planétaire, c'est faire passer l'humanité de l'ère de la **vie privée** – l'une des caractéristiques essentielles de la modernité – à l'ère de la transparence. Si la vie privée est depuis longtemps tenue pour un droit fondamental, elle n'a jamais été un droit naturel. De fait, pendant toute l'histoire de l'humanité jusqu'à l'époque moderne, on a vécu plus ou moins en public […]. Dans la quasi-totalité des sociétés que nous connaissons avant l'époque moderne, les gens se baignaient ensemble, urinaient et déféquaient fréquemment en public, mangeaient à une table commune, avaient souvent des rapports sexuels en public et dormaient en groupe, serrés les uns contre les autres. Ce n'est qu'au début de l'ère capitaliste que les gens ont commencé à se retirer derrière des portes closes.

J. Rifkin, *La Nouvelle Société du coût marginal zéro*, éd. Les liens qui libèrent, 2014.

VOCABULAIRE

Vie privée
L'article 9 du code civil stipule que « chacun a droit au respect de sa vie privée ». Toutefois, le juge n'a pas donné une définition légale de celle-ci. Il identifie seulement des domaines concernés (vie familiale, vie sentimentale, vie sexuelle, etc.) tout en reconnaissant des exceptions possibles à l'État (enquêtes, perquisitions, etc.) et avec notre consentement.

2 Le nœud du problème

D'après les révélations récentes du journaliste Glenn Greenwald, le nombre d'Américains surveillés par le gouvernement atteint le chiffre colossal de 1,2 million de personnes. Quand l'Internet des objets sera devenu réalité, ce nombre pourra facilement s'étendre à l'ensemble de la population. Car un système qui peut vous rappeler d'acheter le dessert en route, sait aussi qui vous êtes, où vous êtes, ce que vous venez de faire et avec qui. L'Internet des objets crée les conditions idéales pour renforcer la surveillance de l'État.
C'est là le nœud du problème : le système convertit en données notre corps, notre identité et notre environnement. […] « Plus vous en dites au monde sur vous-même, et plus le monde peut vous fournir ce dont vous avez envie », écrit Sam Lessin, le directeur du *Identity Product Group* de Facebook. Une conviction partagée par Scoble* et Israel* : « Cela peut vous donner l'impression angoissante que Big Data vous regarde. Mais dans la très grande majorité des cas, nous pensons que le jeu en vaut la chandelle ».

« Faut-il avoir peur des objets connectés ? », par Sue M. Halpern, publié dans le magazine Books, mai 2015.

* Journalistes spécialisés dans les nouvelles technologies.

ZOOM SUR…

Big Data et Big Brother
Big Brother est un personnage de fiction du roman *1984* de George Orwell, devenu le symbole d'un État qui surveillerait ses citoyens à chaque instant en les observant. De nombreux auteurs ont rapproché la naissance des Big Data et l'apparition de *Big Brother*.

3 Les arguments de la défense

Le 24 mai 2017, une habitante de Portland, aux États-Unis, rapporte que son enceinte connectée Echo (Amazon) a enregistré sa conversation privée avec son mari, puis l'a envoyée à un contact de son carnet d'adresses à son insu. C'est le destinataire de ce mail involontaire qui l'a prévenue. Le groupe américain Amazon explique qu'il s'agit d'une situation rarissime. Selon lui, des mots prononcé ont été interprétés par l'enceinte comme des commandes qu'elle aurait strictement respectées : Echo se serait réveillée après avoir entendu un mot de la conversation qui sonnait comme « *Alexa* ». Elle aurait interprété la suite de la conversation comme la demande « *Envoie un message* ». À ce moment, *Alexa* a répondu à voix haute « *À qui ?* ». L'enceinte a ensuite interprété la conversation comme le nom d'un contact. *Alexa* a alors prononcé à voix haute le nom du contact, puis une demande de confirmation « *C'est bien ça ?* ». Après quoi, *Alexa* a interprété la suite de la conversation comme « *C'est bien ça* ». Cette justification n'a pas convaincu la plaignante.

4 Les couches connectées

Les parents inquiets vont pouvoir se rassurer en achetant des couches connectées pour leur bébé ! Le dispositif *Tweet Pee* fonctionne grâce à un capteur d'humidité. Placé sur la couche du bébé, il envoie une alerte au smartphone des parents via Bluetooth lorsque la couche est mouillée. Ce projet n'est pour l'instant qu'à l'étude mais il pourrait devenir très rapidement une réalité.

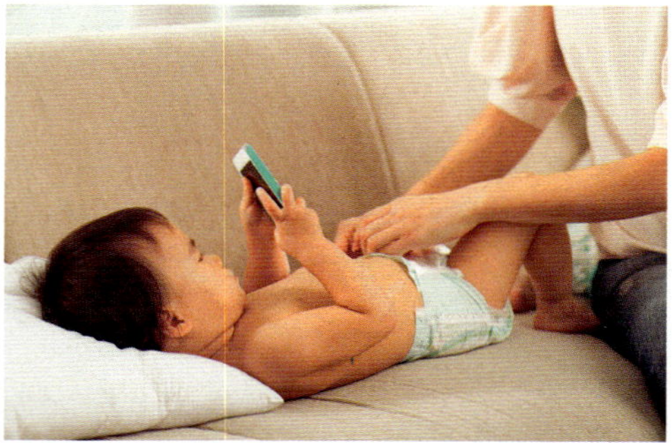

QUESTIONS

Objets connectés : peut-on encore protéger sa vie privée ?

Organisez un débat autour de cette question en vous appuyant sur les documents de cette rubrique, sur vos réponses aux questions suivantes et sur une recherche documentaire.

1 **Doc. 1, 2** **a.** Quels sont les arguments de J. Rifkin en faveur d'un monde entièrement connecté par des objets et des capteurs ?

b. Quels sont les arguments de S. Halpern pour alerter sur les risques liés aux objets connectés ?

c. Comparez les deux points de vue. Qu'en pensez-vous ?

2 **Doc. 3** **a.** Êtes-vous convaincu(e) par les explications de l'entreprise ?

b. Dans une affaire criminelle aux États-Unis, les juges ont essayé d'obtenir les enregistrements d'une enceinte connectée. Selon vous, une enceinte connectée peut-elle être « témoin » d'un meurtre ? Justifiez votre réponse.

3 **Doc. 4** **a.** Quels progrès les couches connectées apportent-elles ?

b. La première entreprise à avoir proposé ce produit l'a fait pour des personnes âgées dans les maisons de retraite et des malades dans les hôpitaux. Pensez-vous que l'utilisation des capteurs peut être au service de la dignité humaine, au risque d'empiéter sur la vie privé ? Justifiez votre réponse.

4 Lancez le débat en classe entière. Vous évoquerez les apports, actuels ou potentiels, des objets connectés (en donnant des exemples concrets) et vous soulèverez les risques en matière de respect de la vie privée.

COURS

INFORMATIQUE EMBARQUÉE ET OBJETS CONNECTÉS

Les objets connectés, qui envahissent peu à peu notre quotidien, rendent de nombreux services. Il est important qu'ils soient sécurisés et respectueux de la vie privée.

1 Les systèmes informatiques embarqués

- Les **systèmes informatiques embarqués** se rencontrent dans des secteurs aussi variés que l'aéronautique, l'électroménager, le matériel médical, la téléphonie mobile, la robotique industrielle ou encore les jeux vidéo.

- L'architecture des systèmes embarqués est généralement composée de **microprocesseurs** dont la partie logicielle est partiellement ou entièrement programmée dans le matériel.

- En informatique embarquée, il existe généralement des contraintes à prendre en compte, différentes de celles de l'informatique personnelle, comme :

• **la criticité :** une sûreté de fonctionnement qui demande aux systèmes dits critiques de fournir des résultats exacts et pertinents ;

• **la réactivité :** ces systèmes doivent interagir avec leur environnement. Cela implique des impératifs de temps de réponse. De ce fait, l'informatique embarquée est souvent basée sur un **système temps réel** ;

• **l'autonomie :** les systèmes embarqués doivent très souvent remplir leur mission pendant de longues périodes sans intervention humaine ;

• **la robustesse, la fiabilité et la sécurité :** la sécurité (dans le sens de la résistance aux malveillances) et la fiabilité (continuité de service) sont souvent rattachées à la problématique des systèmes embarqués ;

• **des contraintes externes**, comme une puissance de calcul définie au plus juste afin de répondre aux besoins tout en évitant les éventuelles surconsommations d'énergie.

- Certains systèmes embarqués – les plus basiques – ne disposent pas d'interface utilisateur. Les plus complexes sont souvent munis de panneaux de contrôles (écran tactile, bouton, etc.). Il en existe par exemple plusieurs types dans les avions.

Système informatique embarqué

Système électronique et informatique autonome, souvent dédié à une tâche précise. Il désigne aussi bien la partie matérielle que le logiciel.

Microprocesseur

Processeur (partie d'un ordinateur qui exécute les instructions et traite les données des programmes) dont tous les composants ont été suffisamment miniaturisés pour être regroupés dans un unique boîtier.

Système temps réel

Système capable de contrôler (ou piloter) un procédé physique à une vitesse adaptée à l'évolution du procédé contrôlé.

2 Les objets connectés

- La vocation première de l'objet connecté n'est pas d'être un périphérique informatique ni une interface d'accès au Web. Il s'agit d'un objet auquel on a ajouté une **connexion Internet** qui apporte une **valeur supplémentaire** en termes de fonctionnalité, d'information, d'interaction avec l'environnement ou d'usage.

- On estime à **plus de 20 milliards** le nombre d'objets connectés dans le monde en 2018. Le chiffre devrait atteindre 75 milliards en 2025.

3 Le principe de fonctionnement

Interface homme-machine

Ensemble des dispositifs matériels et logiciels permettant à un utilisateur (homme) d'interagir avec un système interactif (machine).

Le principe des systèmes embarqués est de faire **interagir le monde physique avec celui de l'informatique, ou numérique** dans le cas de l'iOT.

Le système capte « une grandeur physique » via **des capteurs** ou des **interfaces homme-machine** (IHM), la transforme et la transmet au système informatique. Les traitements informatiques nécessaires sont effectués, et le résultat est retranscrit en actions sur le monde physique, via **des actionneurs**.

▲ Caractéristiques générales d'un système informatique embarqué.

Les capteurs **recueillent des informations** depuis le monde physique et les **transmettent au système informatique**.

Les actionneurs permettent au système informatique d'agir sur le monde physique en modifiant son état.
Par exemple, un capteur de température traduit l'amplitude de la température en une tension électrique. Celle-ci est numérisée, analysée et elle aboutit à une prise de décision. Cette dernière est transmise vers un actionneur pour déclencher le fonctionnement de dispositifs, comme le réglage d'un chauffage.

La **mise en réseau de plusieurs objets connectés** apporte de nouvelles fonctionnalités de mesure de l'environnement et d'actionnement collectif. L'interaction entre plusieurs objets peut permettre d'exécuter une tâche qu'un objet ne peut réaliser seul.
Par exemple, relever des températures dans une forêt en plusieurs points afin de prévenir les départs d'incendie et éviter les cas aberrants.

Vie privée

L'article 9 du code civil stipule que « chacun a droit au respect de sa vie privée ». Il n'existe pas de définition légale de « vie privée » mais les domaines où la notion s'applique sont identifiés : vie familiale, vie sentimentale, vie sexuelle, santé, notamment.

4 La sécurité et la vie privée

Les objets connectés sont de plus en plus utilisés au quotidien, ce qui entraîne de nouveaux risques en termes de **sécurité** et de respect de la **vie privée**. Certains objets peuvent par exemple être utilisés comme robots pour lancer des attaques sur Internet ou pour recueillir les données personnelles d'utilisateurs.

LES CAPACITÉS DU CHAPITRE

- **1.** Identifier des algorithmes de contrôle des comportements physiques à travers les données des capteurs, l'IHM et les actionneurs dans des systèmes courants. → **Activités 1,2 et 3**
- **2.** Réaliser une IHM simple d'un objet connecté. → **FabLab**
- **3.** Écrire des programmes simples d'acquisition de données ou de commande d'un actionneur. → **Page du codeur**

JE VÉRIFIE MES CONNAISSANCES

SNT2065
Exercices interactifs

Corrigés p. 186

1 QCM

Choisir la (ou les) bonne(s) réponse(s).

	A	B	C
1. Dans un système embarqué, on trouve …	des capteurs	des utilisateurs	des actionneurs
2. Les interfaces homme-machine existent …	depuis longtemps	uniquement en laboratoire	dans l'esprit des chercheurs
3. Un capteur transmet des informations du monde physique vers …	les actionneurs	le système informatique	l'utilisateur
4. En 2018, le nombre d'objets connectés dans le monde était environ de…	20 millions	200 millions	20 milliards

2 VRAI/FAUX

Répondre par vrai ou faux.

a. La ligne 14 du métro parisien a été la première ligne entièrement automatisée.
b. Le calculateur d'un avion est un employé de la tour de contrôle.
c. Le système de freinage ABS est un système informatique embarqué.
d. L'Internet des objets désigne l'ensemble des objets que l'on trouve sur Internet.
e. Une voiture connectée est une voiture qui roule sur une route connectée.
f. Un smartphone n'est pas un objet connecté.
g. Un système qui doit interagir avec son environnement avec un temps de réponse quasi nul est souvent appelé « système temps réel ».

3 Vers une définition

Compléter avec les mots qui conviennent.
a. Les capteurs permettent de recueillir des …… du …… et de les transmettre vers un …… (souvent, un serveur informatique ou équivalent).
b. Les actionneurs permettent au …… d'agir sur le …… en modifiant son état.

4 Compléter un schéma

Recopier, puis compléter le schéma ci-contre pour expliquer le principe de fonctionnement d'un système informatique embarqué.

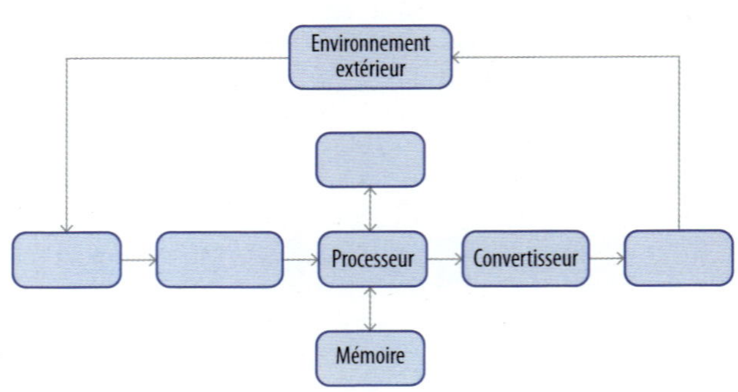

5 Restituer des connaissances

a. Citer au moins deux contraintes importantes en informatique embarquée qui n'existent pas forcément en informatique personnelle.
b. Quelle est la capacité commune à tous les objets connectés ?

6 Organiser ses connaissances

Décrire le principe de fonctionnement d'un système informatique embarqué.

JE M'ENTRAÎNE

7 Une histoire de température

a. Indiquer tous les éléments nécessaires pour fabriquer un système embarqué permettant de gérer la température d'une pièce en fonction d'une température de référence (possibilité de faire un schéma de fonctionnement).
b. Faire de même en imaginant le système en tant qu'IoT.

8 Des taux de croissance

En 2010, l'entreprise Cisco envisageait ainsi l'évolution du nombre d'objets connectés dans le monde :

Année	Nombre d'objets connectés par personne	Nombre total d'objets connectés (en milliard)	Population mondiale (en milliard)
2010	1,84	12,5	6,8
2015	3,47	25	7,2
2018	6,58	50	7,6

a. Calculer le taux de croissance du nombre d'objets connectés total, puis celui du nombre d'objets connectés par personne.
b. Comparer ces taux avec le taux de croissance de la population mondiale.
c. Quelles conclusions peut-on en tirer ?

9 La voiture autonome

La conduite automatisée repose sur de gigantesques volumes d'informations que les divers capteurs transmettent aux algorithmes de traitement d'images. Selon Brian Krzanich, PDG d'Intel, un véhicule autonome va générer et consommer, pour huit heures de conduite, environ 40 téraoctets de données, soit l'équivalent de 40 disques durs d'ordinateur. En circulation, chacun de ces véhicules produira autant de données que 3 000 utilisateurs d'Internet, précise-t-il. Or la facture énergétique du traitement et du stockage du big data est déjà préoccupante. En France, les datacenters consommaient déjà en 2015 plus d'électricité que la ville de Lyon.

« La voiture autonome ? Une catastrophe écologique », 15 février 2019 / Celia Izoard (Reporterre).

a. Quels problèmes ce texte soulève-t-il ?
b. Lister d'autres problèmes possibles liés à cette évolution technologique.

10 Un potager connecté

Le « pousse-légume » est le premier potager électroménager et connecté. Il permet à une famille ou à un restaurateur de cultiver tout au long de l'année des petits fruits et légumes de manière très simple.

En quoi l'apport du numérique peut-il être un progrès dans ce domaine ?

11 Les enceintes connectées

a. Décrire, à l'aide d'un schéma, le fonctionnement d'une enceinte connectée (les capteurs, les actionneurs, les données qui transitent, etc.).
b. Qu'est-ce qu'un État totalitaire pourrait faire d'enceintes connectées présentes dans chaque foyer, sans organisme de contrôle l'empêchant d'utiliser ces données ?
c. Approfondir la question en faisant une recherche sur le « crédit social » en Chine, c'est-à-dire la mise en place d'une notation numérique du comportement de tous les citoyens, couplée désormais avec l'application smartphone « *xuexiqiangguo* » (que l'on peut traduire par « étudier pour rendre la Chine forte »).

12 IoT et sécurité

En octobre 2016, le service « DynDNS » a été victime d'une importante attaque par déni de service, principalement en provenance d'objets connectés.
a. Rechercher sur Internet le service proposé par l'entreprise DynDNS.
b. Expliquer ce qu'est une « attaque par déni de service ».
c. De plus en plus d'objets connectés sont proposés sur le marché. Faudrait-il les sécuriser au détriment de leur facilité d'utilisation ? (Répondre en donnant des arguments.)

EXPOSÉS

SUJET A : La voiture autonome (enjeux, opportunités et dangers).
SUJET B : Le fonctionnement des interfaces neuronales.

FAB LAB

SNT2060
Présentation des cartes Arduino

OBJECTIF

CONSTRUIRE UN MINUTEUR LUMINEUX permettant de rythmer les heures de cours, à l'aide d'une carte Arduino programmée avec Scratch.

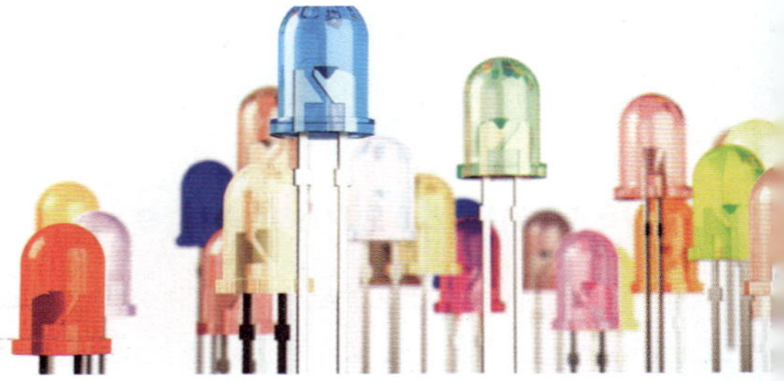

Protocole de construction

1 Rassembler le matériel nécessaire

- Une carte Arduino UNO (ou clone Arduino UNO).
- Un câble USB (fourni avec la carte).
- Trois **LED** de couleurs différentes.

VOCABULAIRE

LED
Une diode électroluminescente (*Light-Emitting Diode*, en anglais) est un composant électronique qui émet de la lumière lors du passage du courant électrique.

2 Définir le rythme

On commence par définir le rythme que l'on souhaite obtenir pour l'allumage de chaque LED.
À quel instant t_0 la première LED doit-elle s'allumer ? Et s'éteindre (t_1) ? Mêmes questions pour la deuxième (on appelle t_2 l'instant où elle doit s'éteindre) et la troisième.

3 Installer l'environnement

- Télécharger et installer l'IDE Arduino.

L'IDE (environnement de développement intégré) est le logiciel qui permet de programmer la carte Arduino.

- Télécharger le *firmware* pour l'IDE et le téléverser sur la carte Arduino UNO.

Un *firmware*, appelé aussi « microcode » ou « micrologiciel » en français, est un petit logiciel intégré à chaque appareil électronique, qui en assure le fonctionnement.

- Télécharger l'environnement de programmation graphique Scratch pour Arduino (S4A).
- Installer et mettre en service l'environnement S4A.
- Vérifier le bon fonctionnement.

4 Monter les LED

Monter les trois LED en reliant la cathode sur GND (Ground, la terre) et l'anode à une résistance qui est connectée au pin 11, 12 et 13.

5 Programmer avec Scratch

Écrire le programme en scratch, en suivant l'algorithme ci-dessous.

Répéter indéfiniment
Si chronomètre < t1 alors on allume la LED 1 sinon elle est éteinte
Si chronomètre < t2 alors on allume la LED 2 sinon elle est éteinte
Si chronomètre > t2 alors on fait clignoter la LED 3

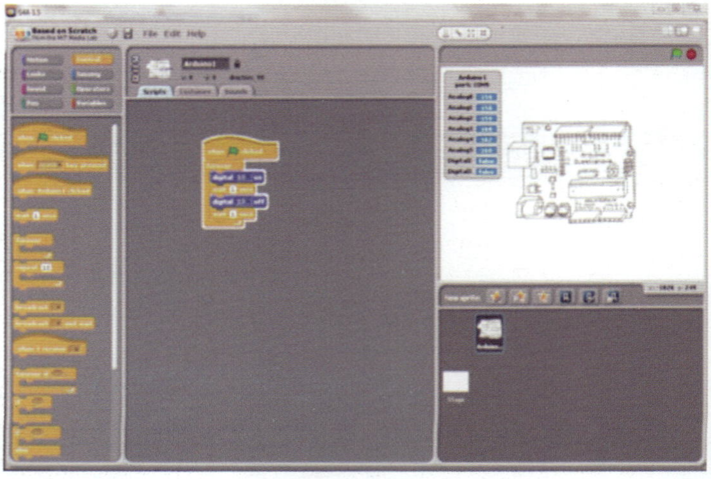

Interface Scratch pour programmer la carte Arduino UNO. ▶

LA PAGE DU CODEUR

SNT2085

Les bases de Python

Voir l'introduction à Python, p. 172

La page FabLab a permis de montrer que l'on pouvait interagir avec des LED branchées sur une carte Arduino en exécutant un programme sur celle-ci.
Nous allons procéder de la même manière, mais les LED seront commandées cette fois par un programme tiers, exécuté en Python sur le PC. On simule, en fait, un couple capteur-actionneur.

1 L'installation de l'environnement

- Carte Arduino UNO (ou clone Arduino UNO).
- Câble USB (fourni avec la carte).
- Installation de l'environnement :
  – télécharger et installer l'IDE Arduino ;
  – télécharger le *firmware* pour l'IDE et le téléverser sur la carte Arduino UNO ;
  – vérifier le bon fonctionnement.
- Installer la librairie PySerial.
- Vérifier le bon fonctionnement.

La librairie PySerial permet à Python d'utiliser les ports COM de l'ordinateur.

2 Le montage

Brancher la carte Arduino sur le PC et relier une LED à la carte. Il faut alors écrire un programme Python sur le PC qui permette de faire clignoter la LED (actionneur) et un programme sur la carte Arduino qui permette d'écouter (capteur) et d'interagir avec la LED.

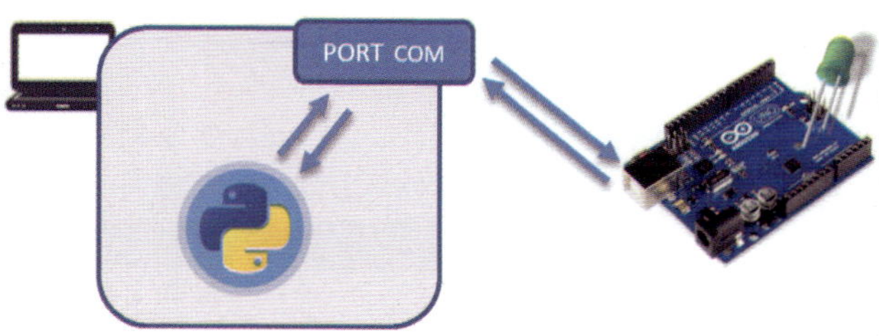

Le **port COM** est une voie de communication de type série entre l'ordinateur et un appareil électronique (capteur, carte, etc.). Il permet donc d'échanger des informations et des données avec le monde extérieur, si bien que ce type de port est parfois appelé « interface entrée/sortie ». Il est de type série, c'est-à-dire qu'il envoie les bits les uns à la suite des autres, à la différence d'un port de type parallèle, qui les envoie simultanément.

3 L'écriture du programme Python

Il faut importer les librairies nécessaires :

```
import serial
import time
```

Il est également nécessaire d'initialiser la communication avec le port COM du PC :

```
ser = serial.Serial('COMX,9600,timeout=0)
```

Le but du programme sera alors d'écrire sur le port série soit la valeur 1, soit la valeur 0 pour allumer ou éteindre la LED :

```
var = 1
ser.write(var)
```

a. Avec les éléments ci-dessus, écrire le programme en Python.

b. On souhaite ajouter une instruction qui permette de temporiser afin de voir clignoter la LED. Pour cela, on utilise l'instruction :

```
time.sleep(x) #x est le nombre de secondes pour la temporisation
```

Compléter le programme avec cette instruction, ainsi qu'une ligne permettant d'écrire des commentaires lors de l'exécution du programme.

4 Le programme pour la carte Arduino

Pour programmer la carte Arduino, il faut dans un premier temps initier le programme, puis programmer une boucle « loop ».
Ensuite, il faut « écouter » le port série (s'il est disponible) :

```
if (Serial.available() > 0) { incomingByte
= Serial.read();}
```

Ensuite, il faut pouvoir traduire les « 0 » ou les « 1 » de telle manière que la LED s'allume ou s'éteigne (avec 49 = 1 et 48 = 0 en CODE ASCII) :

```
if (incomingByte == CODE ASCII)
{digitalWrite(ledPin, HIGH ou LOW); }
```

5 Un SOS en code Morse

a. Rechercher sur Internet ce qu'est le code Morse.
En code Morse, le mot « SOS » s'écrit « … ___ … ».
On fixe ici que le point correspond à 0,5 seconde d'allumage et que le trait correspond à 1,5 seconde d'allumage. On fixe également la coupure entre deux messages à 8 secondes.

b. Écrire le programme qui permet d'envoyer deux SOS de suite en code Morse.

LE MONDE DE DEMAIN

Les interfaces homme-machine seront le cœur de l'IoT de demain. En effet, avec la multiplication des objets connectés, il est important pour les utilisateurs de disposer d'interfaces fiables et faciles à utiliser.

? En vous appuyant sur les documents de cette rubrique, évaluez ce que pourraient être les IHM de demain, ainsi que leurs usages.

e SNT2064

Pour aller plus loin

- « 50 ans d'interaction homme-machine : retour vers le futur », *Interstices.info*
- « Toucher, entendre, sentir, goûter... pouvoir », *ins2i.cars.fr*, janv. 2017.

LES IHM DU FUTUR

e SNT2061

Le programme Auxylium

1 Le monde militaire

Des objets connectés pour les soldats

Bien qu'il existe des usages intéressants aujourd'hui, les objets connectés sont prisonniers des systèmes : l'usage est lié à un dispositif précis, la connectivité est limitée, les données sont prioritaires et cloisonnées. Cependant, demain ils seront ouverts sur le champ de bataille : adaptés au soldat par leur poids réduit, leur taille minimale et leur disponibilité élevée (autonomie et soutien), collaboratifs car ils fonctionneront sur un modèle de données ouvert, possédant des interfaces réseaux multiples et une capacité d'emploi basée sur l'opportunité, simples et discrets car ils possèderont des interfaces de contrôle minimalistes et seront mis en œuvre par les plus bas échelons tactiques.
À court terme, des solutions sont applicables : des armes connectées grâce à une technologie simple et discrète permettant une accélération de la logistique (par exemple, dispositif permettant de compter le nombre de munitions tirées par une arme), apportant une plus-value directe au combat et une efficacité dans la gestion au quotidien, des véhicules connectés permettant un contrôle à distance, une continuité embarqué/débarqué, une maintenance prédictive et la possibilité de créer des pièces de maintenance grâce aux imprimantes 3D et l'usage de drones terrestres ou aériens, permettant de s'affranchir des limites de portées radio.

«Les objets connectés et le monde militaire », Capitaine Jean-Baptiste Colas, séminaire interarmées, 21 mars 2017.

Le corps comme IHM ?

L'armée américaine, à travers son agence DARPA (*Defense Advanced Research Projects Agency*), développe de nouveaux outils pour gérer l'état physiologique du combattant grâce à des capteurs et à l'intelligence artificielle : diagnostiquer et soigner en temps réel sur le théâtre des opérations (un quart des blessures ne seraient pas soignées complètement), évaluer l'état physique des combattants sur le terrain, et même ralentir la biologie du corps humain jusqu'à ce qu'il puisse recevoir de l'aide.

◀ **L'armée développe et utilise de très nombreux objets connectés.**

2 L'interface cerveau-machine

En quoi consiste l'ICM ?

L'interface cerveau-machine, appelée également « interface neuronal », désigne un système de liaison directe entre un cerveau et un ordinateur, c'est-à-dire sans dispositif physique de contrôle. La première étape consiste à enregistrer les niveaux électriques du cerveau, soit par une implantation directe d'électrodes dans le corps (au niveau du cortex ou de la dure-mère*), soit par un casque équipé d'électrodes. Une fois captés, ces signaux doivent être interprétés par un logiciel qui les traduit en commandes adressées à la machine. Des systèmes opérationnels existent déjà à titre expérimental. Facebook, par exemple, finance un programme qui permettrait de supprimer la souris, le clavier et l'écran tactile grâce à une connexion directe au cerveau, en particulier pour ses lunettes de réalité augmentée. Écouter par la peau permettrait selon eux de contourner les différences de langue en créant une langue universelle

* La membrane qui entoure le cerveau sous la boîte cranienne.

La fin des handicaps ?

L'interface neuronale permettrait de résoudre tous les handicaps caractérisés par une déficience des nerfs périphériques et des muscles, par exemple dans les cas de paraplégie ou de maladie de Charcot. Le contrôle à distance d'un membre robotisé ou d'un exosquelette, ou encore l'écriture par la pensée sont déjà une réalité. Plusieurs limites apparaissent cependant :

– la phase d'adaptation et d'apprentissage est si difficile et complexe que seule une minorité de personnes en serait capable, notamment des sportifs de haut niveau victimes d'un accident ;

– les défis éthiques sont importants : égalité des patients face aux frais financiers, effets des systèmes sur le cerveau humain, et même imputation d'une responsabilité à l'homme ou à la machine en cas d'accident.

e SNT2062

Un tétraplégique retrouve l'usage de son bras avec une neuroprothèse

▲ L'École polytechnique Fédérale de Lausanne a montré en novembre 2018 le potentiel des neurotechnologies en permettant à un paraplégique de remarcher grâce à une stimulation électrique de la moelle épinière lombaire.

Piloter un drone par la pensée

e SNT2063

Première course de drone piloté par la pensée

◀ La scientifique ukrainienne Nataliya Kosmyna développe des interfaces cerveau-machine afin de piloter des drones uniquement par la pensée. Elle a présenté son travail à de nombreuses reprises, ici lors du TEDxFHKufstein en juillet 2016.

7 LA PHOTOGRAPHIE NUMÉRIQUE

SOMMAIRE DU CHAPITRE

voir Controverse, page 156

REPÈRES HISTORIQUES

Antiquité

Le principe de la ***camera obscura*** (« chambre noire », en latin), ancêtre de l'appareil photographique, est connu dès l'Antiquité. Il s'agit d'une simple chambre ou d'une boîte noire dans laquelle un petit trou a été réalisé sur l'une des parois, qui permet d'observer, sur la paroi opposée, une image renversée de l'extérieur.

1826

Après plus de dix ans de recherche, l'ingénieur français Nicéphore Niépce parvient à capter et à fixer une image. Sa technique, appelée « procédé héliographique », ouvre la voie à la **photographie argentique**, qui ne naîtra réellement qu'en 1839 des mains de Louis Daguerre. Le temps de pose requis est, à l'époque, de plusieurs jours.

1903

Des procédés de **photographie en couleurs** apparaissent dès le XIXe siècle, mais c'est en 1903, avec l'invention de l'autochrome par les Frères Lumière (puis sa commercialisation en 1907), que la couleur devient simple d'utilisation. Il faudra attendre les années 1950 pour que la photographie en couleurs se démocratise réellement.

1969

Arrivée des **capteurs CCD**, créés dans les laboratoires Bell, aux États-Unis. Leurs inventeurs, Willard S. Boyle et George Smith, seront récompensés par le prix Nobel de physique en 2009 pour cette invention.

→ *Activité 1, page 148*

SNT2067
Une brève histoire de la photographie

1975

Création par Steven Sasson, ingénieur chez Kodak, du **premier prototype d'appareil photo numérique**. Sa résolution est de 100 × 100 pixels. Ce prototype pèse 3,6 kg et produit des photographies en noir et blanc grâce à un nouveau capteur CCD. L'enregistrement de la photographie, sur la bande magnétique d'une cassette, prend 23 secondes.

→ *Activité 1, page 148*

1997

L'informaticien américain Philippe Kahn crée, pour photographier sa fille tout juste née, le **premier couplage d'un téléphone mobile et d'un appareil photo**. Pour réaliser la connexion entre son téléphone portable (un Motorola Starac) et le premier appareil photo numérique à écran LCD (un Casio QV-10), il utilise un câble du téléphone intégré à sa voiture.

2007

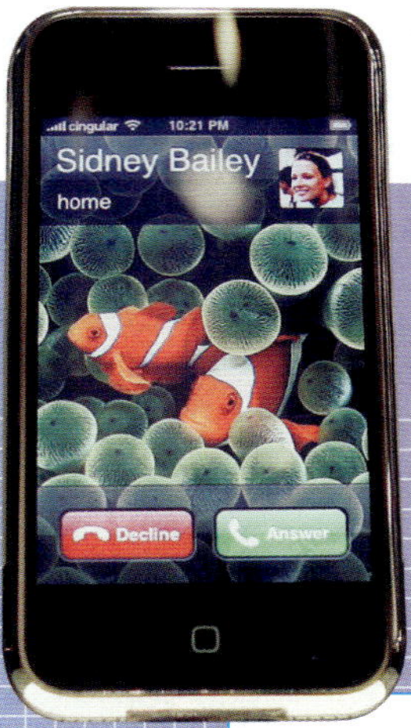

Steve Jobs dévoile l'**iPhone, premier smartphone** tel que nous l'entendons : un terminal informatique complet, équipé d'un écran tactile, permettant de téléphoner et de prendre des photographies. En 2018, plus de deux milliards et demi de personnes utilisent un smartphone dans le monde.

2018

Quelques 2 200 images sont **postées sur Facebook** chaque seconde, soit plus de 70 milliards dans l'année.

ACTIVITÉ

1 DU CAPTEUR À L'IMAGE

À l'ère du numérique, la photographie s'est démocratisée et de nouveaux usages (traitement informatique, selfie, etc.) sont apparus. Le principe général n'a pas changé mais les évolutions techniques offrent de nouvelles possibilités.

1 Le fonctionnement d'un appareil photo

Un appareil photo, qu'il soit argentique ou numérique, perçoit la lumière de ce qui lui fait face à travers un orifice fin et recueille cette image à l'aide d'un dispositif chimique ou électronique, le **capteur**. Un système optique, l'**objectif**, permet d'agir sur la concentration des faisceaux lumineux afin de reproduire une image sur le capteur. Même s'ils sont souvent rudimentaires et très miniaturisés, les appareils photo des smartphones reposent sur le même principe.

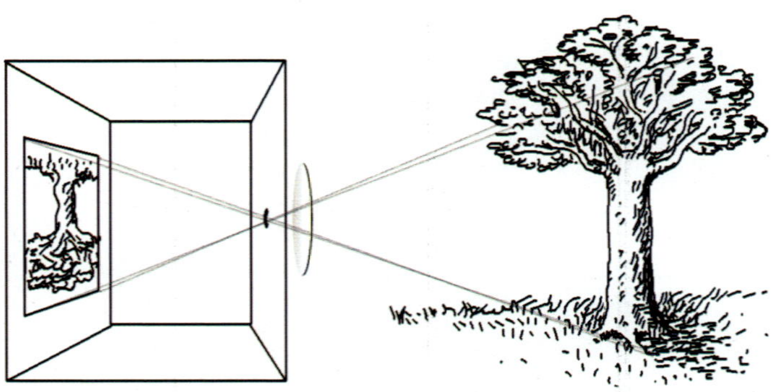

VOCABULAIRE

Capteur
Instrument capable de mesurer un phénomène physique : luminosité, son, poids, force, etc.

2 Les capteurs CCD et CMOS

Les capteurs photographiques sont des éléments électroniques sensibles à la lumière, qui produisent des **électrons** (de l'électricité) lorsqu'ils reçoivent des **photons** (de la lumière). Un capteur d'appareil photo numérique est composé d'un canevas d'éléments tous identiques appelés **photosites**. Ce canevas s'appelle le filtre (ou matrice) de Bayer. Pour que ceux-ci distinguent les couleurs, chacun est placé derrière un filtre d'une des trois **couleurs primaires** qui composent la **lumière blanche** : rouge, vert et bleu. La répartition n'est pas égale ; il y a deux fois plus de filtres verts que de filtres rouges ou bleus, ce qui correspond à la sensibilité de la vision humaine. La tension électrique produite est ensuite convertie en nombres et envoyée au **processeur** de l'appareil photo.

VOCABULAIRE

Photosite
Plus petit élément actif d'un capteur photographique. Ce sont des cellules photoélectriques qui réagissent à l'intensité lumineuse.

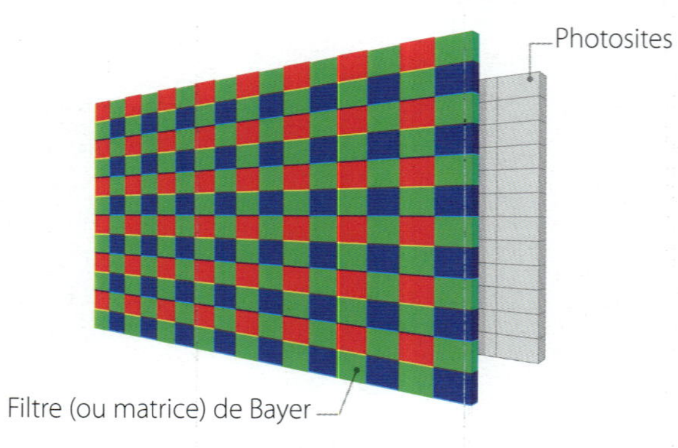

ZOOM SUR…

CCD et CMOS
Il existe deux types principaux de capteurs : les CCD (*Charge-Coupled Device*, « dispositifs à transfert de charge ») et les CMOS (*Complementary Metal Oxide Semiconductor*, « semiconducteur à oxyde de métal complémentaire »). Dans le cas du CMOS, les photosites sont « intelligents », c'est-à-dire qu'ils effectuent eux-mêmes l'analyse de la luminosité reçue.

3 L'image et les pixels

Une image possède deux caractéristiques : sa définition et sa résolution. Les deux s'appuient sur la notion de **pixels** qui composent une image.

- La **définition** d'une image est le nombre des pixels qui la composent. Elle est exprimée sous la forme « *largeur × hauteur* ».
- La **résolution** est la densité de pixels sur une surface donnée. Ce nombre, exprimé en points par pouce (*dpi* en anglais, pour *Dots Per Inch*), est utilisé pour décrire un réglage d'impression ou de numérisation. Lorsque l'on numérise une image d'un pouce carré (2,54 × 2,54 cm) à 300 dpi, celle-ci contient 300 × 300 pixels.

La résolution d'une image permet donc d'établir le rapport entre la définition en pixels de l'image et la dimension réelle de sa représentation sur un support physique.

VOCABULAIRE

Pixel
Abréviation de *PICture Element*. C'est le plus petit élément d'une image numérique. En général, il faut quatre photosites pour composer un pixel : deux pour capter la lumière verte, un pour le rouge et un pour le bleu.

▲ Image pixellisée, c'est-à-dire où les pixels ont été volontairement grossis.

4 La profondeur de couleur

Selon la nature de la photographie (noir et blanc, couleurs indexées, etc.), son stockage va prendre plus ou moins d'espace mémoire (il s'agit de son poids). Le poids d'une photographie dépend du nombre de pixels total mais aussi du nombre réel de couleurs disponibles. Ce dernier s'appelle **profondeur de couleur** (ou codage de couleurs) et s'exprime en bit par pixel.

Pour calculer le poids d'une image en octets*, on utilise la formule : *nombre de pixels total × codage couleurs (octets) = poids (octets).*

1 bit permet de stocker $2^1 = 2$ états (0 et 1, noir et blanc), alors que 8 bits permettent de stocker $2^8 = 256$ états (ici, 256 couleurs).

*1 octet = 8 bits.

COMPLÉMENTS MATHS p. 178

ZOOM SUR...

Les couleurs
Le mode **couleurs indexées** permet d'obtenir jusqu'à 256 couleurs fixes, définies à l'avance dans une palette. Ainsi, chaque pixel peut avoir jusqu'à 256 couleurs fixes. Dans les modes colorimétriques RVB/CJMN, l'utilisation de plusieurs couches permet de monter jusqu'à plusieurs millions de nuances de couleurs.

QUESTIONS

1 **Doc. 1** **a.** Quels sont les principaux éléments d'un appareil photo ? Résumez son principe de fonctionnement.
b. Où se situe le capteur ?

2 **Doc. 2** **a.** Décrivez le fonctionnement d'un capteur.
b. Comment sont disposés les photosites sur un capteur ?

3 **Doc. 3** **a.** Le nombre de photosites est-il égal au nombre de pixels ?
b. Quel est le nombre de pixels d'une image dont la définition est 300 × 300 ?
c. On scanne à 300 dpi une photographie de 8,5 pouces sur 11 pouces. Quelle est la définition de la photographie scannée ?

4 **Doc. 4** Une image a une définition de 30 × 20 codée en 8 bits. Quel est son poids ?

ACTIVITÉ

2 LES MÉTADONNÉES EXIF

Une image numérique n'est pas qu'une liste de pixels. C'est aussi un fichier qui peut contenir des informations diverses : les métadonnées. Le format le plus courant pour ces métadonnées est le format EXIF.

1 Les métadonnées EXIF...

Dans les appareils numériques, les **métadonnées** sont automatiquement inscrites et conservées dans le fichier image (dont le format peut être RAW, JPEG ou TIFF) de chaque photographie. L'ensemble de ces informations est appelé métadonnées EXIF (*Exchangeable Image File Format*). On y trouve, par exemple, le modèle de l'appareil, les dimensions en pixels, l'ouverture du diaphragme, la durée d'exposition, l'orientation (paysage/portrait), la date du cliché ou les coordonnées GPS de l'appareil au moment de la prise de vue. Il existe d'autres formats de métadonnées, comme le IPTC, qui contient des données sur l'auteur de la photographie.

VOCABULAIRE

Métadonnée
Une métadonnée est, littéralement, « une donnée sur une donnée »
Plus précisément, c'est un ensemble structuré d'informations décrivant une ressource quelconque.

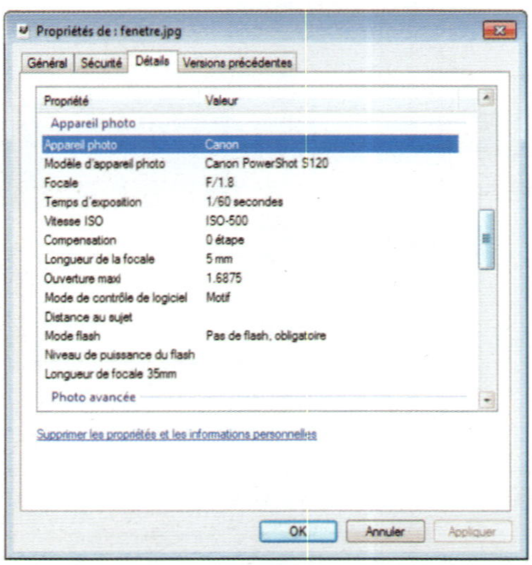

▲ Extrait des métadonnées EXIF d'une photographie.

ZOOM SUR...

Portrait et paysage

Parmi les métadonnées d'une photographie, on trouve le type d'orientation. Lorsque le plus grand côté d'une photographie est sa hauteur, on dit qu'elle est orientée « portrait ». Lorsque le plus grand côté est la largeur, on dit que l'orientation est « paysage ». Avec un smartphone, on a souvent le réflexe de photographier au format portrait. Avec un appareil photo, et, plus encore, avec une caméra, on utilise le format « paysage ».

2 ... parfois sensibles

Les métadonnées EXIF peuvent contenir des informations telles que les coordonnées GPS précises du lieu où a été réalisé le cliché. Cela signifie que l'on peut indiquer par inadvertance sa position à quelqu'un avec une photographie. En dehors de FlickR, les réseaux sociaux suppriment les métadonnées des images qui leur sont soumises, mais sur les images transmises par courriel, les métadonnées sont conservées. Les images médicales (radiographies, IRM, etc.) sont généralement associées à des métadonnées au format DICOM (*Digital Imaging and Communications in Medicine*), qui embarquent des informations telles que le nom du patient, son âge, le type d'examen, etc., mais aussi des commentaires des médecins. Toutes ces données peuvent être très personnelles.

3 Affichage et édition des métadonnées

Les logiciels d'édition d'images, tels que Gimp, les systèmes d'exploitation, comme Windows et MacOS, ou encore des logiciels spécialisés permettent d'éditer manuellement les métadonnées. Par exemple, il est possible d'en supprimer certaines (afin d'alléger le fichier ou d'en retirer des informations sensibles, comme les coordonnées GPS) ou d'ajouter des champs tels que « Titre », « Auteur », « Licence » ou « Mots-clés ». Ce type de champ peut être précieux pour automatiser le classement et l'**indexation** des images. Un réseau social comme FlickR permet à ses utilisateurs d'indexer leurs photographies en y ajoutant des mots-clés (*tags*, en anglais) qui permettent par la suite aux utilisateurs de naviguer entre les images grâce au moteur de recherche. FlickR ajoute lui-même des tags afin de faciliter la recherche.

◀ La photographie « ExempleDidier » à télécharger

VOCABULAIRE

Indexation
L'indexation d'un document consiste à lui associer des métadonnées (par exemple, des mots-clés) qui permettront, lors d'une recherche, de le retrouver automatiquement en fonction de critères déterminés.

e SNT2069
Photographie à télécharger

- Télécharger sur le bureau la photographie « ExempleDidier ».
- Cliquer droit sur la photo et ouvrir le menu « Propriétés ».
- Ouvrir les « Détails » pour afficher les métadonnées.
- Ouvrir ensuite la photographie avec le logiciel Gimp.
- Dans le menu « Image », ouvrir la fenêtre « Propriétés de l'image ».
- Éditer les métadonnées de l'image.
- Modifier les métadonnées de l'image en ajoutant votre nom comme « Auteur ».
- Supprimer les coordonnées GPS des métadonnées.
- Ajouter un champ dans les métadonnées intitulé « Tags ».
- Remplir le champ « Tags » avec des mots qui peuvent décrire la photo.
- Inscrire cette modification dans l'image.
- Envoyer cette photo par courriel et vérifier que votre nom a bien été conservé dans les métadonnées.

e SNT2068
Prise en main du logiciel Gimp

QUESTIONS

1 **Doc. 1** Quels types de métadonnées sont fournis dans cet extrait ?

2 **Doc. 1, 2** Quels types de métadonnées peuvent être sensibles ? Justifiez votre réponse.

3 **Doc. 3** **a.** Quelles sont les métadonnées obtenues avec l'interface graphique du système d'exploitation ? Et celles fournies par Gimp ? Comparez-les.

b. Quels sont les autres formats de métadonnées proposés par Gimp ? Quelles informations sont fournies dans ces formats ?

c. La suppression et l'ajout de métadonnées sont-ils conservés après l'envoi par courriel ?

ACTIVITÉ

3 LES ALGORITHMES ET LA PHOTOGRAPHIE NUMÉRIQUE

La photographie numérique se distingue de la photographie argentique par la nature de son système de captation des images, mais aussi, et surtout, par les opérations algorithmiques qui sont appliquées à ces images avant, pendant et après la prise de vue.

1 L'aide à la prise de vue

Un appareil photo numérique est un véritable petit ordinateur ; une grande partie de son activité est logicielle. Les réglages (temps d'exposition, mise au point, sensibilité, ouverture, etc.) sont effectués automatiquement, en laissant parfois une marge de manœuvre à l'utilisateur, qui peut forcer les réglages lorsqu'il le souhaite. Par exemple, il est possible de régler l'appareil pour que le cliché soit pris lorsque la personne sourit.

e SNT2070
Simulation en ligne

▲ L'université de Technologie de Compiègne (UTC) propose un simulateur de prise de vue en ligne.

2 L'interpolation des images

Une des opérations les plus couramment réalisées sur les images numériques est le **changement de leur taille**, soit en réduisant le nombre de points qui composent l'image, soit en l'augmentant. Dans le cas de l'augmentation, le programme devra inventer des points en fonction de ceux qui l'entourent. L'action d'intercaler des points qui n'existent pas afin d'étendre l'image s'appelle **interpolation**.

VOCABULAIRE

Interpolation
Méthode consistant à déduire les propriétés de points situés entre d'autres points dont les propriétés sont connues.

Les différentes méthodes d'interpolation

- Interpolation **au plus proche** : chaque pixel est doublé.
- Méthodes qui calculent la **moyenne pondérée** des pixels voisins **en fonction de la distance** à celui dont la couleur doit être inventée :
  - interpolation **bilinéaire** : chaque pixel inventé est déduit de ses quatre voisins immédiats (ici, toutes les distances valent 1) ;
  - interpolation **bicubique** : ce sont les 8 pixels du voisinage du pixel manquant qui sont pris en compte.
- Méthodes basées sur des **algorithmes mathématiques** plus complexes.

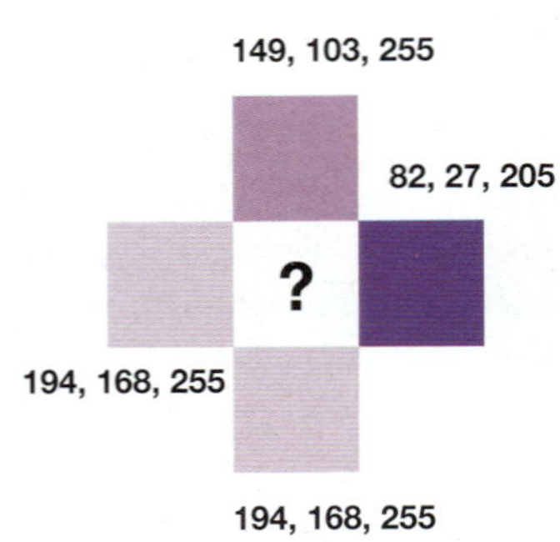

▲ Principe de l'interpolation bilinéaire.

3 L'assemblage de plusieurs images

Certains algorithmes permettent d'augmenter une image en en assemblant plusieurs. Ce type de procédés est applicable à des scènes dont les éléments ne bougent pas. Lorsqu'il y a des différences entre les images, des artefacts ou des bizarreries peuvent apparaître. Voici quelques exemples d'algorithmes qui permettent d'augmenter la taille ou la qualité d'une image.

High Dynamic Range

Les pixels d'une photographie numérique sont en général codés avec une amplitude de 256 valeurs par couleur. Cela se révèle rapidement insuffisant lorsque les écarts lumineux d'une image sont importants. Le *High Dynamic Range* (« imagerie à grande gamme dynamique ») consiste à prendre plusieurs photographies du même sujet avec des réglages de sensibilité différents, puis de les associer.

Focus Stacking

Il est souvent nécessaire de choisir entre une mise au point de l'image sur son premier plan ou sur son arrière-plan. Le principe du *Focus Stacking* (« empilement de mises au point ») consiste à prendre plusieurs photographies avec des mises au point différentes, puis de les associer. Un algorithme peut ensuite déterminer facilement quelle prise de vue est plus nette pour chacune des zones et produire l'image la plus nette possible.

Panorama

Proposé sur de nombreux appareils photo et smartphones, la fonction « panorama » consiste à associer plusieurs photographies dont les angles de prises de vue sont différents. L'algorithme détecte les points communs entre les images afin de déterminer où les raccorder, puis il lisse les intersections afin que celles-ci ne soient pas visibles.

Super-résolution

Il existe une méthode astucieuse pour dépasser la limitation du nombre des photosites du capteur : prendre plusieurs clichés du même sujet, avec un léger décalage, puis fusionner des versions étirées de ces images afin d'obtenir des détails inférieurs au pixel capté.

4 L'analyse des images

Depuis un demi-siècle, les informaticiens tentent d'**automatiser l'interprétation des photographies** : détecter des lettres, des nombres, des motifs ou des objets, reconnaître des personnes ou interpréter des expressions. Les algorithmes d'analyse d'images sont de plus en plus performants et rapides, ce qui sert autant les technologies de surveillance ou d'analyse scientifique, que les appareils photo eux-mêmes. Certains algorithmes de reconnaissance faciale tentent de créer une image géométrique du visage en fonction de différents paramètres (taille et forme des éléments du visage, distance entre eux, etc.) afin de le comparer avec les visages géométrisés répertoriés dans une base de données.

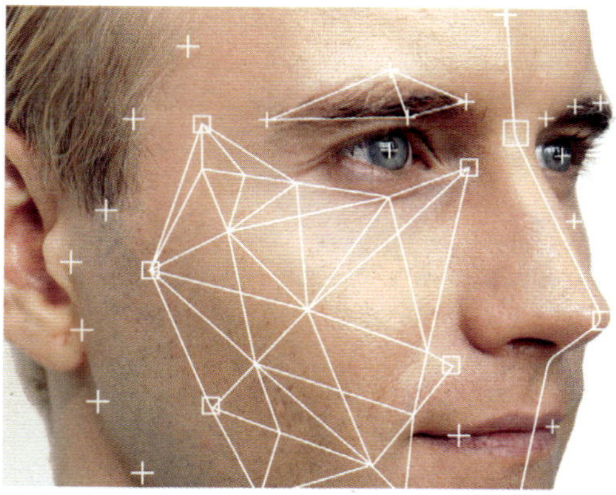

▲ **Éléments permettant de créer une forme géométrique du visage.**

QUESTIONS

1 **Doc. 1** Lancez la simulation proposée par l'UTC. Modifiez les réglages de prises de vue afin de répondre aux demandes du simulateur.

2 **Doc. 2** **a.** En effectuant des moyennes sur chacun des éléments du codage RVB des pixels, déterminez les valeurs pour le pixel inventé.

b. Quels types de défauts une interpolation peut-elle introduire sur l'image finale ?

3 **Doc. 3** Comparez les différentes méthodes d'assemblage d'images. Quels sont les avantages et les inconvénients de chacune ?

4 **Doc. 4** Quels éléments géométriques sont utilisés pour modéliser le visage ?

ACTIVITÉ

4 LE TRAITEMENT D'IMAGE

Lorsque l'on prend une photographie, l'appareil corrige lui-même l'image finale, mais le résultat n'est pas toujours satisfaisant. On peut alors utiliser des logiciels de traitement d'image afin d'améliorer le résultat.

1 L'amélioration d'une image

▲ Cette image est trop uniforme pour le logiciel de l'appareil, qui cherche à obtenir une valeur moyenne correspondant à un gris à 18 %. L'appareil va donc foncer l'image entière, perdant le blanc de la neige et donnant à l'ensemble un aspect terne et sans contraste.

On peut utiliser un logiciel de traitement d'image pour corriger les niveaux et redéfinir **l'entrée des noirs** (partie la plus foncée de l'image) et **des blancs** (partie la plus claire de l'image), ainsi que la **valeur moyenne** en se fiant à la courbe pour placer les curseurs là où il y a suffisamment d'informations. Les opérations réalisées par le logiciel de retouche sont des opérations numériques, mais réalisées au travers d'une interface. L'utilisateur effectue les modifications au jugé et selon sa sensibilité.

Modifier les couleurs

- Télécharger sur le bureau la photographie « ExempleDidier » (► *p. 151*).
- Ouvrir ensuite la photographie avec le logiciel Gimp.
- Dans le menu « Couleurs », tester les réglages des niveaux (dans le menu « Niveaux »).
- Modifier l'image avec les premiers outils de ce menu jusqu'à la commande « Courbe ». On observe particulièrement les effets produits par les changements dans la balance et la température des couleurs et par ceux produits par « Luminosité-contraste ».

VOCABULAIRE

Contraste
Opposition entre deux valeurs, chacune faisant ressortir l'autre. L'œil humain est particulièrement sensible au contraste ; il est meilleur comparateur qu'analyseur.

Faible contraste

Fort contraste

e SNT2068
Prise en main du logiciel Gimp

2 La retouche d'image

Les logiciels de retouche permettent de modifier les images de manière presque indétectable. Par exemple, le *deepfake*, un procédé issu de l'Intelligence artificielle, plaque le visage d'une personne sur le corps d'une autre. De nombreuses applications pour téléphone mobile automatisent désormais certaines retouches : agrandissement des yeux, lissage du grain de peau, ajout d'éléments en réalité augmentée, etc. De telles pratiques, mises à la portée des amateurs, sont ludiques et créatives mais posent la question de la confiance que nous pouvons accorder aux images. Par ailleurs, la retouche n'est pas la seule forme de manipulation des photographies. Le cadrage, la mise en scène, le contexte de publication et la légende associée influencent également notre perception.

▲ Exemple d'image retouchée.

ZOOM SUR...

Le décret « Photoshop »

Le décret du 5 mai 2017 donne obligation d'accompagner les photographies à usage commercial des mannequins dont l'apparence corporelle a été modifiée (pour affiner ou épaissir leur silhouette) de la mention « photographie retouchée ».

Utiliser des filtres

- Télécharger sur le bureau la photographie « ExempleDidier » (► *p. 151*).
- Ouvrir ensuite la photographie avec le logiciel Gimp.
- Ouvrir le menu « Filtres ».
- Explorer les différents types de filtre proposés par Gimp.
- Dans le menu « Flou », tester le flou gaussien, puis le flou médian.
- Dans le menu « Distorsions », tester les filtres « Mosaïque » et « Kaléidoscope », en faisant varier la rotation du miroir et la taille des tuiles.
- Appliquer les différents filtres du menu « Artistiques ».

e SNT2068
Prise en main du logiciel Gimp

QUESTIONS

1 **Doc. 1** **a.** Quelles sont les différences entre les deux photographies ? Laquelle vous semble la plus réussie ? Pouquoi ?

b. Quels outils permettent d'agir sur le contraste de l'image ? Sur la teinte des pixels qui la composent ? Sur la saturation de cette teinte ? Sur la luminosité ? Organisez vos réponses dans un tableau.

2 **Doc. 2** **a.** Quels sont les changements notables entre la photographie de droite et la photographie de gauche ? Quelle est la photographie originale, avant « retouche » ?

b. Pourquoi a-t-elle été retouchée ?

3 **Doc. 2** **a.** Recherchez une photographie de votre choix sur Internet et observez-la. Semble-t-elle en décalage avec la réalité ?

b. Pensez-vous qu'elle a été retouchée ? Justifiez votre réponse.

c. Que peut-on faire avec les filtres proposés par Gimp ?

CONTROVERSE

L'AMNÉSIE NUMÉRIQUE

La photographie n'est plus seulement un moyen de constituer des souvenirs personnels, de garder une trace d'événements importants. Avec l'arrivée du numérique, elle est de plus en plus utilisée dans nos activités quotidiennes et semble devenir une extension de notre mémoire.

1 L'extension de la mémoire

La démocratisation de la photographie numérique, alliée à une baisse continuelle du coût de stockage sur carte-mémoire, permet à chacun de prendre de nombreuses photographies au quotidien mais aussi de tourner des heures de vidéo. La photographie n'est plus seulement un moyen de construire des archives personnelles (albums de famille, souvenirs de jeunesse, etc.) ; elle est aussi, désormais, une extension de notre mémoire : par exemple, plutôt que de noter un prix ou une référence dans un magasin, nous avons tendance à en faire une photographie.
Une enquête a été menée en 2015 par le spécialiste de la cybersécurité Kaspersky Lab auprès de 6 000 personnes de plus de 16 ans dans six pays européens (dont la France) sur le phénomène « d'**amnésie numérique** ». Il en ressort que les individus peinent de plus en plus à se rappeler d'informations personnelles parfois essentielles car celles-ci sont stockées dans un appareil numérique, comme un smartphone. Par exemple, plus de la moitié des « consommateurs européens connectés » (57 %) ne connaissent ni les numéros de téléphone de leurs enfants, ni celui de leur lieu de travail (51 %). Près de la moitié des 16-24 ans interrogés (43 %) disent que leur smartphone contient « à peu près tout ce qu'ils doivent savoir ou se rappeler ».

VOCABULAIRE

Amnésie numérique
Fait d'oublier les informations que nous conservons dans un appareil numérique.

e SNT2071
Test « Amnésie numérique »

2 La « sousveillance »

Certaines personnes pensent qu'il est possible qu'un jour chacun de nous tienne le journal permanent de ses activités, comme le font déjà certains soldats ou policiers en mission. C'est ce que fait **Steve Mann**, un artiste canadien qui est équipé de caméras portatives depuis trente ans. Aujourd'hui, il utilise des lunettes caméra fixées à son crâne pour filmer en permanence tout ce qu'il vit. Il est l'inventeur du concept de « sousveillance ».
La sousveillance désigne « les capacités données à chaque citoyen de faire usage des dispositifs numériques pour "regarder d'en bas" (*watching from below*) les différentes formes de pouvoirs étatiques ou commerciaux ». L'idée est de détourner les outils construits par certaines organisations (étatiques, mais aussi commerciales – moteurs de recherche, etc.) afin d'exercer un contrôle citoyen.

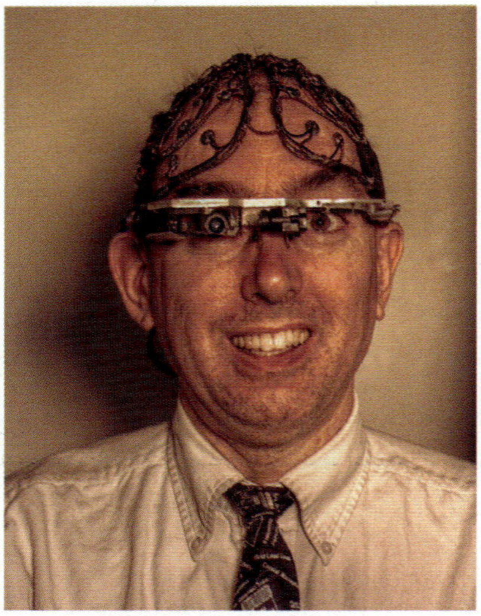

▲ Steve Mann.

3 La mémoire visuelle

Comment la prise d'une photographie affecte-t-elle la mémoire visuelle et la mémoire auditive de celui qui photographie ? Une étude de terrain et trois études de laboratoire ont été menées par quatre universités américaines en 2014. Les résultats montrent que les participants qui pouvaient librement prendre des photos au cours d'une expérience reconnaissaient plus de ce qu'ils voyaient et moins de ce qu'ils entendaient même sans revoir les photographies, par rapport à ceux qui ne pouvaient prendre aucune photo.
Ces résultats confortent l'idée selon laquelle la prise de photos induit un changement d'attention vers les aspects visuels et l'abandon des aspects auditifs d'une expérience. Les résultats ont également mis en avant le mécanisme suivant : les participants munis d'un appareil photo reconnaissaient mieux les aspects de la scène qu'ils avaient photographiée que ceux qui ne l'avaient pas photographiée. De plus, les participants qui utilisaient un appareil photo au cours de leur expérience reconnaissaient même mieux les aspects non photographiés que les participants sans appareils photo.

▲ Le fait de prendre une photographie n'affecterait pas la mémoire visuelle, bien au contraire.

4 De nouveaux réflexes

Aujourd'hui, lorsqu'une scène inhabituelle se produit dans l'espace public, il est fréquent que des personnes sortent spontanément leur smartphone pour la filmer. Beaucoup d'images d'information diffusées par les chaînes de télévision proviennent ainsi d'amateurs. Souvent, elles sont d'abord diffusées sur des plateformes d'échange de vidéos ou sur les réseaux sociaux. Certaines sont à l'origine de débats, notamment autour du droit à l'image, de la protection de la vie privée ou de la violence véhiculée par certaines images.

ZOOM SUR...

Droit à l'image

Chaque individu a un droit exclusif sur son image et l'utilisation qui en est faite. Il peut s'opposer à sa fixation, à sa conservation ou à sa diffusion publique s'il n'a pas donné son autorisation, sauf cas particuliers. Certaines images ne requièrent pas d'autorisation de la personne représentée, sous réserve de ne pas porter atteinte à sa dignité. Cela concerne, par exemple, les images d'événements d'actualité, qui peuvent être publiées sans l'autorisation des participants au nom du droit à l'information.

→ *voir chap. 2, page 42.*

QUESTIONS

Vers une amnésie numérique générale ?

Organisez un débat sur ce sujet en vous appuyant sur les documents de cette rubrique, sur vos réponses aux questions suivantes et sur une recherche documentaire.

1 **Doc. 1** **a.** En quoi consiste l'amnésie numérique, d'après Kaspersky ?

b. Êtes-vous un amnésique numérique ? Faites le test !

c. À l'inverse de Kaspersky, certains estiment que la possibilité de stocker des informations dans des outils numériques nous permet de nous concentrer sur d'autres informations. Quel est votre opinion ?

2 **Doc. 2** **a.** Qu'est-ce que la « sousveillance » ?

b. Quel rôle joue les appareils photo numériques dans ce phénomène ?

3 **Doc. 3** Que pensez-vous des résultats de ces études ? Avez-vous le même ressenti ?

4 **Doc. 4** **a.** Avez-vous ce type de réflexe ?

b. Quel est l'intérêt de ce nouveau mode de reportage ? Quelles en sont les limites ?

COURS

LA PHOTOGRAPHIE NUMÉRIQUE

La photographie numérique connaît une évolution très rapide, aussi bien au niveau technique que culturel.

1 Du capteur à l'image

Un capteur photographique est composé d'une trame de **photosites**, qui produisent de l'électricité lorsqu'ils reçoivent de la lumière. **Chacun est placé derrière un filtre pour n'être sensible qu'au rouge, vert ou bleu**. La tension électrique produite par chaque photosite est convertie en valeurs numériques et transmise au processeur de l'appareil.

Cet ensemble de valeurs numériques est stocké sous la forme d'un fichier numérique contenant les informations qui constituent l'image :

– **les dimensions** : la hauteur et la largeur de l'image sont exprimées en nombre de **pixels**. Une image de 4 000 × 3 000 pixels (px) est constituée de 12 millions de pixels (12 mégapixels). Ce nombre n'est pas nécessairement égal au nombre de photosites du capteur ;

– **la profondeur de couleur** : c'est le **nombre de bits utilisés pour la couleur d'un pixel** dans une image. Une image en niveaux de gris n'utilise que 256 valeurs. Sa profondeur de couleur est de 8 bits. Une photographie numérique en couleurs utilise 256 valeurs (8 bits) par composante primaire (rouge, vert, bleu), ce qui donne 256 × 256 × 256 valeurs différentes, donc 16 777 216 possibilités, soit une profondeur de couleur **encodée** sur 24 bits ;

– **le format** : il définit la manière dont les données sont **écrites et compressées**. Les formats courants en prise de vue numérique sont le **jpg** (compressé) et le **raw** (format brut, non compressé). Il existe des formats adaptés au Web (jpg, gif, png), à l'impression (tiff), etc.

Photosite

Plus petit élément actif d'un capteur photographique. Ce sont des cellules photoélectriques qui réagissent à l'intensité lumineuse.

Pixel

Plus petit élément d'une image numérique, souvent noté « px ».

2 Les métadonnées

Une photographie contient des informations complémentaires sous forme de texte : des **métadonnées** (littéralement, des « données sur des données »). Les métadonnées sont un ensemble structuré d'informations décrivant une ressource quelconque.

Parmi les métadonnées, on trouve la date et l'heure de la prise de vue, les coordonnées GPS, le modèle de l'appareil, la focale et autres paramètres techniques, l'**orientation**, etc. D'autres métadonnées peuvent être ajoutées par les logiciels de traitement ou de diffusion d'images : le titre, la légende, le copyright, le logiciel utilisé, des mots-clés, etc.

Les métadonnées permettent une traçabilité technique et même juridique du fichier et peuvent aider son **indexation**. Il existe des logiciels pour les supprimer afin de réduire le poids d'un fichier ou de ne pas diffuser des informations sensibles.

Orientation

Une image orientée en « portrait » est plus haute que large. Une image en « paysage » est plus large que haute.

Indexation

Utilisation d'un système permettant de faciliter la recherche ou le classement de documents, par exemple par mots-clés.

3 Les algorithmes

Mise au point

Réglage de la netteté de l'image.

Interpolation

Méthode consistant à déduire les propriétés de points situés entre d'autres points dont les propriétés sont connues.

Bruit numérique

Informations parasites dans les zones sombres d'une image.

Au moment de la prise de vue, des algorithmes prennent en charge la **mise au point**, le calcul du temps d'exposition et de l'ouverture du diaphragme. La prise de vue peut être assistée par des indications visuelles sur l'écran de contrôle, par exemple la mise en exergue des zones nettes.

Certains programmes peuvent même ne **déclencher la prise de vue** que lorsque les **conditions semblent optimales**, par exemple lorsque la personne photographiée sourit.

Après la prise de vue, diverses opérations sont réalisées par des algorithmes : réglage de la taille de l'image (par exemple, par **interpolation**), filtres pour réduire le **bruit numérique** ou augmenter la netteté apparente, correction des distorsions optiques et, enfin, enregistrement de l'image sur la carte mémoire.

Une autre catégorie d'algorithmes a été développée afin d'effectuer **des analyses de reconnaissance faciale**. Le principe est de créer une **image géométrique du visage** en fonction de différents paramètres (taille et forme des éléments du visage, distance entre eux, etc.) afin de le comparer avec les visages géométrisés présents dans une base de données.

4 Le traitement d'image

Cadrage

Choix de prise de vue qui définit les limites d'une image et de ce qu'on voit dessus. On parle de recadrage lorsqu'on modifie le cadrage d'une image existante.

Les appareils photo numériques peuvent prendre en charge automatiquement l'amélioration d'une prise de vue, mais il existe aussi des logiciels qui permettent d'effectuer des retouches : format ou **cadrage**, réglage des couleurs, application de déformations ou de filtres, modification ou suppression d'éléments, montages, etc.

Certains algorithmes permettent de **composer une image** à partir de plusieurs photographies d'un même sujet, en les superposant pour obtenir un rendu optimal ou en gommant les intersections pour produire une vue panoramique.

Le traitement des images s'est démocratisé avec l'arrivée de logiciels de retouche accessibles et assez simples à utiliser. Il est ainsi devenu difficile de faire confiance aux images et de **distinguer une image source d'une image retouchée**.

LES CAPACITÉS DU CHAPITRE

- **1.** Distinguer les photosites du capteur et les pixels de l'image en comparant les résolutions du capteur et de l'image. → **Activité 1**
- **2.** Retrouver les métadonnées d'une photographie. → **Activité 2**
- **3.** Traiter par programme une image pour la transformer en agissant sur les trois composantes de ses pixels. → **Activité 4**
- **4.** Expliciter des algorithmes associés à la prise de vue. → **Activité 3**
- **5.** Identifier les étapes de la construction de l'image finale. → **Activité 4**

JE VÉRIFIE MES CONNAISSANCES

SNT2072
Exercices interactifs

Corrigés p. 187

1 QCM

Choisir la (ou les) bonne(s) réponse(s).

	A	B	C
1. La hauteur et la largeur d'une image sont exprimées en nombre de…	pixels	photosites	bits
2. Le format d'une photographie numérique peut être….	RAW	MP3	JPG
3. La résolution d'une image s'exprime en…	px	dpi	cm
4. Dans les métadonnées d'une photographie, on peut trouver…	la date de la prise de vue	l'âge de l'utilisateur	le modèle de l'appareil photo

2 VRAI/FAUX

Répondre par vrai ou faux.

a. Un capteur photographique est composé de pixels.
b. La profondeur de couleur d'une image en niveaux de gris est généralement 8 bits.
c. Le nombre de pixels d'une image est égal au nombre de photosites du capteur.
d. La lumière blanche est composée des trois couleurs primaires : rouge, vert et jaune.
e. Dans les images ci-contre, pour passer de celle du haut à celle du bas, on a augmenté le contraste.
f. Les métadonnées d'une photographie sont générées automatiquement lors de la prise de vue.
g. Les réseaux sociaux suppriment systématiquement les métadonnées des photographies.
h. Un algorithme d'interpolation permet de créer des pixels afin d'augmenter la taille de l'image finale.

3 Vers une définition

Compléter avec les mots qui conviennent.

a. Un photosite est une cellule …… qui réagit à l'intensité ……. Les photosites sont les éléments du ……. photographique.
b. Une métadonnée est une …… sur une donnée. Les métadonnée forment un ensemble structuré d'……. décrivant une …… quelconque.

4 Utiliser une formule

Calculer le poids d'une image de définition 30 × 30 codée en 16 bits.

5 Compléter un schéma

Dans le schéma ci-contre, quelle est la valeur de gris du pixel inventé par interpolation ?

6 Organisation des connaissances

a. Expliquer comment on peut accéder aux métadonnées d'une image.
b. Décrire le fonctionnement de l'algorithme permettant de créer un panorama.

JE M'ENTRAÎNE

7 Les vraies couleurs

Le codage d'une image en vraies couleurs s'effectue sur 24 bits.

1. Combien de couleurs chaque pixel peut-il prendre ?

2. On considère une image en vraies couleurs de définition 3 000 × 2 000.

a. Combien de pixels cette image contient-elle ?

b. Quel est le poids de cette image ?

8 L'interpolation au plus proche voisin

La méthode d'interpolation la plus simple est appelée « méthode du plus proche voisin » : chaque pixel créé par l'agrandissement prend la couleur du pixel le plus proche de lui. Cela revient à dire que pour agrandir une image avec un facteur *n*, on remplace chaque pixel par un bloc de *n* × *n* pixels identiques.

On considère les pixels ci-contre :

a. Dessiner ce que l'on obtient avec un agrandissement de facteur 2.

b. Combien de pixels obtient-on avec un agrandissement de facteur 5 ?

9 Les métadonnées

Voici des métadonnées d'une photographie :

Propriété	Valeur
Dimensions	1224 x 1632
Largeur	1224 pixels
Hauteur	1632 pixels
Résolution horizontale	72 ppp
Résolution verticale	72 ppp
Profondeur de couleur	24
Compression	
Unité de résolution	2
Représentation des couleurs	sRGB
Bits compressés/pixel	

a. Combien de pixels cette photo contient-elle ?

b. Quelle est la dimension réelle de la photo ?

c. Quel est le poids de la photo ?

10 Les mèmes

Le mème sur Internet est un élément (image, vidéo, etc.) détourné par un internaute, souvent avec humour, (modification de l'image, ajout de textes, etc.) et massivement diffusé, puis de nouveau modifié par un internaute, etc. Le mot *mème* a été inventé par le biologiste R. Dawkins à partir de « gène ». Dawkins fait ainsi le lien entre les gènes, qui transmettent des caractéristiques biologiques et sont soumis à des mutations, et les mèmes, qui se transmettent en subissant des modifications.

◀ **Philosoraptor est un vélociraptor devenu un mème qui s'interroge sur le monde.**

a. Choisir deux images qui vont servir de base.

b. Utiliser les outils de sélection de Gimp pour copier certains éléments, puis les coller sur l'image en tant que calques. Les calques sont manipulables indépendamment pour positionner les éléments, changer leur taille, travailler leur aspect, etc.

c. Sauvegarder régulièrement le fichier avec tous les calques au format natif de Gimp, c'est-à-dire « xcf ».

d. Exporter le résultat final dans un format adapté au Web (png ou jpg).

11 Recherche visuelle

Sur Internet, de nombreuses images circulent en étant mal identifiées ou pas du tout. Pour trouver les sources d'une image, on peut utiliser un site de recherche inversée d'images ou certains moteurs de recherche, qui comparent un document à ceux présents dans leur base de données, y compris si le format ou certains détails ont changé.

a. Télécharger une photographie sur le Web.

b. Aller sur le moteur de recherche Bing, puis la glisser dans la zone de recherche visuelle.

d. Que nous apprend la zone « Images similaires » ?

e. Une zone apparaît parfois : « Ce que nous avons trouvé ». Quels éléments d'informations apporte-t-elle ?

f. Faire la même recherche avec TinEye. Comparer les résultats obtenus avec ceux de Bing.

EXPOSÉS

SUJET A : Les différents algorithmes d'interpolation.

SUJET B : Le phénomène du selfie et la photographie numérique.

FAB LAB

OBJECTIF

CONSTRUIRE DES FILTRES PHOTOGRAPHIQUES pour les réseaux sociaux.

Protocole de construction

1 Créer un filtre géolocalisé Snapchat (géofiltre)

Snapchat offre la possibilité de créer des filtres personnalisés et géolocalisés. En s'appuyant sur l'outil GoogleMaps, on peut définir une zone géographique de validité du filtre (un lycée et ses environs, un parc, etc.).

A. Créer son image

Les spécificités de l'image sont les suivantes :
- image png transparente et optimisée pour le Web : format png-24, avec transparence. Pensez à « enregistrer pour le Web » sur l'éditeur photo ;
- les dimensions du fichier png : 1 080 × 1 920 pixels ;
- le poids du fichier png doit être inférieur à 300 Ko.

B. Créer le géofiltre

Aller sur la page Snapchat de création de géofiltres. Il faudra alors importer son image, définir une zone (*fence*) de validité du filtre, entrer un mail, un nom, puis une description du filtre.

e SNT2073
Page de création des géofiltres Snapchat

2 Créer un filtre Instagram

A. Préparer les transformations du filtre

Les applications telles qu'Instagram proposent des filtres « fantaisie » permettant, par exemple, de simuler l'apparence de photographies argentiques altérées par le temps. Nous allons créer un tel filtre, qui est en fait un algorithme, codé avec Python.

- **La première étape** consiste à **transformer les couleurs**, en augmentant ou en diminuant les taux RVB. On décide que les composantes rouge et verte de chaque pixel seront multipliées par 1,07 et la composante bleue par 0,8. De combien de pourcents les trois composantes sont-elles augmentées ou diminuées ?
- **La seconde étape** consiste à **assombrir les bords de l'image** de manière circulaire. Pour cela, on va réduire la luminosité des pixels situés à plus de 45 % de la largeur de l'image du centre de l'image, en fonction de cette distance.

Faire un dessin et calculer la distance entre deux points de coordonnées $(x_1 ; y_1)$ et $(x_2 ; y_2)$, en utilisant le théorème de Pythagore.

▲ Image filtrée obtenue en appliquant un filtre similaire à celui créé dans cette activité.

B. Écrire l'algorithme du filtre

Les **étapes de l'écriture du code** sont les suivantes :
- importer la librairie `Pillow`, qui permet le traitement d'image avec Python ;
- ouvrir l'image que l'on veut filtrer, obtenir sa largeur et sa hauteur, puis charger la liste des pixels ;
- définir la fonction pour calculer la distance entre deux points, définir un seuil ;
- parcourir chaque pixel afin de le modifier ;
- exporter l'image filtrée.

LA PAGE DU CODEUR

SNT2085

Les bases de Python

Voir l'introduction à Python, p.172

1 De la couleur aux niveaux de gris

L'objectif de cet exercice est d'écrire un algorithme de passage d'une image en couleurs à une image en niveaux de gris par moyenne des pixels RVB.

▲ Image en couleurs, puis passage aux niveaux de gris.

a. Importer la librairie `Pillow`, qui permet le traitement d'image avec Python.

b. On donne ci-dessous le début du programme :

```
image = Image.open('exemple.jpg')
width, heigt = Image.size
pixels = Image.load()
```

Que fait ce morceau de programme ?

c. Écrire les lignes de programme qui permettent de parcourir les pixels, puis d'obtenir les valeurs rouge, vert et bleu de chaque pixel.

d. On décide de calculer la moyenne des pixels, selon le modèle YUV, c'est-à-dire selon les pourcentages suivants :

– 29,9 % de rouge ;
– 58,7 % de vert ;
– le reste de bleu.

Le paramètre Y du modèle YUV représente la luminance (c'est-à-dire l'information en noir et blanc), tandis que U et V permettent de représenter la chrominance, c'est-à-dire l'information sur la couleur. On s'intéresse ici au paramètre Y (puisque l'on souhaite passer aux niveaux de gris), dont la décomposition selon les paramètres RVB est donnée ci-dessus.

Écrire en Python le calcul de cette moyenne.

e. Écrire ce calcul avec une moyenne simple, c'est-à-dire en écrivant :

```
gris = int ((rouge + vert + bleu) / 3).
```

f. Régler les pixels avec la valeur calculée par moyenne YUV.

g. Regrouper les éléments du programme, puis enregistrer l'image au format png.

2 Le négatif d'une image

L'objectif de cet exercice est d'écrire un algorithme de passage d'une image à son négatif.

▲ Une image et son négatif.

a. Comment obtenir la valeur inversée d'un pixel ?

b. Reprendre le programme obtenu dans l'exercice 1. Remplacer les lignes qui calculent les moyennes des pixels par celles qui fournissent les valeurs inversées.

3 Noir ou blanc

On reprend le programme de l'exercice 1 pour obtenir une image en noir ou blanc. Pour cela, on va définir un seuil au-dessus duquel le pixel sera blanc et en dessous duquel le pixel sera noir.

▲ Une image en « noir ou blanc ».

a. Écrire en Python l'instruction conditionnelle qui permet de définir ce seuil en utilisant la variable « gris ».

b. Récrire le programme de l'exercice 1 avec cette instruction afin d'obtenir une image en « noir ou blanc ».

LE MONDE DE DEMAIN

DES CAMÉRAS PARTOUT ?

Les appareils photo et caméras numériques sont de plus en plus performants. Leur utilisation au quotidien s'est généralisée, ce qui soulève la question de la diffusion incontrôlée des images et du respect de la vie privée.

1 La miniaturisation

Les modules de prise de vue photographique sont peu coûteux et si petits qu'ils équipent désormais de nombreux appareils : ordinateurs portables, tablettes, téléphones, mais aussi drones de loisir, porte-clés, briquets ou autres gadgets. La miniaturisation des appareils photo et des caméras est telle qu'il est possible d'en cacher presque partout. Aujourd'hui, le plus petit appareil photo mesure 23 × 25 × 25 mm.

▲ Cet ourson en peluche contient une caméra qui s'enclenche par détection de mouvements.

2 Les yeux photographes

La marque Sony a obtenu le feu vert des autorités américaines pour développer des lentilles connectées capables de prendre des photographies et des vidéos en un simple clignement d'œil. […] Des capteurs étant chargés de déterminer s'il s'agit d'un clignement volontaire ou d'un réflexe machinal. Les mouvements de paupières permettraient également de faire un zoom ou une mise au point. […] Pour ne dépendre d'aucune batterie, le système serait rendu autonome en énergie grâce à des capteurs piézoélectriques qui convertiraient les mouvements de l'œil en énergie !

« Ces lentilles de contact intelligentes transforment vos yeux en appareil photo », par Sofia Colla, publié le 7 avril 2017, wedemain.fr.

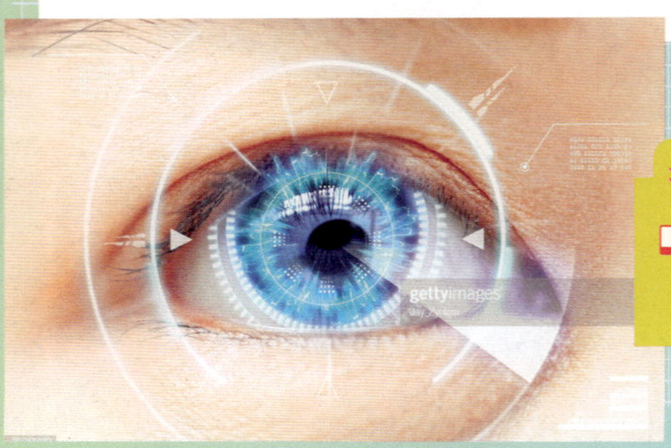

e SNT2074

Les lentilles de contact intelligentes

? En vous appuyant sur les documents de cette rubrique, imaginez l'avenir de la photographie numérique, tant sur le plan matériel qu'au niveau des usages.

e SNT2075

Pour aller plus loin

- La reconnaissance faciale, franceinfo.fr
- L'appareil photo du futur, Académie des Sciences

3 La reconnaissance de formes

La surveillance vidéo va progresser. Autrefois, la prolifération des caméras entraînait une augmentation du nombre de personnes chargées de visionner les images. Grâce aux techniques d'intelligence artificielle, notamment, les algorithmes d'interprétation d'images sont de plus en plus performants pour reconnaître un visage ou détecter le comportement anormal d'un individu au milieu d'une foule, d'une automobile au milieu du trafic, etc. Il existe même des programmes capables de lire sur les lèvres de personnes filmées ou d'évaluer si l'attitude corporelle d'un individu filmé est anormalement violente (par exemple, une alerte est déclenchée si une personne circule dans le sens contraire de la foule dans les couloirs du métro). Cette surveillance pose la question déjà énoncée au Ier siècle par le poète romain Juvénal : « Qui gardera les gardiens ? ».

▲ Un programme suit chaque élément de la scène filmée et identifie les visages et l'identité des piétons, mais aussi ce qu'ils font, leurs déplacements, les infractions qu'ils commettent, etc.

ZOOM SUR...

« Payer avec le sourire »

Alipay, qui s'occupe de la plateforme de règlement du géant chinois Alibaba, vient de mettre en place un système de paiement par reconnaissance faciale, appelé *Smile to Pay*. Il suffit de sourire à la caméra pour que le montant de l'achat soit débité.

4 Le droit à l'oubli

Internet a bouleversé notre rapport à l'information car les innombrables services présents sur le réseau accumulent des données, notamment des images, parfois personnelles ou privées. Or une image peut être utilisée pour faire du tort à une personne, porter atteinte à sa vie privée, etc. Le droit à l'oubli (► *voir p. 43*) des législations française et européenne permet aux particuliers de demander aux moteurs de recherche de désindexer les contenus qui leur font du tort, mais ils sont tributaires du bon vouloir de ces services.

ZOOM SUR...

« L'effet Streisand »

En voulant faire retirer d'un site Internet une photographie aérienne montrant sa résidence, la chanteuse américaine Barbara Streisand a obtenu l'effet contraire : sa demande a attiré l'attention des curieux, le site Web où apparaissait la photographie a connu une fréquentation record, et l'image a été vue, recopiée, diffusée jusqu'à ce qu'il soit complètement impossible de la supprimer. Depuis, on qualifie ce genre de situation d'« effet Streisand ».

GUIDE D'HYGIÈNE NUMÉRIQUE

OBJECTIFS

Maîtriser les réglages les plus importants concernant la gestion des cookies, la sécurité et la confidentialité d'un navigateur.

Sécuriser sa navigation en ligne et analyser les pages et les fichiers.

1 Se protéger de la collecte d'informations

Les navigateurs Web proposent différentes options : la capture ci-contre montre le menu du navigateur Firefox.
La deuxième ligne indique « Blocage de contenu ». En cliquant dessus, une page s'ouvre dans laquelle il est possible de configurer un certain nombre d'éléments propres au navigateur : « Bloquez les contenus tiers qui vous pistent sur le Web », « Cookies et données de sites », « Identifiants et mots de passe », « Historique », etc.

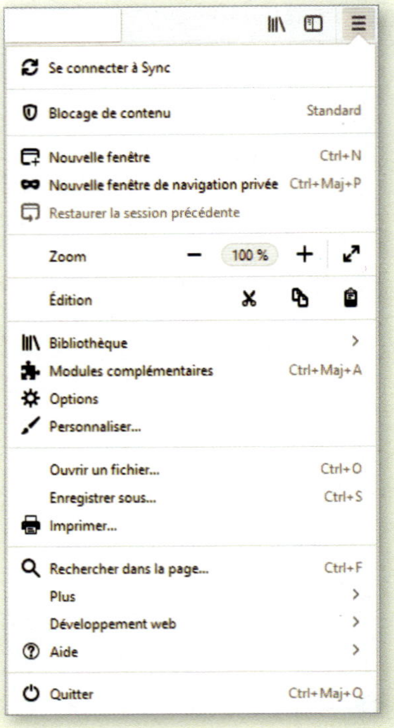

▲ Menu du navigateur **Firefox**.

2 Bloquer tous les cookies ?

C'est possible, mais cela empêche certains sites de fonctionner correctement. En effet, les cookies servent aussi à enregistrer des informations utiles, comme le contenu d'un panier. Bloquer les cookies tiers est un bon compromis : le traçage sera limité, notamment par les sites d'annonces publicitaires. Un cookie tiers est un cookie qui a été placé sur le disque dur local de l'internaute par un serveur publicitaire différent de celui sur lequel l'internaute navigue.

◀ Exemple d'options de gestion des cookies (navigateur **Google Chrome**).

3 Gérer son historique de navigation

L'historique est stocké uniquement dans le navigateur, mais il peut être utile de l'effacer sur un ordinateur partagé.

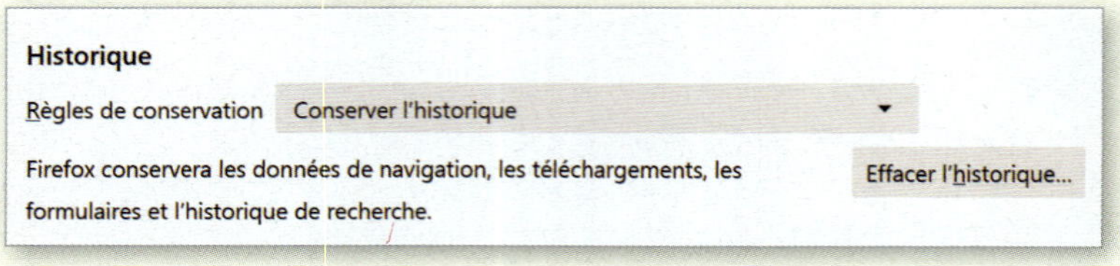

◀ Exemple d'options de gestion de l'historique (navigateur **Firefox**).

4 Limiter la collecte de données

La plupart des navigateurs offrent la possibilité de donner des permissions à certains éléments, comme la localisation, l'apparition des ***popups*** (qui sont souvent utilisés pour traquer votre activité) ou les notifications.

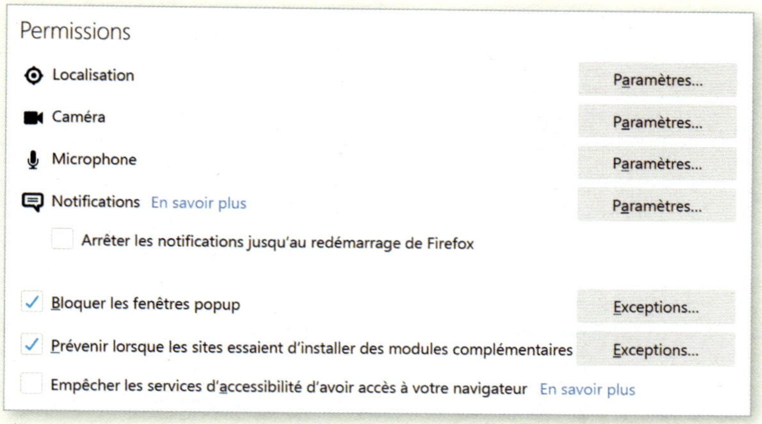

▲ **Exemple d'options de gestion des permissions (navigateur Firefox).**

Google est le moteur de recherche le plus utilisé aujourd'hui (pour des raisons d'efficacité et de pertinence des résultats). Afin de limiter la collecte de données : demander l'arrêt de la collecte de données futures et supprimer les données déjà collectées.
Pour cela, il faut utiliser un **service proposé** par Google :
https://history.google.com/history/

VOCABULAIRE

Popup
Fenêtre s'ouvrant de manière intempestive au-dessus de la page parent du navigateur.

1. Ouvrir le menu en cliquant sur les trois points verticaux en haut à droite.

2. Cliquer sur « Commandes relatives à l'activité ».

3. Dans la fenêtre qui s'affiche, repérer l'interrupteur bleu situé à droite de la mention « Activité sur le Web et ses applications » et cliquer dessus (une demande de confirmation apparaît).

4. Il reste à supprimer l'historique des recherches : cliquer sur « Gérer l'historique » et choisir « Toute la période » pour supprimer.

5. Pour être complet, il faut alors supprimer l'historique dans « Activité vocale et Audio » et dans « Historique des recherches YouTube ».

5 Sécuriser sa navigation en ligne

On peut utiliser des moteurs de recherche qui respectent mieux la vie privée que les moteurs les plus courants, dans le sens où il ne collectent pas d'informations sur votre navigation.

- **DuckDuckGo** est un moteur de recherche qui « ne vous espionne pas ». Il ne stocke aucune information personnelle, n'espionne pas et ne traque pas ses utilisateurs. Les publicités qu'il affiche dépendent uniquement des mots de la requête de recherche.
- **Qwant** affirme ne pas collecter de données sur les utilisateurs et leurs recherches. Aucun cookie ou dispositif de traçage n'est utilisé. Qwant en a d'ailleurs fait son slogan : *« Qwant, le moteur de recherche qui respecte votre vie privée »*.

SNT2079

Effacer les traces de navigation CNIL

6 Effacer les traces de navigation

Nous laissons de nombreuses traces lorsque nous naviguons sur le Web. Les services offerts en ligne tirent parti d'un nombre croissant d'informations issues de notre navigation, de notre localisation, ou encore de nos recherches. Cette collecte d'informations se fait souvent à notre insu, pour nous proposer ensuite de la publicité ciblée.
Il existe cependant des solutions pour ne pas être tracé sur Internet et ainsi, par exemple, contrôler le type de publicité que l'on souhaite voir apparaître ou pas.

Source : CNIL.

GUIDE D'HYGIÈNE NUMÉRIQUE

OBJECTIF **Paramétrer des abonnements pour assurer la confidentialité des données personnelles.**

Utiliser un réseau social et ne pas vouloir que ses données personnelles soient collectées est un peu antinomique. Les nombreux scandales liés à la collecte de données par un réseau comme Facebook sont là pour le rappeler. Voici tout de même quelques conseils pour configurer les abonnements et l'utilisation des réseaux sociaux.

Le **paramétrage d'un réseau social** s'effectue toujours dans l'onglet « **Paramètres** ». Il fonctionne de manière assez similaire pour chaque réseau social, mais il est parfois assez limité, comme dans le cas d'Instagram ou de Snapchat, si bien que nous ne traiterons ici que **trois exemples** : Facebook, Twitter et WhatsApp.

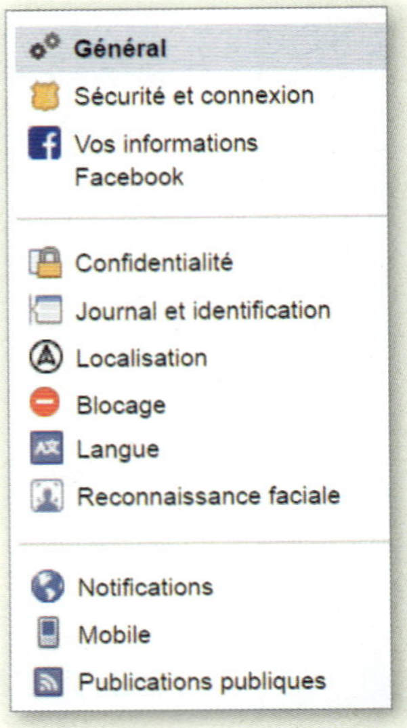

1 Facebook

Le paramétrage de Facebook peut être utile pour protéger son identité numérique vis-à-vis des autres utilisateurs, mais tout ce que l'on fait sur Facebook (nos données personnelles) est enregistré et bien souvent analysé par le réseau social. Tout se passe dans les paramètres (menu déroulant situé en haut à droite de la page d'accueil).

• Modes de partages et d'interactions

Dans la fenêtre « **Paramètres et outils de confidentialité** », vous avez la possibilité de paramétrer vos modes de partages et d'interactions avec les autres utilisateurs. Par exemple, vous pouvez choisir qui peut voir votre liste d'amis ou vos futures publications. Les choix vont de « **Tout le monde** » à « **Moi uniquement** », en passant par « **Mes amis** » ou « **Mes amis et leurs amis** ».

Vous pouvez également décocher la géolocalisation ou encore bloquer certains sites, amis ou types de publications.

• Utilisation d'applications Facebook

Lorsqu'on utilise une application Facebook (par exemple, un jeu), on doit autoriser l'app en question à accéder à certaines informations, à publier en notre nom, etc. Pour utiliser certaines applications, on doit absolument en autoriser l'accès. Il est parfois possible de modifier ces autorisations.

Pour vérifier si l'on peut modifier les autorisations d'une application, il faut accéder à « **Espace applications** » en étant connecté et sélectionner « Vos applications » dans la liste de gauche.

Il est aussi possible de gérer les publicités arrivant sur sa page :

– cliquer sur « **Paramètres** » ;
– dans la colonne de gauche, cliquer sur « **Publicités** » ;
– dans l'onglet « **Paramètres de publicités** », vérifier que tous les statuts sont bien « **Non autorisé** ».

▲ Gestion d'une application Facebook.

2 Twitter

Plusieurs paramètres peuvent ici être modifiés :
– une fois connecté, cliquer sur son avatar en haut, à droite (par défaut, il représente un œuf) ;
– cliquer sur « **Paramètres** » ;
– dans la colonne de gauche, cliquer sur « **Confidentialité et sécurité** » ;
– vérifier que la case « **Ajouter une localisation à mes tweets** » n'est pas cochée ;
– chercher la partie « **Contenu sponsorisé** » et décocher la case « **Personnaliser les publicités en fonction des informations partagées par les partenaires annonceurs** » ;
– cliquer sur « **Enregistrer les modifications** ».
De plus, Twitter propose à ses utilisateurs d'honorer le système « **Do Not Track** ». Il faut alors activer ce système dans le navigateur utilisé.

▲ Réglage de la confidentialité dans Twitter.

3 WhatsApp

La solution la plus efficace pour préserver notre confidentialité sur WhatsApp consiste à restreindre nos interactions à nos seuls contacts :
– ouvrir la fenêtre « **Paramètres** » (icône avec trois points verticaux), puis cliquer successivement sur « **Mon Compte** » et « **Confidentialité** » ;
– dans la section « **Vu à** » (référence à la dernière fois que le contact a utilisé ou visité WhatsApp), cocher l'option « **Mes contacts** » si l'on souhaite que cette information ne soit accessible qu'aux contacts, ou « **Personne** » si l'on ne veut pas du tout la partager ;
– dans la section « **Photo du Profil** », choisir l'option « **Mes contacts** » ou « **Personne** » pour décider qui peut voir la photo de profil ;
– même procédé pour la section « **Statut** ». Si l'on opte pour « **Personne** », l'horodatage de la dernière connexion sera désactivé. C'est le mode qui se rapproche le plus du « hors ligne ».
Attention, tous ces réglages sont réciproques : on aura le même niveau de visibilité sur nos contacts.

Autres réseaux sociaux

e SNT2081
Paramétrer Snapchat
Paramétrer Instagram

Alternatives

Afin de continuer à utiliser les réseaux sociaux en préservant au maximum sa vie privée, il est également possible :
– de crypter le contenu des messages, pour rendre ce contenu lisible uniquement par les destinataires autorisés. Le logiciel DataRmine, par exemple, propose ce cryptage ;
– d'utiliser des réseaux sociaux alternatifs, comme Movim ou Diaspora*.

▲ Page d'accueil de Diaspora*.

OBJECTIF Régler les paramètres de confidentialité d'un téléphone pour partager ou non sa position.

La **géolocalisation** d'un téléphone mobile peut être désactivée complètement ou partiellement selon les applications choisies.

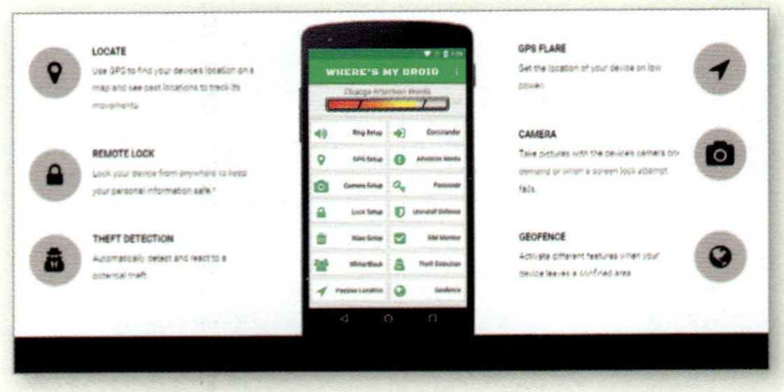

1 Avec un téléphone Androïd

La localisation se trouve dans **Paramètres > Localisation** (vert = activé, noir = désactivé).

• Localiser votre téléphone portable avec une application en cas de perte ou de vol

Vous pouvez télécharger *Where's My Droid* (Où est mon téléphone ?). Cette application mobile gratuite embarque plusieurs fonctionnalités intéressantes, qui vous permettront de traquer votre téléphone portable : envoi de la position GPS avec un lien vers Google Maps, notification en cas de changement de numéro ou de carte SIM, ajout d'un code d'accès pour une meilleure protection, possibilité de faire vibrer et sonner le téléphone, etc.

Il est également possible d'utiliser l'application « **Find My Phone** » proposée par Google. Vous pouvez effectuer certaines actions à distance, comme faire sonner l'appareil, le verrouiller ou vous déconnecter de ce dernier.

Find My Phone

1. Ouvrez un navigateur. Si c'est l'appareil de quelqu'un d'autre, utilisez la navigation en mode privé.
2. Accédez à votre compte Google.
3. Dans la section « Sécurité », sélectionnez « Retrouver un appareil perdu ou volé ».
4. Sélectionnez l'appareil que vous avez perdu (téléphone, tablette, etc.).
5. Suivez les suggestions détaillées pour retrouver et sécuriser votre appareil.

Si vous utilisez l'appareil de quelqu'un d'autre, quand vous avez terminé, fermez le mode de navigation privé.

2 Avec un téléphone Apple

Il faut aller dans **Réglages > Confidentialité > Service de localisation**.
En faisant glisser le bouton à gauche ou à droite, on active ou on désactive la géolocalisation. Voir ci-contre : vert = activé, blanc = désactivé.
Il est possible de régler plus finement la localisation, en fonction des applications. On peut ainsi autoriser la localisation à certaines applications et la refuser à d'autres. Pour cela, il faut faire défiler l'écran pour trouver l'application souhaitée. Lancer l'application et sélectionner une option :
– *jamais* : empêche l'accès aux informations du service de localisation ;
– *lorsque l'app est active* : permet l'accès au service de localisation uniquement lorsque l'app ou l'une de ses fonctionnalités est visible à l'écran. Une barre d'état bleue s'affiche, l'app utilise alors activement votre position ;
– *toujours* : permet l'accès à votre position même lorsque l'app est en arrière-plan.

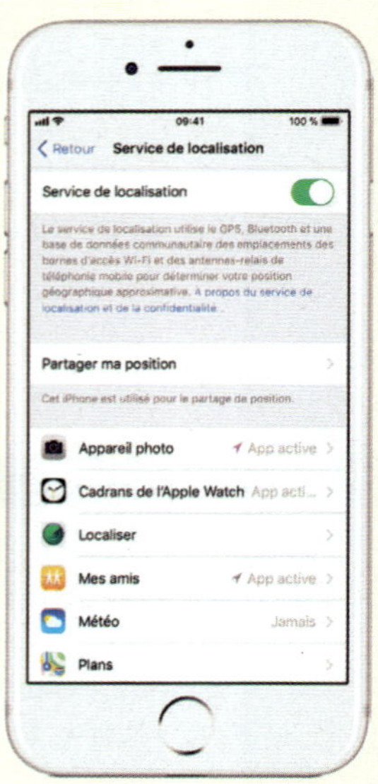

Localiser votre téléphone portable avec une application en cas de perte ou de vol

La fonctionnalité « Localiser mon iPhone » est disponible dans les préférences (« Réglages », puis votre nom, puis « iCloud »). Pour localiser l'appareil recherché, il faut utiliser l'application gratuite « Localiser mon iPhone » sur un autre appareil Apple ou bien se connecter sur iCloud depuis un navigateur. Il est alors possible de faire sonner le téléphone ou de le bloquer.

GUIDE D'HYGIÈNE NUMÉRIQUE

OBJECTIFS
Connaître les dispositions de l'article 222-33-2-2 du code pénal.
Connaître les ressources disponibles pour lutter contre la cyberviolence.

Article 222-33-2-2
Modifié par LOI n° 2018-703 du 3 août 2018 - art. 11
Modifié par LOI n° 2018-703 du 3 août 2018 - art. 13

Le fait de harceler une personne par des propos ou comportements répétés ayant pour objet ou pour effet une dégradation de ses conditions de vie se traduisant par une altération de sa santé physique ou mentale est puni d'un an d'emprisonnement et de 15 000 € d'amende lorsque ces faits ont causé une incapacité totale de travail inférieure ou égale à huit jours ou n'ont entraîné aucune incapacité de travail.
L'infraction est également constituée :

a) Lorsque ces propos ou comportements sont imposés à une même victime par plusieurs personnes, de manière concertée ou à l'instigation de l'une d'elles, alors même que chacune de ces personnes n'a pas agi de façon répétée ;

b) Lorsque ces propos ou comportements sont imposés à une même victime, successivement, par plusieurs personnes qui, même en l'absence de concertation, savent que ces propos ou comportements caractérisent une répétition.
Les faits mentionnés aux premier à quatrième alinéas sont punis de deux ans d'emprisonnement et de 30 000 € d'amende :

1° Lorsqu'ils ont causé une incapacité totale de travail supérieure à huit jours ;

2° Lorsqu'ils ont été commis sur un mineur de quinze ans ;

3° Lorsqu'ils ont été commis sur une personne dont la particulière vulnérabilité, due à son âge, à une maladie, à une infirmité, à une déficience physique ou psychique ou à un état de grossesse, est apparente ou connue de leur auteur ;

4° Lorsqu'ils ont été commis par l'utilisation d'un service de communication au public en ligne ou par le biais d'un support numérique ou électronique ;

5° Lorsqu'un mineur était présent et y a assisté.
Les faits mentionnés aux premier à quatrième alinéas sont punis de trois ans d'emprisonnement et de 45 000 € d'amende lorsqu'ils sont commis dans deux des circonstances mentionnées aux 1° à 5°.

Source : Section 3 bis, Du harcèlement moral, Legifrance.gouv.fr.

Que faire face à une situation de cyber-harcèlement ?

- Garder des preuves (faire des captures d'écran avec son ordinateur ou son téléphone, par exemple).
- En parler à une personne de confiance.
- Faire un signalement en ligne pour stopper la diffusion du contenu inapproprié (les réseaux sociaux proposent de signaler de manière anonyme un contenu ou un utilisateur abusif).
- Porter plainte si cela s'avère nécessaire : l'article de loi ci-contre reconnaît le harcèlement moral comme un délit, dont la manifestation via outils numériques est un élément aggravant.

e SNT2080
WWW **e-Enfance**
WWW **Non au harcèlement**

Informations disponibles

- Site **e-Enfance** : l'association e-Enfance a pour mission de permettre aux enfants et aux adolescents de se servir d'Internet et du mobile avec un maximum de sécurité.
- Site **Non au harcèlement** : site proposé par le ministère de l'Éducation nationale permettant de retrouver l'ensemble des outils utiles aux professionnels afin qu'ils puissent mettre en place des actions préventives contre le harcèlement.

▲ **Une des ressources du site Non au harcèlement du ministère de l'Éducation nationale.**

DE SCRATCH À PYTHON

1. Passer de Scratch à Python : quels enjeux ?

Au collège, durant le cycle 4, les élèves ont pu découvrir quelques bases de programmation en utilisant l'environnement **Scratch**, qui est à la fois un **langage de programmation graphique par blocs** et un logiciel qui permet son exécution.

Développé à des fins pédagogiques par le MIT, et **très répandu dans l'enseignement secondaire**, il est cependant **inutilisable en dehors d'un cadre scolaire** pour de réels projets informatiques.

Python est un **langage de programmation structuré généraliste** avec un **très large spectre d'applications possibles**. Sa syntaxe épurée ainsi que ses nombreuses bibliothèques spécialisées en font un **langage populaire et facile à exploiter**.

Son utilisation nécessite de disposer d'un **IDE** (IDE est un acronyme anglais qui signifie « environnement de développement intégré ») adapté, comme **EduPython**.

2. PyScripter : l'interface de l'IDE EduPython

EduPython est une distribution clé en main et portable pour programmer en Python. Il existe plusieurs versions du langage Python ; EduPython utilise actuellement la version 3.4 de Python. Voici quelques éléments de l'interface **PyScripter** d'**EduPython** qui permet d'éditer, d'exécuter, de débogger et de gérer de simples scripts tout comme des modules plus étoffés.

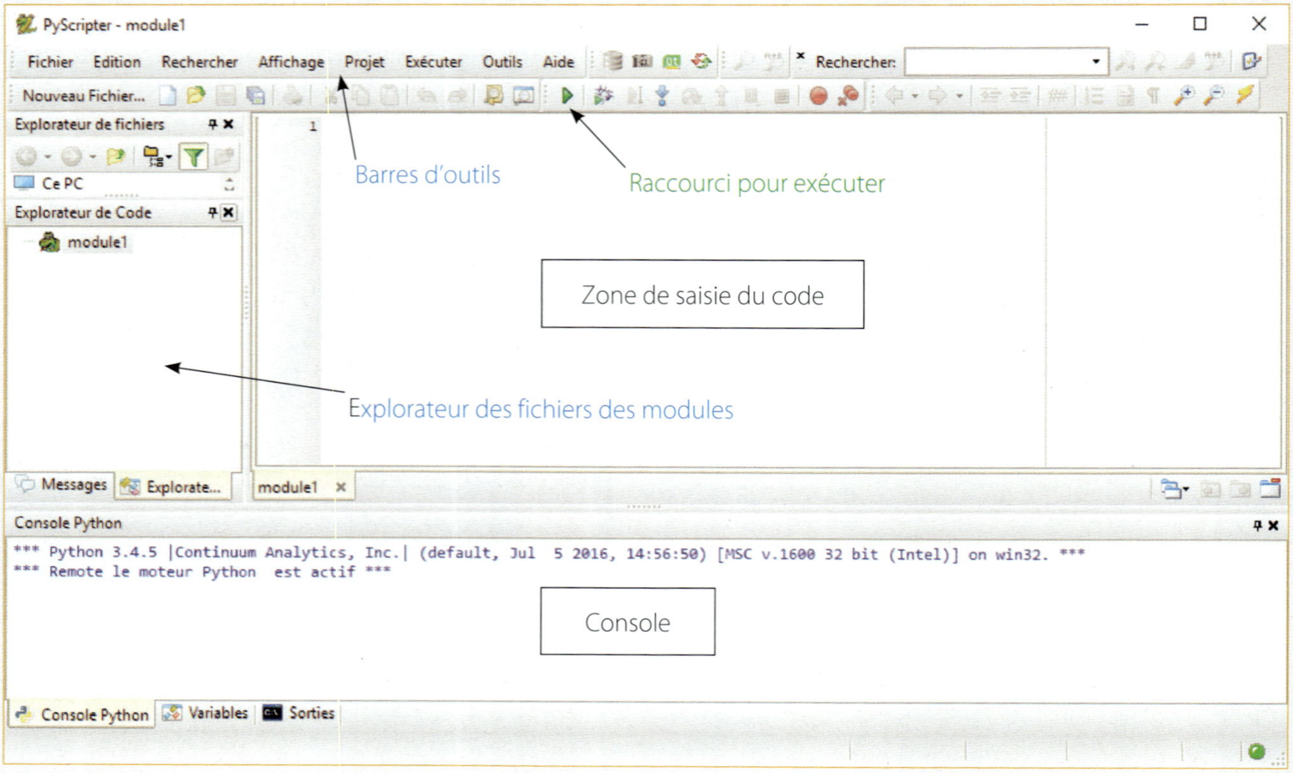

3. Exemples de syntaxes d'instructions d'affectations

En informatique, on peut imaginer une variable comme un espace de la mémoire :
- qui est repéré par une étiquette, avec son nom ;
- qui peut contenir une « valeur » (un nombre, un mot, une liste de nombres, etc.).

Au fur et à mesure de l'exécution d'un algorithme, le contenu d'une variable est susceptible d'être modifié.

a. Affectation d'une valeur à une variable de type numérique (de type entier ou flottant)

`La variable x prend la valeur 2`	`x ← 2`
	`x = 2`
`La variable y prend la valeur 5 × (2 - 3)`	`y ← 5 × (2 - 3)`
	`y = 5 * (2 - 3)`
`La variable somme prend la valeur x + y`	`somme ← x + y`
	`somme = x + y`

On notera que l'éditeur d'EduPython colore les éléments selon leur nature : variables en noir, opérateurs en marron, parenthèses en bleu, valeurs des variables en vert et opérateurs en rouge.

Attention, le signe d'égalité dans Python n'a pas le même sens qu'en mathématiques.
En Python, l'instruction x = x + 4 signifie qu'à la valeur contenue dans x, on ajoute 4 puis on stocke le résultat dans la variable x (elle remplace la valeur précédemment contenue dans x qui disparaît).
De ce fait, l'instruction x = x + 4 revient à augmenter de 4 le contenu de x.
Des affections multiples simultanées sont possibles. Par exemple,
x, y = 3, 4   pour affecter simultanément 3 à la variable x et 4 à la variable y.

b. Affectation d'un texte à une variable de type « string » (chaîne de caractères)

`La variable prenom prend la valeur "Lucien"`	`prenom ← "Lucien"`
	`prenom = "Lucien"`

c. Affectation d'une concaténation de deux variables de type string

`identite ← prenom+nom`	

	`prenom = "Lucien"`
	`nom = "DUBOIS"`
	`identite = prenom + nom`

On notera la simplicité de la syntaxe de Python, qui utilise le même symbole pour additionner des nombres et concaténer des chaînes de caractères.

4. Exemples de syntaxes de structures de contrôles

Le langage Python est un langage de **programmation impérative** : les opérations effectuées par l'ordinateur correspondent à des **séquences d'instructions** contenues dans le programme exécuté. Les **structures de contrôles** organisent l'enchaînement de ces instructions. Par défaut, celles-ci sont exécutées les unes après les autres. Il est cependant fréquent de devoir intégrer dans un programme des **structures particulières**, comme le **traitement conditionnel** ou le **traitement répétitif** d'instructions.

a. Instruction conditionnelle « si – alors – (sinon) »

```
Si d < 0
Alors afficher "La température est négative"
(finSi)
```

```python
if d < 0:
    print("La température est négative")
```

En Python, certains **mots** sont **réservés**, comme le « if » ou l'instruction « print » (instruction d'affichage) : l'éditeur les colore en bleu.
On note, en outre, le décalage vers la droite de l'instruction « print » par rapport à celle du « if » : cette **indentation** permet de définir le bloc d'instructions à exécuter si la condition « d<0 » est vérifiée ; elle est alors précédée du symbole « : ».

```
Si A = B
Alors afficher "L'égalité est vérifiée"
Sinon afficher "L'égalité n'est pas vérifiée"
(finSi)
```

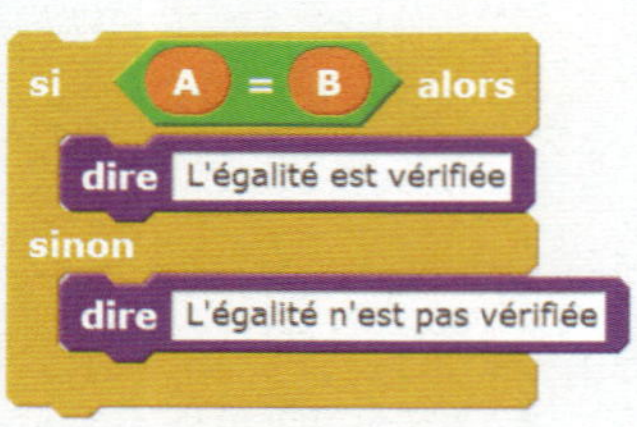


```python
if A == B:
    print("L'égalité est vérifiée")
else:
    print("L'égalité n'est pas vérifiée")
```

Le **test d'égalité** des valeurs des variables A et B est matérialisé par un **double signe d'égalité**, et non par le signe d'égalité seul qui sert à l'affectation. Selon les besoins, **on peut utiliser une instruction conditionnelle avec ou sans la présence d'un « sinon »**.

b. Instruction de boucle bornée

```
f ← 1
Pour n allant de 1 à 5
f ← f*n
finPour
Afficher "Factorielle de 5 est égale à "
Afficher f
```

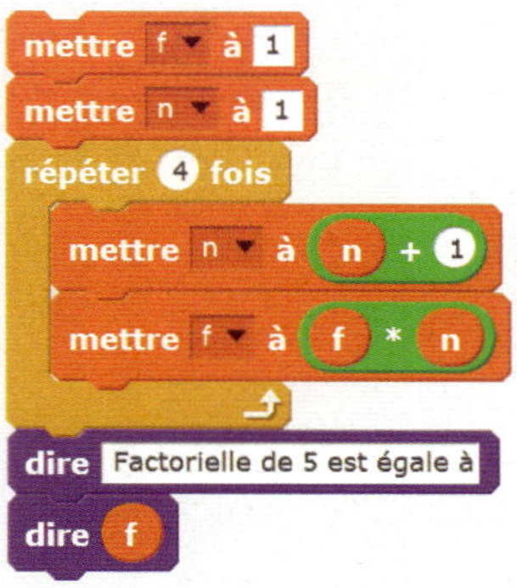


```
f = 1
for n in range(1,6):
    f = f * n
print("Factorielle de 5 est égale à",f)
```

L'expression réservée « **in range** » permet de définir les **bornes du compteur** ; on note que la dernière valeur prise par la variable qui sert de compteur est l'entier immédiatement inférieur à la borne supérieure : ici, pour que n vaille de 1 à 5 inclus, on écrit « in range(1 ; 6) ». On peut ne pas donner de borne inférieure, qui est alors par défaut 0.

Concernant l'instruction « print » qui ne fait pas partie de la boucle, elle est replacée au niveau d'indentation précédent, ce qui permet à Python de comprendre que le bloc d'instructions de la boucle est terminé.

On notera enfin que lorsqu'on souhaite effectuer un affichage, le texte du message est placé entre guillemets tandis que pour afficher la valeur d'une variable, on donne directement le nom de la variable, en le séparant par des virgules.

b. Instruction de boucle non bornée

```
Demander n
l ← 0
Tant que n ≥ 0
n ← (n - (n modulo 10))/10
l ← l + 1
finTantQue
Afficher l
```

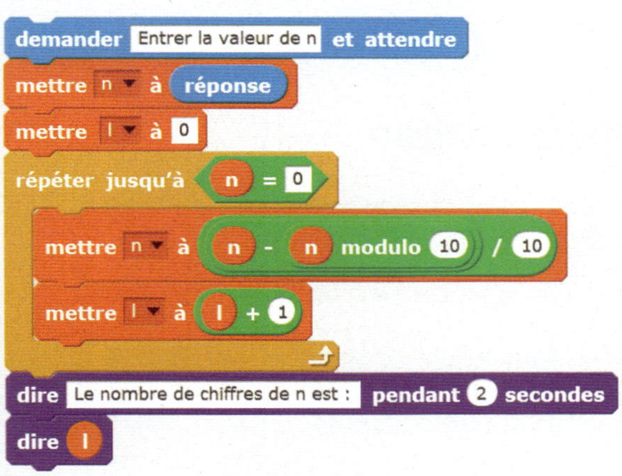


```
n = int(input("Entrer l'entier n."))
l = 0       #l comme longueur
while n > 0:
    n = n//10
    l = l+1
print("Le nombre de chiffres de n est",l)
```

L'instruction « **input()** » permet de récupérer une saisie de l'utilisateur mais, attention, la variable affectée par cette saisie est considérée comme une variable de type string. Ainsi, pour pouvoir récupérer un entier en utilisant un input, il faut le **transtyper** du type string au type int : c'est le rôle de l'instruction **int()**.

Le caractère **# permet de placer un commentaire** qui n'est pas interprété/exécuté par l'IDE comme une instruction.

L'**opérateur** // retourne le quotient entier de la division d'un nombre par un autre.

QUELQUES ESSENTIELS DU LANGAGE PYTHON

SNT2085

Les bases de Python

1. Variables et types

En informatique, une **variable** représente le fait de **stocker de l'information** dans la mémoire vive d'une machine.
Le langage Python est un langage dit de haute couche : il ne s'agit pas de manipuler des adresses pour stocker de l'information ; ce stockage est exploitable grâce à un nom symbolique qui désigne cette variable.

Les **noms des variables** en Python doivent obéir aux **critères suivants** :
- débuter par une lettre (minuscule ou majuscule) ou par le caractère de soulignement _ ;
- ne comporter ensuite que des lettres (minuscules ou majuscules) et/ou des chiffres et/ou le caractère de soulignement _.

(En fait, en Python 3, on peut aussi utiliser des caractères Unicode qui ne représentent pas des opérateurs.)
On choisira de préférence des noms de variables les plus courts et les plus explicites possibles ; évidemment, les mots réservés de Python ne sont pas utilisables comme noms de variables.

Pour **créer une variable en Python**, il suffit d'effectuer une **affectation**. La variable ainsi créée est ensuite utilisable.
Par exemple, l'affectation « `x = 3` » crée une variable nommée x et lui affecte la valeur entière 3.
(Attention le signe « = » d'affectation n'est pas le symbole d'égalité mathématique.)

L'information contenue dans une variable est typée, ce qui permet de définir la manière dont la machine peut exploiter cette information. Lors de la création d'une variable, l'information qui lui est affectée va en induire le **type**.
Par exemple, l'affectation « `x = 3` » crée une variable de type entier alors que l'affectation « `x = 3.0` » crée une variable de type flottant.

Parmi les types de variables courants, on peut citer, par exemple, le nombre **entier** (« **int** », comme *integer* en anglais), le nombre **flottant** (nombre réel, « *float* », en anglais), la **chaîne de caractères** (« *string* », en anglais) ou encore la **liste** (*list*, en anglais).

On peut changer le type d'une variable, transtyper ou encore parser la variable : transformer un int en float ou inversement, ou encore transformer un float en string, etc.
Pour cela, on utilise une expression du type « `x = int(3.0)` » ; ici un float est transformé en int.

2. Sélection de mots réservés du langage Python

a. Valeurs True, False d'un booléen et opérateurs logiques

`True` et `False`	En programmation, un **booléen** est un type de variable qui n'a que 2 états : vrai ou faux, notés **True** et **False** en Python.
`and`	Renvoie True si les 2 opérandes sont vrais simultanément, False sinon.
`or`	Renvoie True si l'un des 2 opérandes au moins est vrai, False sinon.
`not`	Renvoie True lorsque l'opérande est faux, False si l'opérande est vrai.

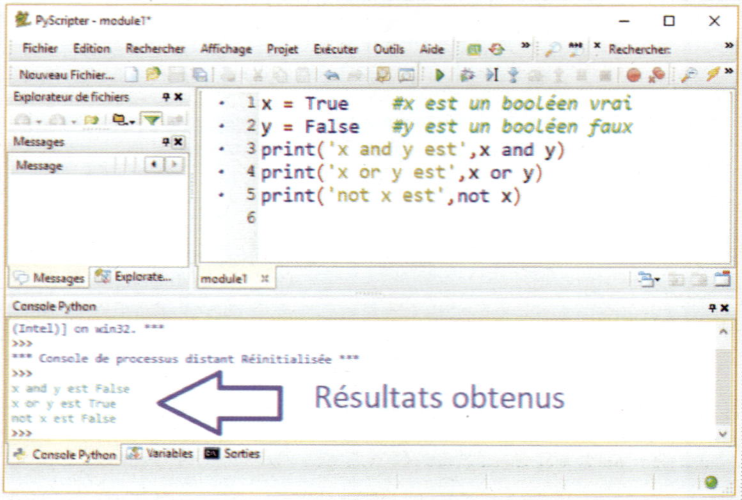

b. Entrées et sorties

`input()`

input() est une **fonction prédéfinie de Python** qui permet d'interagir avec l'utilisateur pour qu'il effectue une **saisie au clavier validée par la touche <entrée>**. input() renvoie alors une chaîne de caractères qu'il peut être nécessaire de convertir.

`print()`

print() est une autre fonction prédéfinie du langage Python qui permet d'**effectuer des affichages dans la console**. Les éléments à afficher (texte et variables) sont séparés par des virgules qui produisent des espaces lors de l'affichage.

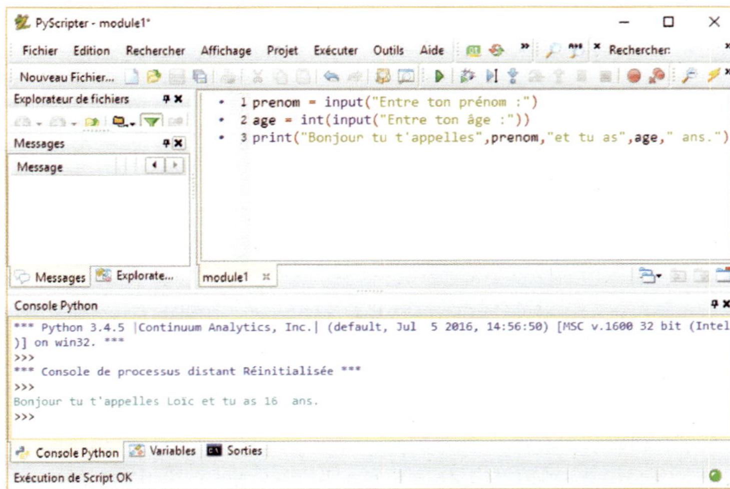

c. Créer et appeler une fonction

Il est parfois nécessaire d'effectuer une même séquence d'instructions avec des paramètres différents au sein d'un même programme.
Dans ce cas, on utilise une fonction dont le modèle de syntaxe est le suivant.

```
def nom_fonction(liste de paramètres):
        bloc d'instructions
        return valeur(s)
```

`def`
`return`

Le mot réservé **def** permet de définir une fonction. Comme pour les instructions **if**, **for** et **while**, la séquence d'instructions est introduite par le caractère « **:** » et identifiée par l'indentation.
Une fonction peut dépendre de paramètres, ses **arguments**, qui sont alors donnés entre parenthèses.
Enfin, pour qu'une fonction puisse renvoyer une valeur, on utilise l'instruction **return**.
Lorsqu'une fonction est définie, on peut l'appeler à l'aide de son nom.

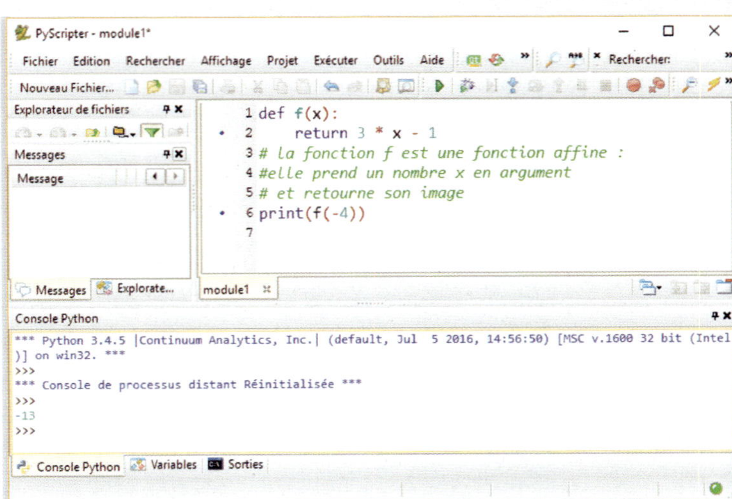

Il existe de très nombreuses fonctions prédéfinies dans les différentes bibliothèques Python.
Par exemple, dans la bibliothèque **random**, on trouve la fonction « randint » qui permet de simuler des tirages au hasard.

COMPLÉMENTS MATHÉMATIQUES

1 Préfixes et puissances de dix

■ Les **puissances de 10** fonctionnent comme toutes les puissances d'un nombre non nul, avec la convention $10^0 = 1$.
Ainsi, $10^1 = 10$ (dix), $10^2 = 100$ (cent), $10^3 = 1\ 000$ (mille), $10^6 = 1\ 000\ 000$ (un million), et ainsi de suite.
Dans le cas des **exposants négatifs**, on a $10^{-1} = 0{,}1$ (un dixième), $10^{-2} = 0{,}001$ (un millième), $10^{-9} = 0{,}000\ 000\ 001$ (un milliardième), et ainsi de suite.

■ Les **propriétés sur les puissances** permettent de calculer simplement avec les puissances de 10.

■ Les **préfixes**, pour les unités des puissances de 10, sont donnés dans les tableaux suivants.

Préfixe	Yotta	Zéta	Exa	Péta	Téra	Giga	Méga	Kilo	Unité
Symbole	Y	Z	E	P	T	G	M	K	
10^n	10^{24}	10^{21}	10^{18}	10^{15}	10^{12}	10^9	10^6	10^3	$10^0 = 1$

Préfixe	Unité	milli	micro	nano	pico	femto	atto	zepto	yocto
Symbole		m	μ	n	p	f	a	z	y
10^n	$10^0 = 1$	10^{-3}	10^{-6}	10^{-9}	10^{-12}	10^{-15}	10^{-18}	10^{-21}	10^{-24}

Propriétés

Pour tout entier non nul a et pour tous entiers m et p, on a :
- $a^m \times a^n = a^{m+p}$;
- $\dfrac{a^m}{a^p} = a^{m-p}$;
- $(a^m)^p = a^{m \times p}$.

EXERCICES

❶ Calculer les produits suivants : $10^3 \times 10^8$; $10^7 \times 10^{-6}$; $10^{-2} \times 10^{-3}$.

❷ Effectuer les calculs suivants.
a. $\dfrac{10^6}{10^4}$. **b.** $\dfrac{10^3}{10^{-2}}$. **c.** $(10^{-6})^{-2}$.

❸ Une chanson compressée au format MP3 pèse 4 Mo. On considère un disque dur dont la capacité de stockage est de 1 To.
Combien de chansons peut-on mettre sur ce disque dur ?

2 Distance, vitesse et temps

■ La **dimension** d'une grandeur est, en simplifiant, sa nature physique. Une grandeur peut avoir la dimension d'une longueur, d'une énergie, d'une masse, d'une vitesse, etc.

■ Avant d'utiliser une équation pour calculer une grandeur, il faut vérifier qu'elle est **homogène**.

■ La relation mathématique qui relie **distance**, **vitesse** et **temps** s'écrit :

$$\boldsymbol{d = v \times t},$$

avec $\boldsymbol{d}$ en m, $\boldsymbol{v}$ en $m \cdot s^{-1}$ et $\boldsymbol{t}$ en s (unités du système international).
Cette équation est homogène car on a des mètres dans le membre de gauche et des mètres par seconde multipliés par des secondes à droite, ce qui donne bien des mètres.

■ Avant d'utiliser cette équation, il faut donc, si besoin, **convertir les grandeurs** afin de se ramener dans les conditions d'homogénéité.
Exemple : un satellite GPS, situé à une altitude 20 200 km, envoie un signal à un récepteur sur Terre. Combien de temps le signal met-il à arriver en sachant que la vitesse de la lumière est $3 \cdot 10^8\ m \cdot s^{-1}$?
On cherche donc $t = \dfrac{d}{v}$. $\boldsymbol{d}$ est en kilomètres et $\boldsymbol{v}$ en $m \cdot s^{-1}$, il faut donc convertir d en mètres. $d = 20\ 200\ km = 2{,}02 \cdot 10^6\ m$.
On a donc $t = \dfrac{2{,}02 \cdot 10^6}{3 \cdot 10^8} = \dfrac{2{,}02}{3} \cdot 10^{2} \approx 0{,}7 \cdot 10^{-2}\ s = 7 \cdot 10^{-3}\ s = 7\ ms$.

Propriété

Une équation est homogène lorsque ses deux membres ont la même dimension.

EXERCICES

❹ On souhaite obtenir une distance en nanomètres en utilisant la formule $d = v \times t$. Quelles doivent être les unités de v et de t pour que l'équation soit homogène ?

❺ Si le signal de l'exemple avait mis 10 ms pour atteindre le récepteur GPS, quelle aurait été l'altitude du satellite GPS ?

❻ On donne une partie d'un itinéraire sous la forme du graphe suivant.

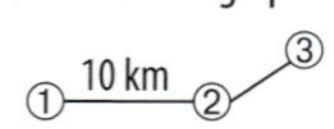

La vitesse sur l'arête ①② est limitée à 80 km/h et à 50 km/h sur l'arête ②③.
Si un automobiliste met 10 minutes pour faire le trajet ①③, quelle est la longueur de l'arête ②③ ?

3 Nombres et addition binaires

Le nombre 314 est formé de 3 centaines, 1 dizaine et 4 unités.
Autrement dit, $314 = 3 \times 10^2 + 1 \times 10^1 + 4 \times 10^0$.
On dit que 314 est l'**écriture décimale** de ce nombre. Elle traduit la décomposition de ce nombre selon les puissances de 10 et les dix chiffres (de 0 à 9) servent à l'écriture décimale d'un nombre.

Lorsque l'on décompose un nombre selon les puissances de 2, on passe à l'**écriture binaire** de ce nombre.
Par exemple, $23 = 16 + 4 + 2 + 1 = 2^4 + 2^2 + 2^1 + 2^0$.
On peut alors écrire $23 = 1 \times 2^4 + 0 \times 2^3 + 1 \times 2^2 + 1 \times 2^1 + 1 \times 2^0$.
Ainsi, 23 a pour écriture binaire (ou en base 2) : 10111_2.

L'indice 2 indique que l'écriture est en base 2. On peut s'en passer s'il n'y a pas d'ambiguïté.

Cette écriture traduit la décomposition de ce nombre comme somme de puissances de 2 différentes, ne s'écrit qu'avec deux chiffres, 0 et 1, et possèdent les **propriétés** ci-contre.

Propriétés

- Tout nombre entier naturel admet une écriture binaire dont les chiffres sont des 0 ou des 1.
- Pour un entier naturel non nul, il existe une unique écriture bianire commençant par un 1.

Il existe plusieurs méthodes pour **convertir un nombre** en écriture décimale en son écriture binaire.
Nous présentons ici la méthode basée sur les **divisions euclidiennes** par 2.
- On divise le nombre en écriture décimale par 2 et on note le reste de la division (soit un 1, soit un 0).
- On divise par 2 le quotient précédent, et on met de nouveau le reste de côté.
- On recommence la division jusqu'à ce que le quotient soit 0.
- Le nombre en écriture binaire apparaît : c'est la suite formée de tous les restes, en partant du dernier.

EXEMPLE : considérons le nombre 86.

$$86 = 2 \times 43 + \mathbf{0}$$
$$43 = 2 \times 21 + \mathbf{1}$$
$$21 = 2 \times 10 + \mathbf{1}$$
$$10 = 2 \times 5 + \mathbf{0}$$
$$5 = 2 \times 2 + \mathbf{1}$$
$$2 = 2 \times 1 + \mathbf{0}$$
$$1 = 2 \times 0 + \mathbf{1}$$

En écrivant la suite des restes en commençant par le dernier, on obtient $86 = 1010110_2$.

Effectuer une **addition en binaire** se passe de la même manière que dans les autres bases. Ici les règles sont :
$0 + 0 = 0$, $1 + 0 = 1$ et $1 + 1 = 0$ avec une retenue.

EXEMPLE : on souhaite effectuer l'addition 2 + 2 en binaire.
Le nombre 2, en binaire, s'écrit $2 = 1 \times 2^1 + 0 \times 2^0 = 10_2$.
Additionner 2 + 2 en écriture décimale revient donc à additionner $10_2 + 10_2$ en binaire (par la suite, on supprime l'indice 2 car on ne travaille qu'en binaire).
On commence par les unités binaires : $0 + 0 = 0$.
Ensuite, on calcule 1 + 1 qui vaut 0 avec une retenue.
Comme il n'y a plus rien à calculer, on trouve 100.
On peut vérifier en repassant en décimale.
$100_2 = 1 \times 2^2 + 0 \times 2^1 + 0 \times 2^0 = 4$.

EXERCICES

7 Écrire le nombre 46 en écriture binaire.
Faire de même avec 99 et 164.

8 Quel est l'écriture décimale du nombre 1111_2 ?
Et celle du nombre 1110101100_2 ?

9 **a.** Calculer $1_2 + 1_2$.
b. Calculer $1001_2 + 100_2$.
c. Calculer $1101_2 + 110_2$.

GLOSSAIRE

A

Adresse IP : numéro permettant d'identifier une machine sur Internet.

Adresse symbolique : elle identifie une machine sous une forme textuelle (par exemple, *www.bnf.fr*). Le dernier élément est le domaine de premier niveau.

Algorithme de Dijkstra : en théorie des graphes, l'algorithme de Dijkstra sert à résoudre le problème du plus court chemin. On peut ainsi l'utiliser pour calculer un plus court chemin entre un sommet de départ et un sommet d'arrivée sur un graphe.

Amnésie numérique : fait d'oublier les informations que nous conservons dans un appareil numérique.

Attribut : complément d'information d'une balise dans le langage HTML.

B

Balise HTML : les balises permettent de structurer les contenus.

Base de données : ensemble de collections reliées entre elles.

Baud : unité de mesure du nombre des symboles transmissibles par seconde.

Big Data : volumes de données tellement importants (données massives) qu'ils ne peuvent plus être traités avec des outils de gestion classiques.

Bit : de l'anglais *binary digit* (chiffre binaire). Plus petite unité d'une donnée informatique. Un bit a une seule valeur binaire, 0 ou 1.

Bruit numérique : informations parasites dans les zones sombres d'une image.

C

Cadrage : choix de prise de vue qui définit les limites d'une image et de ce qu'on voit dessus. On parle de recadrage lorsqu'on modifie le cadrage d'une image existante.

Capteur : instrument capable de mesurer un phénomène physique (luminosité, son, poids, etc.). Il existe deux types principaux de capteurs photographiques : le **CCD** (*Charge-Coupled Device*, « dispositif à transfert de charge ») et le **CMOS** (*Complementary Metal Oxide Semiconductor*, « semiconducteur à oxyde de métal complémentaire »).

Carte : image simplifiée et codifiée de l'espace géographique qui représente ses caractéristiques et/ou son organisation.

Cartographie : discipline artistique, scientifique et technique ayant pour objet la construction de cartes.

CCD ► *Capteur.*

Cloud : l'informatique en nuage (*cloud computing*) consiste à exploiter, à travers Internet, des ressources informatiques (stockage, services) hebergées sur des serveurs distants.

CMOS ► *Capteur.*

CNIL : commission nationale de l'Informatique et des Libertés. Elle aide les particuliers à avoir une maîtrise de leurs données personnelles et elle accompagne les entreprises dans leur mise en conformité vis-à-vis de la loi.

Collection : elle regroupe des objets partageant les mêmes descripteurs (par exemple, la collection des contacts d'un carnet d'adresses).

Communauté : groupe d'individus vivant ensemble et/ou ayant des intérêts communs.

Contraste : opposition entre deux valeurs, chacune faisant ressortir l'autre.

Cookie : information stockée dans le navigateur et utilisée par un serveur Web pour identifier les requêtes provenant de la même session de navigation.

CSS *(Cascading Style Sheets)* **:** langage de description de l'apparence des pages Web, comme la couleur des textes ou la taille des images.

CSV (format CSV) : dans les fichiers CSV (*comma-separated values*), les valeurs sont séparées par des virgules. Certains fichiers CSV utilisent d'autres symboles (« **;** », « **|** » ou encore des tabulations).

D

Data center : un « centre de données » est un bâtiment qui regroupe des serveurs permettant de stocker et de traiter de très grandes quantités de données.

Définition (d'une image) : nombre de pixels qui composent une image. Elle est exprimée sous la forme « largeur × hauteur ».

Descripteur : il sert à décrire un objet. Par exemple, le nom, le prénom, l'adresse, le numéro de téléphone sont des descripteurs d'un contact dans un agenda.

Diamètre (d'un graphe) : la plus grande distance possible entre deux sommets.

Domaine public : une œuvre entrée dans le domaine public n'est plus protégée par les droits patrimoniaux ; elle peut donc être exploitée sans autorisation des auteurs ou ayants-droits (héritiers, etc.).

Domain Name System (système des noms de domaine) : il définit l'organisation hiérarchique des adresses symboliques et le protocole permettant d'interroger les serveurs connaissant la hiérarchie des noms et les adresses IP associées.

Domotique : ensemble des techniques visant à intégrer à l'habitat tous les automatismes en matière de sécurité, de gestion de l'énergie, de communication, etc.

Donnée : représentation dans un système informatique d'une information décrivant un sujet particulier (âge d'une personne, photographie d'une voiture, etc.).

Donnée ouverte : donnée librement accessible et utilisable. L'ensemble des données ouvertes forment l'*Open Data*.

Donnée personnelle : information qui permet d'identifier, directement ou indirectement, une personne physique (par exemple, son nom, son adresse, son numéro de téléphone, l'adresse IP de son ordinateur, son numéro d'immatriculation, etc.).

Données structurées : données organisées dans une collection. Ensemble d'objets partageant les mêmes descripteurs.

Droit à l'image : chaque individu a un droit exclusif sur son image et l'utilisation qui en est faite. Il peut s'opposer à sa fixation, à sa conservation ou à sa diffusion publique s'il n'a pas donné son autorisation pour cela. Certaines images ne requièrent pas d'autorisation de la personne représentée, sous réserve de ne pas porter atteinte à sa dignité (c'est le cas des images d'événements d'actualité).

E

Écartement d'un sommet : distance maximale existant entre ce sommet et les autres sommets du graphe.

E-réputation (ou « réputation numérique », « cyber-réputation », « webréputation ») : perception que les internautes se font d'une marque, d'une entreprise ou d'une personne selon les éléments qu'elle laisse sur le Web.

F

Fake news : information en apparence journalistique et délibérément fausse qui circule sur le Web et les réseaux sociaux.

Format CSV ► *CSV.*

Format JSON ► *JSON.*

G

Géolocalisation : ensemble des techniques permettant de localiser un dispositif sur lequel un récepteur a préalablement été posé (téléphone portable, véhicule, etc.), en le positionnant sur une carte à l'aide de ses coordonnées.

Geotracking *(« positionnement et suivi géographique)* : il permet de situer géographiquement sur la planète un appareil dédié et ses mouvements, notamment grâce au GPS.

Graphe : un graphe mathématique est un ensemble de nœuds (appelés sommets) reliés entre eux par des liens (appelés arêtes).

Graphe du Web : graphe orienté dont les nœuds sont les pages Web, et les arcs les liens hypertextes entre les pages.

H

Hadopi : Haute Autorité pour la diffusion des œuvres et la protection des droits sur Internet.

Harcèlement : actes ou propos récurrents tenus à l'encontre d'une personne dans le but de la détruire psychologiquement et/ou physiquement.

Hoax (« canular », en anglais) : un hoax sur Internet est une information fausse ou invérifiable qui se propage à grande échelle, notamment via les réseaux sociaux.

HTML *(Hypertext Markup Language)* : langage de description du contenu des pages Web.

HTTP *(Hypertext Transfer Protocol)* : protocole de communication entre clients et serveurs Web. Une **requête HTTP** est un message envoyé par un client à un serveur Web pour obtenir un document, en spécifiant son URL.

Hypertexte : ensemble de documents interconnectés par des liens que l'utilisateur peut parcourir.

I

Identifiant : il permet d'identifier un objet précis dans un ensemble d'objets.

Identité numérique : elle est constituée de la somme des traces numériques se rapportant à un individu : ce que l'on dit de soi, les sites que l'on fréquente ou encore les publications sur les réseaux sociaux.

Index : dictionnaire associant à chaque mot les pages Web dans lesquelles celui-ci apparaît.

Indexation : l'indexation d'un document consiste à lui associer des propriétés (par exemple, des mots-clés), qui permettront, lors d'une recherche, de le retrouver automatiquement en fonction de critères déterminés.

GLOSSAIRE

Interface homme-machine : ensemble des dispositifs matériels et logiciels permettant à un utilisateur (homme) d'interagir avec un système interactif (machine).

Internet des objets *(Internet of Things)* : interconnexion entre Internet et des objets et, par extension, des lieux ou des environnements physiques.

Interpolation : méthode consistant à déduire les propriétés de points situés entre d'autres points dont les propriétés sont connues.

Itinéraire : chemin, route à suivre ou suivie pour aller d'un lieu à un autre.

J

JSON (format JSON) : ce format texte représente des informations sous la forme de paires (descripteur, valeur).

L

LED (*Light-Emitting Diode*, « diode électroluminescente ») : composant électronique qui émet de la lumière lors du passage du courant électrique.

M

Métadonnée : littéralement, « donnée sur une donnée ». Il s'agit des informations qui décrivent une ressource. La date d'enregistrement d'un fichier, son format ou encore le nom de son auteur sont, par exemple, des métadonnées.

Microprocesseur : processeur (partie d'un ordinateur qui exécute les instructions et traite les données des programmes) dont tous les éléments ont été suffisamment miniaturisés pour être regroupés dans un unique composant.

Mise au point (de l'image) : réglage de la netteté de l'image.

Modèle client-serveur : architecture de services Internet utilisée notamment par le Web. Les serveurs fournissent des documents en réponse aux requêtes des clients tels que les navigateurs.

Moteur de recherche : outil qui permet de trouver des ressources à partir d'une requête d'un utilisateur comportant des mots-clés.

Multimodale : qui concerne plusieurs modes de transport pour un même déplacement.

N

Networking (réseautage) : technique permettant de rentrer en relation avec un grand nombre de personnes pour constituer un réseau.

Neutralité du Net : principe défini en 2003 selon lequel tous les contenus, de tous les émetteurs et pour tous les destinataires, doivent être transportés sans discrimination de traitement.

O

Objet connecté : objet ayant la capacité de capter des données, de les stocker, de les traiter ou encore de les transmettre. Il peut également recevoir et donner des instructions, en s'appuyant sur une connexion à un réseau informatique.

Octet : paquet formé de 8 bits.

Optimisation (d'un site) : méthode consistant à choisir des mots-clés et à les placer de manière stratégique dans la page afin d'améliorer son classement.

Orientation (d'une image) : une image orientée en « portrait » est plus haute que large ; une image en « paysage » est plus large que haute.

P

Paquet : lors de l'envoi d'un fichier, les données (textes, sons, images, etc.) sont transportées dans plusieurs paquets de même format. Chaque paquet contient une portion de données du fichier, ainsi que les informations permettant son envoi au récepteur.

Pair *(peer)* : un pair (*peer*, en anglais) est une machine depuis laquelle on peut télécharger une donnée. ► *Pair-à-pair*

Pair-à-pair : le pair-à -pair (ou *peer-to-peer*, ou P2P) définit le fonctionnement d'un logiciel qui permet le partage d'une donnée constituée de plusieurs fragments répartis sur les pairs. ► *Réseau pair-à-pair.*

Paramètre : dans une adresse Web (ou URL), un paramètre fournit un complément d'information (les mots-clés pour l'URL d'un moteur de recherche, par exemple).

Paramètres de sécurité : ensemble des réglages du navigateur permettant d'améliorer la sécurité de la navigation.

Photosite : plus petit élément actif d'un capteur photographique. Ce sont des cellules photoélectriques qui réagissent à l'intensité lumineuse.

Pixel (abréviation de *PICture Element*) : le plus petit élément d'une image numérique.

Poids (d'une image) : espace mémoire occupé par le stockage de l'image. Il se calcule en appliquant la formule « poids = nombre total de pixels x profondeur de couleur ». Il s'exprime en octets.

Profondeur de couleur (ou codage de couleurs) : elle exprime le nombre de couleurs disponibles sur un appareil photo. Elle s'exprime en bit par pixel.

Protocole de transmission : ensemble de règles à respecter pour que deux entités puissent s'échanger de l'information et communiquer à travers un réseau de télécommunications.

Protocole IP *(Internet Protocol)* : ensemble des règles qui permettent de coder et de transporter des données sur Internet.

Protocole TCP *(Transmission Control Protocol)* : ensemble des règles qui permettent de transporter de manière fiable et bidirectionnelle des données sur Internet.

Protocole TCP/IP : lors de l'envoi d'un fichier, le protocole TCP/IP définit les formats des paquets qui contiennent les données à transporter ► *Paquet*.

R

Réseau : ensemble de machines connectées entre elles ayant le même début d'adresse IP.

Réseau pair-à-pair *(peer-to-peer, P2P)* : ensemble de machines d'utilisateurs qui s'échangent des données. Dans un réseau pair-à-pair, chaque client est lui-même un serveur. ► *Pair*.

Résolution (d'une image) : densité de pixels sur une surface donnée. Elle est exprimée en points par pouce (*dpi* en anglais, pour *Dots Per Inch*).

RGPD : Règlement général sur la protection des données. Il impose des règles pour protéger les données à caractère personnel circulant sur le Web.

Routage : opération qui consiste à trouver la suite de routeurs pour acheminer un paquet vers sa destination.

Routeur : machine connectée entre deux réseaux IP et qui envoie les paquets en direction du réseau auquel appartient l'adresse de destination.

S

Serveur DNS : il contient les informations pour un domaine ou un sous-domaine, en s'appuyant sur le *Domain Name System* (*voir ce terme*).

Site dynamique : serveur Web qui utilise une base de données pour calculer, rechercher ou créer un document en réponse à une requête.

Système embarqué : système électronique et informatique autonome, souvent destiné à une tâche spécifique. Il désigne aussi bien la partie matérielle que le logiciel.

Système temps réel : système capable de contrôler (ou piloter) un procédé physique à une vitesse adaptée à l'évolution du procédé contrôlé.

T

Tarification dynamique : mode de fixation et d'optimisation des prix par lequel les prix varient plus ou moins fréquemment de manière dynamique et automatique en fonction de différents paramètres internes ou de données externes.

Transports doux : modes de transports qui n'utilisent pas d'énergie polluante et ne rejettent pas de gaz à effet de serre (le vélo, la trottinette, la marche, les rollers, etc.).

Trilatération : méthode mathématique permettant de déterminer la position relative d'un point en utilisant la géométrie des triangles et la mesure de distances.

U

Utilisateur actif : un utilisateur d'un réseau social est considéré comme actif s'il se rend régulièrement sur le site dans sa version Web ou mobile.

URL *(Uniform Resource Locator, « localisateur uniforme de ressource »)* : format universel de nommage permettant de spécifier l'adresse de tout type de ressource sur le Web. L'URL est communément appelée **adresse Web**.

V

Vie privée : selon la loi, certains domaines relèvent de la vie privée. C'est le cas, par exemple, de la vie familiale, de la vie sentimentale, de la vie sexuelle, ou encore de la santé.

Voiture autonome : au sens strict, c'est une voiture qui ne nécessite pas d'intervention du conducteur. Pour cela, elle doit être connectée (► *Internet des objets*) et disposer d'une IA qui réagit dynamiquement à l'environnement du véhicule.

Références des images,

10 (bd) MichelBakni - https://commons.wikimedia.org/wiki/File:CYCLADES_-_ar.png , **10 (hg)** ClassicStock/akg-images/H. Armstrong Roberts , **11 (hg)** © Napster , **11 (hd)** Jaap Arriens/NurPhoto - AFP Photo , **12** © 2019 PriMetrica, Inc. , **12** aa_amie - stock.adobe.com , **18** https://webtorrent.io/ , **20 (hg)** © Arcep ©Kiblind Agence X J. Ravinet https://lafibre.info/images/doc/201806_arcep_rapport_etat_internet_2018_4_neutralite.pdf , **20 (bm)** Damien Gaudissart/AFP , **21** Mary Altaffer/AP/SIPA , **28 (hd)** MIT Media Lab/Jimmy Day - «Cindy Hsin-Liu Kao, Asta Roseway*, Christian Holz*, Paul Johns*, Andres Calvo, Chris Schmandt» - MIT Media Lab in collaboration with Microsoft Research* , **28 (bg)** Cover Images/SIPA , **29 (bm)** frank peters - stock.adobe.com , **29 (hd)** Mimi Potter - stock.adobe.com , **32 (hg)** Theodor Holm Nelson, Project Xanadu - http://www.xanadu.com.au/ted/XUsurvey/xuDation.html , **33 (bd)** WebGL Water Simulation, August 2011, By Evan Wallace - https://experiments.withgoogle.com/webgl-water-simulation , **40** Martina Thanner - stock.adobe.com , **42 (hg)** Mykyta Dolmatov - iStockphoto , **42 (md)** andyller - stock.adobe.com , **44** fuzzbones - www.agefotostock.com , **45** REUTERS/Kacper Pempel/Illustration , **56 (bg)** Portrait of Jean-Jacques Rousseau by François Guérin - https://commons.wikimedia.org/wiki/File:%27Portrait_of_Jean-Jacques_Rousseau%27_by_Fran%C3%A7ois_Gu%C3%A9rin.jpg , **56 (hm)** PrismaArchivo/Leemage , **57 (bg)** Loïs Venance/AFP , **57 (hd)** hocus-focus/iStockphoto , **58** Etude réalisée sur SurveyMonkey du 28 novembre au 9 décembre 2018 auprès d'un échantillon représentatif de 1 454 jeunes âgés de 16 à 25 ans. © Parole aux jeunes https://diplomeo.com/actualite-sondage_reseaux_sociaux_jeunes, **59** Adaptation de la Pyramide d'influence dans les médias sociaux de Raymond Morin (infographie par Maximize Social Business), inspirée de la pyramide de Maslow. , **67** Andrea Danti - 123rf , **68 (mg)** Evan Vucci/AP/SIPA , **68 (bd)** Médias : à qui font confiance les Français ? de Pascaline Boittiaux, le 11 oct. 2017 - Opinion Way pour JIN France/statista , **69** © Juan Villa , **73** Les 11-18 ans et les réseaux sociaux 2017 - Etude réalisée en ligne du 3 au 31 janvier 2017 auprès de 8362 jeunes âgés de 11 à 18 ans - www.asso-generationnumerique.org , **76** © 1996 France Telecom , **77** Tony Avelar/AP/SIPA , **80 (hg)** claudiodivizia - 123rf , **80 (hd)** sablin - stock.adobe.com , **80 (bg)** akg-images/Interfoto/TV-Yest , **80 (bd)** https://pxhere.com/fr/photo/654557 , **81 (hm)** open data. Déposé par Sébastien Dekeyser · le 19/07/16 à 11:50 · Version 1.0 - https://www.megalisbretagne.org/jcms/mw_15978/open-data?details=true , **81 (bd)** ymgerman - stock.adobe.com , **82 (4)** Matthew Eisman/AFP , **82 (2)** Michael Loccisano/AFP , **82 (3)** Jason Kempin/AFP , **82 (1)** Michael Loccisano/AFP , **83 (3)** Jan Kranendonk - stock.adobe.com , **83 (4)** Nikolai Korzhov - stock.adobe.com , **83 (1)** Jonathan - stock.adobe.com , **83 (2)** Jan Kranendonk - stock.adobe.com , **86 (h3)** masterzphotofo - stock-adobe.com , **86 (h1)** sdecoret - stock.adobe.com , **86 (h2)** alexsl - iStockphoto , **86 (bg)** D_BANK - iStochphoto , **87** scanrail - 123rf , **88 (bd)** rikirennes - iStochphoto , **96** George Tsartsianidis - 123rf , **98 (gh)** DR , **99 (bd)** chombosan - iStockphoto , **99 (hd)** Raymond AsiaPhotography/Alamy Stock Photo/hemis.fr , **99 (bg)** REUTERS/Andrew Innerarity , **102 (bm)** The Potsdam Gravity Potato © CHAMP, GRACE, GFZ, NASA, DLR , **102 (hm)** Nasa , **102 (hg)** : © IGN 2019 - https://www.geoportail.gouv.fr/ , **103 (bm)** © 2018 Google LLC All rights reserved. [Insert Trademark] is a trademark of Google LLC. , **105** World Geodetic System (WGS84) , **107** Eric Fischer Locals and Tourists #4 (GTWA #3): Paris - https://www.flickr.com/photos/walkingsf/4671584999/ , **108 (bm)** : © IGN 2019 - https://www.geoportail.gouv.fr/ , **109** fond de carte par OpenStreetMap France sous licence libre CC BY-SA , **110 (md)** Salut! Ca va ? SA - Philippe Geluck , **110** fond de carte par OpenStreetMap France sous licence libre CC BY-SA , **113 (hd)** Tobias Titz/GettyImages , **113 (md)** DR , **117 (mg)** DR , **117 (bd)** ADAC Infogram eCall , **118** Google Street View 20019 , **118** © Raymond Depardon/Magnum Photos , **120** Les rencontres de la mobilité intelligente 2017 - ATEC ITCS France , **121 (hm)** Schéma de principe de la "Route de cinquième génération" - © IFSTTAR , **124 (hm)** AFP Photo/NASA , **124 (bd)** Jill Pickett/AP/SIPA , **125 (bd)** mariyapvl - stock-adobe.com , **125 (hg)** Pascal Guyot/AFP , **126 (bg)** REUTERS/Christian Hartmann , **126 (hd)** Pascal Guyot/AFP , **128 (md)** sh240 - stock.adobe.com , **129 (hg)** onurdongel - iStochphoto , **129 (mg)** madedee - stock.adobe.com , **130** Friso Gentsch/dpa - www.agefotostock.com , **131 (hd)** metamorworks - stock.adobe.com , **131 (mg)** Dream Life of Driverless Cars © scanlabprojects.co.uk , **132 (hd)** © 2006 Larry D. Moore. Sous licence CC BY-SA 3.0. , **132 (bd)** Google/Rex Features/REX/SIPA , **133 (md)** Maridav - stock.adobe.com , **133 (hg)** abm/pld, M.Zaba/A.Bommenel/AFP , **135 (hd)** © Colcanopa , **135 (md)** DragonImages - stock.adobe.com , **139** Pixelbliss - stock.adobe.com , **140** nobeastsofierce - stock.adobe.com , **141 (bm)** ra3rn - stock.adobe.com , **142** kaninstudio - stock.adobe.com , **143 (bg)** Pilotage d'un drone par la pensée, Nataliya KOSMYNA - http://www.kosmina.eu/wp-content/uploads/2017/01/modKitDePresseDrone_fr_upd_27012017_print.compressed.pdf , **143 (md)** © CHUV EPFL , **146 (bd)** photo © Ministère de la Culture -Médiathèque de l'architecture et du patrimoine, Dist. RMN-Grand Palais / Paul Castelnau , **146** DR , **147 (hd)** REUTERS/Kimberly White , **147 (bm)** June 11th, 1997, Santa Cruz, CA: Image taken by Philippe Kahn after his daughter's birth with the first camera phone solution, protoMMS, picture shared instantly on Public Cell phone systems with 2000+ friends, family and business associates worldwide - Philippe Kahn, **149** Stuart Dee/Gettyimages , **151** Ansgar Koreng / CC BY-SA 4.0 - https://de.wikipedia.org/wiki/Datei:Rubjerg_Knude_Fyr,_Hj%C3%B8rring,_Denmark,_1807072231,_ako.jpg , **152** Nicolas Esposito (http://www.utc.fr/~nesposit/) , **153** zapp2photo - stock.adobe.com , **155** Anetlanda - www.agefotostock.com , **156** Steve Mann - http://www.eyetap.org/ , **157** murika - stock.adobe.com , **160** BVpix - stock.adobe.com , **161** https://knowyourmeme.com/memes/philosoraptor , **162 (md)** Yulia Grogoryeva - 123rf , **162 (hd)** © 2019 Snap Inc. , **164 (hd)** SARL Active Média Concept , **164 (bg)** Jay_Zynism/GettyImages , **165 (bg)** francescoch - iStockphoto , **165 (hd)** Jiraroj Praditcharoenkul/Alamy Stock Photo/hemis.fr , **170** © 2019 Apple Inc. Tous droits réservés. , **171** Michael Krasowitz/GettyImages.

Références des textes

18 L'Essentiel - Les études de l'Hadopi en 10 minutes chrono - #9 - avril 2018 - La mixité des usages licites et illicites au cœur des stratégies d'accès aux musiques, films et séries en ligne» - https://www.hadopi.fr/sites/default/files/sites/default/files/ckeditor_files/ESSENTIEL_9_BD_WEB.pdf, **19** L'Essentiel - Les études de l'Hadopi en 10 minutes chrono - #10 - mai 2018 - Les 15-24 ans : Un rapport paradoxal à la création, entrres valorisation des «petits» artistes et rejet du «système» - https://hadopi.fr/sites/default/files/sites/default/files/ckeditor_files/ESSENTIEL_10_Hadopi.pdf, **20** Guide téléchargeable Tout comprendre des débats autour de la neutralité du Net, - https://www.arcep.fr/uploads/tx_gspublication/cartographie-net-neutralite-2018_conf050618.pdf, **21** Stéphane Richard (Orange) : « la fin de la neutralité du Net est une obligation », Par Manuel Castejon , le 12 décembre 2017 - https://www.frandroid.com/telecom/476982_stephane-richard-orange-la-fin-de-la-neutralite-du-net-est-une-obligation, **21** « Neutralité du net : la FCC veut revenir sur l'ère Obama », Par Louis Adam, Mercredi 22 Novembre 2017 - https://www.zdnet.fr/actualites/neutralite-du-net-la-fcc-veut-revenir-sur-l-ere-obama-39860388.htm, **28** C'est quoi au juste, l'Internet des objets ?, Par Frédéric Haffner Publié le 19/08/2014 - https://www.capital.fr/economie-politique/c-est-quoi-au-juste-l-internet-des-objets-956040, **29** « Cybercriminalité: l›attaque des objets connectés » par Emmanuel Paquette, publié sur lexpress.fr le 04.11.2016 Copyright obligatoire : © lexpress.fr / 04.11.2016, **42** Extrait des conditions d'utilisation du réseau social Facebook Facebook © 2019, **43** Droit à l'image, Vérifié le 27 février 2019 - Direction de l'information légale et administrative (Premier ministre) - De quoi s'agit-il ? - https://www.service-public.fr/particuliers/vosdroits/F32103, **43** Licence Creative Commons, **44** Ligue du LOL : 3 questions sur l'anonymat et le pseudonymat sur Internet, Par William Audureau Publié le 11 février 2019 - https://www.lemonde.fr/pixels/article/2019/02/11/trois-questions-sur-l-anonymat-et-le-pseudonymat-sur-internet_5422118_4408996.html, **44** « Faut-il lever l'anonymat sur Internet ? Que dit la législation ? », www.sudouest.fr, 12 février 2019 - https://www.sudouest.fr/2019/02/12/faut-il-lever-l-anonymat-sur-internet-que-dit-la-legislation-5814310-5166.php, **45** «Anonymat sur Internet : les internautes de 20 Minutes très divisés : « Il faut protéger le droit à ne pas s'exposer », Par Nils Wilcke, Publié le 24/01/19 - https://www.20minutes.fr/politique/2434103-20190124-anonymat-internet-internautes-20-minutes-tres-divises-faut-proteger-droit-exposer, **45** Pourquoi il faut défendre « l'anonymat » sur Internet, par romain Pigenel, le 7 février 2019 - https://usbeketrica.com/article/defendre-anonymat-internet, **52** Weaving the Web: The Original Design and Ultimate Destiny of the World Wide Web de Tim Berners-Lee, nov. 2000 © Harper Business, **64** Comment combattre la cyber-violence à l'école ?, Par Matteo Maillard Publié le 02 décembre 2014 - https://www.lemonde.fr/campus/article/2014/12/02/comment-combattre-la-cyber-violence-a-l-ecole_4532343_4401467.html, **64** Guide de prévention de la cyberviolence entre élèves - https://www.nonauharcelement.education.gouv.fr/wp-content/uploads/2015/10/2015_non_harcelement_guide_prevention_cyberviolence_WEB.pdf, **65** Ils témoignent, le cyberharcèlement raconté par une victime - https://www.netecoute.fr/2018/10/22/ils-temoignent-le-cyberharcelement-raconte-par-une-victime, **65** D'après Le Rapport «Cyber-Violences Conjugales» Recherche-Action menée auprès de femmes victimes de violences conjugales et des professionnel-le-s les accompagnant - https://www.centre-hubertine-auclert.fr/sites/default/files/documents/rapport_cyberviolences_conjugales_web.pdf, **67** John Lanchester, You are the product, London Review of Books, Vol. 39 No.16 du 17 August 2017 © LRB Limited 2019 - https://www.lrb.co.uk/v39/n16/john-lanchester/you-are-the-product, **67** Au centre du débat : le big data, Publié dans le magazine Books, novembre/décembre 2017. Par Sue M. Halpern - https://www.books.fr/centre-debat-big-data/, Cet article est initialement paru dans la New York Review of Books le 20 novembre 2014. Il a été traduit par Arnaud Gancel et publié dans Books n°65 (mai 2015) **68** Avec les « Fake News Awards », Donald Trump vise une nouvelle fois la presse, Par Gilles Paris Publié le18 janvier 2018 - https://www.lemonde.fr/donald-trump/article/2018/01/18/avec-les-fake-news-awards-donald-trump-cible-une-nouvelle-fois-la presse_5243258_4853715.html, **68** Présidentielle au Brésil : une campagne marquée par les « fake news », Par Claire Gatinois Publié le 08 octobre 2018 - https://www.lemonde.fr/ameriques/article/2018/10/08/election-au-bresil-une-campagne-marquee-par-la-diffusion-de-fake-news_5366275_3222.html, **69** De la rumeur aux « fake news », par Antoine Lilti, Publié le 22 décembre 2018 - https://www.lemonde.fr/idees/article/2018/12/22/de-la-rumeur-aux-fake-news_5401301_3232.html, **86** La face cachée du numérique - https://www.ademe.fr/sites/default/files/assets/documents/guide-pratique-face-cachee-numerique.pdf, **89** « Le RGPD, un atout concurrentiel pour le cloud français », Par Xavier Biseul, Modifié le Vendredi 11 Mai 2018 - https://www.zdnet.fr/actualites/le-rgpd-un-atout-concurrentiel-pour-le-cloud-francais-39867506.htm, **90** Zones bloc note et commentaires : les bons réflexes pour ne pas déraper - 28 février 2019 - https://www.cnil.fr/fr/zones-bloc-note-et-commentaires-les-bons-reflexes-pour-ne-pas-deraper, **91** « Vu des USA, le RGPD va coûter cher aux entreprises européennes », By La Rédaction on 12/11/2018 - https://www.lejournaleconomique.com/2018/11/12/vu-des-usa-le-rgpd-va-couter-cher-aux-entreprises-europeennes/, **91** « Google : La CNIL inflige une amende record de 50 millions d›euros au nom du non-respect du RGPD », Par Louis Adam, Lundi 21 Janvier 2019 - https://www.zdnet.fr/actualites/google-la-cnil-inflige-une-amende-record-de-50-millions-d-euros-au-nom-du-non-respect-du-rgpd-39879569.htm, **91** Bim ! La CNIL inflige une amende record à Google Google, par Olivier Tesquet, publié le 21 janvier 2019 - https://www.telerama.fr/medias/bim-la-cnil-inflige-une-amende-record-a-google,n6098086.php, **98** Le Big Data, l'IA et le Machine Learning transforment les soins de santé, Par Bastien L, publié le 28 septembre 2016 - LeBigData.fr - https://www.lebigdata.fr/big-data-soins-de-sante, **99** Deep learning, big data, réseaux de neurones... pourquoi l'intelligence artificielle revient-elle maintenant, Par Thierry Lucas, Publié le 12 mai 2015, L'Usine Digitale - https://www.usine-digitale.fr/editorial/deep-learning-big-data-reseaux-de-neurones-pourquoi-l-intelligence-artificielle-revient-elle-maintenant.N327758, **105** Centre national des études spatiales (CNES) https://cnes.fr/fr. https://galileo-mission.cnes.fr/fr/web/CNES-fr/860-galileo.php., **108** D'après « Le projet Géoportail », www.geoportail.gouv.fr. - https://www.geoportail.gouv.fr/le-projet-geoportail, **110** Ariane Devanthéry, Entre itinéraires et trajets : représentations des déplacements dans les guides de voyage au tournant du XIXe siècle, Revue des patrimoines, 2011. - http://www4.culture.fr/patrimoines/patrimoine_monumental_et_archeologique/insitu/pdf/devanthery-1242.pdf, **112** « Enquête : comment les apps Figaro, L'Équipe ou Closer participent au pistage de 10 millions de Français », Corentin Durand , 23 août 2017, - https://www.numerama.com/politique/283574-piratage-les-fondateurs-de-the-pirate-bay-condamnes-en-finlande.html, **112** D'après numerama.com, « iOS 11 empêche des apps comme Uber de suivre les utilisateurs quand elles sont fermées », Nelly Lesage - 07 juin 2017 - https://www.numerama.com/tech/264816-ios-11-empeche-des-apps-comme-uber-de-suivre-les-utilisateurs-quand-elles-sont-fermees.html, **121** Les Etats-Unis étudient la communication entre voitures pour réduire les accidents, Par Jean Elyan avec IDG News Service , publié le 19 Aout 2014 - https://www.lemondeinformatique.fr/actualites/lire-les-etats-unis-etudient-la-communication-entre-voitures-pour-reduire-les-accidents-58352.html, **128** P.-J. Benghozi, S. Bureau, F. Massit-Folléa, L'Internet des objets, éditions MSH, 2009 - https://books.openedition.org/editionsmsh/78, **130** D'après www.cea.fr, «L'essentiel sur...La voiture autonome, Publié le 22 novembre 2017 - http://www.cea.fr/comprendre/pages/nouvelles-technologies/essentiel-sur-voiture-autonome.aspx, **132** « Google Glass : de l'échec au succès – analyse de la transformation », Par Pierrick LABBE, publié le 11 septembre 2017 - https://www.realite-virtuelle.com/google-glass-echec-succes-1109, **132** historique du site - https://www.irobot.fr/a-propos-d-irobot/ a-propos-d-irobot/history, **133** La vérité sur…l'échec des objets connectés par Christian Caramel, publié le 7 février 2017 - Challenges.fr, **134** Faut-il avoir peur des objets connectés ?, Publié dans le magazine Books, mai 2015. Par Sue M. Halpern - https://www.books.fr/centre-debat-big-data/, Cet article est initialement paru dans The New York Review of Books le 22 décembre 2016. Il a été traduit par Olivier Postel-Vinay et publié dans Books n°86 (novembre/décembre 2017). **134** J. Rifkin, La Nouvelle Société du coût marginal zéro © éd. Les liens qui libèrent, 2014., **139** La voiture autonome ? Une catastrophe écologique - 15 février 2019 / Celia Izoard (Reporterre) , **142** «Les objets connectés et le monde militaire - Capitaine Jean-Baptiste Colas, séminaire interarmées, 21 mars 2017., **171** http://cache.media.eduscol.education.fr/file/Referentiel_CNIL/14/3/Aug_CNIL_Page-eduscol_referentiel_classe_952143.pdf, **171** https://www.legifrance.gouv.fr/affichCode.do?idSectionTA=LEGISCTA000006165282&cidTexte=LEGITEXT000006070719, **172** « Ces lentilles de contact intelligentes transforment vos yeux en appareil photo », Par Sofia Colla, Publié le 7 Avril 2017 - http://www.wedemain.fr/Ces-lentilles-de-contact-intelligentes-transforment-vos-yeux-en-appareil-photo_a2625.html

 – ISBN : 978-2-278-09446-2
Achevé d'imprimer par Rotolito (Italie) en juillet 2019
Dépôt légal : 9446/02